Alexandra David-Néel, geboren 1868 in St. Mandé bei Paris, studierte als eine der ersten Frauen an der Sorbonne und am Institut für orientalische Sprachen. Ab 1888 verbrachte sie – unterbrochen nur von Lehraufträgen in Paris und Vortragsreisen in Europa – ihr Leben in Asien. Mit ihrem späteren Adoptivsohn Lama Yongden reiste sie durch Indien, Sikkim, Nepal, die Wüste Gobi, China. In Tibet lebte sie über ein Jahr in einer selbstgebauten Hütte auf 4000 Metern Höhe, studierte bei einem buddhistischen Lama und wurde schließlich als einzige Europäerin in den Stand eines Lama erhoben. Ihr Fußmarsch nach Lhasa bildete den Höhepunkt ihrer Asienreise. Alexandra David-Néel ließ sich nach ihrer Rückkehr aus Tibet mit ihrem Adoptivsohn in Südfrankreich nieder, wo sie am 8. September 1969 starb.

Von Alexandra David-Néel sind außerdem erschienen:

Mein Weg durch Himmel und Höllen (Band 3934)
Ralopa (Band 3935)

Vollständige Taschenbuchausgabe März 1993
Droemersche Verlagsanstalt Th. Knaur Nachf., München
Lizenzausgabe mit Genehmigung des Scherz Verlag,
Bern und München

Titel der Originalausgabe »L'Inde où j'ai vécu«
Einzig berechtigte Übersetzung aus dem Französischen
von Liselotte Julius
Gesamtdeutsche Rechte beim Scherz Verlag, Bern und München
Umschlaggestaltung Adolf Bachmann, Reischach
Umschlagfoto ZEFA GmbH, Düsseldorf
Druck und Bindung Elsnerdruck, Berlin
Printed in Germany
ISBN 3-426-77002-4

Alexandra David-Néel

Mein Indien

Die abenteuerlichen Reisen
einer ungewöhnlichen und
mutigen Frau

Inhalt

Vorwort 7
Einleitung. Eine Bestimmung nimmt Gestalt an 9
1 Die ersten Schritte in Richtung Indien 11
2 Die Götter in der Vorstellungswelt der Inder 27
3 Heiligtümer und Stätten der Begegnung – Sakrale Tanzkunst und profane Lüsternheit 37
4 Das alte religiöse Kastensystem 49
5 Beim Hochzeitsfest des göttlichen Rama 68
6 Hungersnot – Epidemien – Aberglauben 97
7 Shakti, die «Göttliche Mutter» – Personifikation der Ur-Energie 118
8 Gurus – Lehrer, spirituelle Meister, Verwandlungskünstler 150
9 Die «berufsmäßigen Heiligen» – Scharlatane, Erleuchtete, tragische Gestalten 182
10 Probleme und Konflikte nach der Unabhängigkeit 240
11 Aufbruch in die Zukunft 265

Vorwort

Als Sechsjährige verbrachte ich in meinem Elternhaus viele Stunden damit, mich in die abenteuerlichen Reiseberichte von Jules Verne zu vertiefen. Meine kindlichen Träume kreisten um die Heldentaten ihrer Protagonisten: Philéas Fogg, Passepartout, die Kinder von Kapitän Grant und andere wurden mir vertraute Gefährten.

Mein Entschluß stand fest: Auch ich würde Reisen unternehmen und sie dabei möglichst noch übertreffen ...

Den Erwachsenen gegenüber erwähnte ich selten etwas von meinem großartigen Vorhaben. Wenn ich es tat, lachten sie, machten sich über mich lustig, und das nur, weil sie größer waren als ich und – im Gegensatz zu den «Kleinen» – über Geld verfügten, was mir eine, wenn auch noch unbewußte, Vorstellung von der Käuflichkeit der Welt vermittelte, die mich erwartete. Für die Meinung der «Großen» konnte ich nur Verachtung empfinden.

«Ich werde reisen»: Habe ich Wort gehalten?

Bei meinen Reisen handelte es sich nicht um Blitztouren im Flugzeug, sondern um mehr oder minder lange Aufenthalte in verschiedenen Ländern Asiens. So habe ich vor allem in Indien, Pakistan und Tibet gelebt und bin nach einem langen Fußmarsch durch noch unerforschte Gegenden nach Lhasa gekommen, das vor mir noch keine Weiße betreten hatte. Ich habe auch in Himalaja-Gebieten gewohnt, in Sikkim, Nepal, in China, Japan und außerdem in Birma, auf Ceylon (heute Sri Lanka), in Korea etc.

«Meine Reisen» haben mich ferner in Teile Nordafrikas geführt: Marokko, Algerien, Tunesien und die Oasen der Sahara. Sie nahmen ihren Anfang vor 1900 und endeten erst nach dem Zweiten Weltkrieg – die Spanne eines Lebens . . .

Habe ich das Versprechen erfüllt, das ich mir als kleines Mädchen gegeben hatte?

Meine erste große Reise führte mich nach Indien.

Einleitung
Eine Bestimmung nimmt Gestalt an

Das Musée Guimet war damals ein Tempel, und so steht es mir immer noch unverrückbar vor Augen.

Ich sehe eine breite Steintreppe, die zwischen mit Fresken geschmückten Wänden emporführt. Beim Erklimmen der Stufen begegnet man nacheinander einem stolzen Brahmanen, der eine Opfergabe ins heilige Feuer versenkt; buddhistischen Mönchen in gelben Gewändern, die mit der Schale in der Hand ihr tägliches Mahl erbitten; einen japanischen Tempel auf einer Anhöhe, zu dem eine von blühenden Kirschbäumen gesäumte Allee hinaufführt. Andere Gestalten, andere Landschaften Asiens erregen ebenfalls die Aufmerksamkeit des Besuchers auf seinem Weg zu den Geheimnissen des Orients.

Das «Allerheiligste» am Ende der Treppe erscheint als düsteres Refugium. Ein massives Gitter verwehrt den Zutritt zu einem Rundbau, dessen Wände dichte Bücherreihen ausfüllen. Über der Bibliothek thront ein riesiger Buddha, gibt sich einsam seinen Meditationen hin.

In den gedämpft beleuchteten Sälen zur Linken sind Scharen von Gottheiten und orientalischen Weisen untergebracht. Von feierlicher Stille umgeben, führen sie hier ihr geheimes Dasein, inkarnieren sich in ihren Abbildern oder in den Werken, die ihre Worte verewigen.

Zur Rechten befindet sich ein ganz kleiner Lesesaal, wo sich begeisterte Orientalisten ihren Studien widmen. Die Außenwelt existiert nicht für sie, der Lärm von Paris kann dieser Atmosphäre verträumter Ruhe nichts anhaben.

In diesem kleinen Raum geben die Seiten beim Blättern lautlose Zeichen. Indien, China, Japan – alle Plätze dieser Welt, die jenseits von Suez beginnt, ziehen die Leser in ihren Bann . . .

Hier, im Musée Guimet, habe ich als Zwanzigjährige meine Bestimmung gefunden.

1 Die ersten Schritte in Richtung Indien

«Marseille, Tor zum Orient» – so steht es auf manchen Briefmarken, mit denen dort aufgegebene Sendungen frankiert sind. Mich kümmerte freilich ein solches «Tor» nur wenig. Aus dem Fenster meines Hotelzimmers, das auf den alten Hafen blickte, betrachtete ich zerstreut das bunte Menschengewimmel. Der von einem leichten Mistral aufgewirbelte goldbraune Staub hüllte alles ein und ließ es irgendwie unwirklich erscheinen; das Bild hatte bereits einen Hauch von Orient an sich, doch damit hielt ich mich nicht lange auf. Ich kannte Marseille, vor allem aber sollte ich mich tags darauf einschiffen; im Geist hatte ich das «Tor» schon passiert und war in Indien gelandet ... In Indien, wie ich es mir nach meiner Lektüre und den geheimnisvollen Götterbildern vorstellte, die in den düsteren Galerien des Musée Guimet thronten.

Bisher hatte ich nur kurze Überfahrten auf kleinen Schiffen von Belgien oder Holland nach England zurückgelegt, während ich nun einen Ozeanriesen betrat, der mir würdig erschien, Pilger ins Land der großen Weisen zu bringen.

Ich hatte eine Einzelkabine gebucht, um ungestört zu bleiben, mich innerlich sammeln zu können, denn zu enge Tuchfühlung verabscheute ich von jeher.

Damals ließ sich diese auch noch mühelos vermeiden, da Züge und Schiffe den Reisenden reichlich Platz boten. Unvorstellbar, wenn man bedenkt, wie sich heutzutage, im Zeitalter des Massentourismus, die Menschen zusammenpferchen lassen und die drangvolle Enge klaglos hinnehmen.

Die Gangway wurde eingezogen, das Schiff losgemacht, die Sirene heulte, wir verließen den Hafen, erreichten das offene Meer ... Die Nacht brach an, Sterne begannen zu funkeln ...

Die Schiffsglocke läutete, vermutlich zum Abendessen, aber mir erschien ein solcher Auftakt für meine Pilgerfahrt zu profan. Es handelte sich dabei um keine bewußte Entscheidung; ich hatte ganz einfach weder den Gedanken noch das Bedürfnis, etwas zu essen.

Daß ich mich in der Kabine eines Ozeandampfers befand, hatte ich bereits vergessen. Ich weilte im Wald; ernste Anachoreten saßen auf den Böden von aus Zweigen geflochtenen Hütten und redeten miteinander in der Sprache der Upanischaden:

«Wenn das Leben aus diesem Körper entweicht, stirbt er, doch das Leben stirbt nicht. Dies ist die Seele dieses Körpers, ist Wirklichkeit: es ist der Weltgeist. Das bist du, mein Kind.»

Für ihn geht die Sonne weder auf noch unter;
Für ihn währt ewig nur der Tag:
Für ihn, der das Brahman kennt (das absolute Sein).

«Mademoiselle, es hat zum Abendessen geläutet», sagte das Zimmermädchen und kam herein, nachdem es zuvor sicherlich vergebens angeklopft hatte.

«Danke, ich möchte nicht essen.»

Der Wald und die ehrwürdigen Einsiedler hatten sich plötzlich verflüchtigt. Vor mir sah ich nur eine glänzende, weißlackierte Wand.

«Sie sind doch nicht etwa krank, Mademoiselle?» erkundigte sich das Zimmermädchen voll berufsmäßiger Fürsorge.

«Nein, keineswegs. Ich habe vor dem Einschiffen gegessen.»

Es stimmte, ich hatte keinen Hunger.

Wenn das aber doch der Fall gewesen wäre, hätten mich dann beredte Eremiten und ein Traumwald dem Speisesaal ferngehalten? Das frage ich mich, inzwischen eine abgehärtete Forschungsreisende, versehen mit einem guten Schuß Skepsis, nicht ohne Selbstironie, wenn ich mir die Begleitumstände dieses ersten Aufbruchs ins Gedächtnis zurückrufe.

Es ist auch müßig, im nachhinein darüber zu spotten. Das Vorspiel zu meinem fernöstlichen Epos wurde durch keine triviale Geste beeinträchtigt: Es war ein religiöser Akt, eine Kulthandlung im wahrsten Sinne des Wortes.

Ich hatte eine Außenkabine. Sobald die Passagiere später von Deck verschwunden waren, setzte ich mich vor meine Tür und blieb dort die ganze Nacht über, in eine Art Ekstase versunken. Ein Gefühl des Fröstelns brachte mich wieder zu mir. Am Horizont wurde der dunkle Himmel von einem rosa Schimmer erhellt, der Tag brach an, und das große Schiff glitt unmerklich durch das spiegelglatte Meer dahin, trug mich dem Morgenrot, dem Orient entgegen.

Die Überfahrt verlief ereignislos. Ich zog mich in eine schweigende Isolation zurück, die bei den weiblichen –

und vielleicht auch bei den männlichen – Passagieren Neugier erweckte. Wohlwollende Damen versuchten, ein Gespräch mit mir anzufangen, erhielten jedoch nur einsilbige Antworten.

«Sind Sie auf der Heimfahrt zu Ihrer Familie?»

«Nein.»

«Langweilen Sie sich denn nicht so allein?»

«Nein.»

«Setzen Sie sich doch zu uns zum Tee!»

«Vielen Dank.» (Die Ablehnung war unüberhörbar.)

Von Neugier geplagt, hetzten sie ein junges Mädchen auf mich, wahrscheinlich in dem Gedanken, daß Gleichaltrige sich leichter näherkommen könnten.

Die Abgesandte nahm errötend all ihren Mut zusammen und stellte mir eine direkte Frage:

«Was werden Sie in Indien tun?»

«Mein Sanskrit-Studium fortsetzen», entgegnete ich todernst, ließ die nette Person verblüfft stehen und ging zurück in meine Kabine, um mich dort vor Lachen auszuschütten. Vielleicht wußte sie ja nicht einmal, was Sanskrit ist.

Danach war endgültig Schluß mit der Ausfragerei, keinerlei Versuche mehr, in meine Einsamkeit einzudringen, sie ließen mich allein von Bord gehen bei den drei Zwischenlandungen, die wir machten: Alexandria, Port Said, Aden; man hielt mich sicherlich für einen unsympathischen Sonderling.

Das schöne Wetter dauerte an. Ich vertiefte mich in die Lektüre der Upanischaden, der *Bhagavad-Gita* und der buddhistischen Schriften. Wenn ich müde wurde, schaute ich aufs Meer und dachte nach. Zum Denken ist man nie zu müde.

Nach zwei Wochen war eines Morgens am Horizont

eine Linie in Meeresspiegelhöhe zu erkennen: die flache Küste Ceylons. Allmählich konnte man die Kokospalmen unterscheiden, die das Ufer säumten. Ich war am Ziel. Ceylon ist nicht Indien, darüber bin ich mir heute durchaus im klaren, aber damals ... Ceylon war der Orient, und das genügte mir ... Vorläufig.

Kein Mensch erwartete mich; ich kannte niemanden in Colombo. Das dem Pier am nächsten gelegene Hotel, das «Oriental», nahm mich auf. Doch die Freude, meinen Traum verwirklicht zu haben, konnte allein auf Dauer nicht ausreichen. Ich mußte etwas tun. Irgendwelche Pläne hatte ich allerdings nicht gefaßt. Ich war ganz spontan aufgebrochen, als mir mit dem Erreichen der Volljährigkeit eine kleine Erbschaft die Möglichkeit dazu eröffnet hatte.

Die Notwendigkeit, etwas zu tun, verursachte mir, offen gestanden, nicht allzuviel Kopfschmerzen. Ich vertraute da ganz meinem Einfallsreichtum – ich würde schon etwas finden, womit ich mich beschäftigen konnte.

Zunächst unternahm ich einen Spaziergang durch die Straßen. Das Vergnügen, einfach so herumzuflanieren, wurde leider durch die aufdringlichen Ladeninhaber beeinträchtigt, die den Fremden auf Schritt und Tritt folgten und ihnen «herrliche Saphire, Elfenbeinschnitzereien, Kästchen oder Schemel aus Sandelholz, Mondsteinketten, Vorhänge, Teppiche» aufschwatzen wollten.

Dieser Redeschwall jagte jeden in die Flucht, selbst wenn er noch so gern die Auslagen betrachtet hätte. Mir zumindest erging es so, ich hatte es nicht eilig, irgendwelche Einkäufe zu tätigen.

In der Nähe des Hafens befand sich ein Pavillon mit mehreren Tischen davor. Hier gab es Tee von hervorragender Qualität, dazu Toast, Kuchen und andere englische

Spezialitäten, die auch nach französischen Maßstäben genießbar waren. Eine Statue der Königin Victoria wachte über das Wohl der Gäste.

Zu den damaligen Sehenswürdigkeiten Colombos gehörte außerdem ein weitläufiger Park mit Zimtbäumen, von den Engländern *Cinnamon Garden* genannt. Zimtgarten, allein dieser Name entzückte mich und erschien mir als Inbegriff des Orients. Mit Vorliebe wanderte ich über die verschlungenen Pfade bis zum See in der Mitte des Parks.

Ich hatte nicht vor, mich in Ceylon häuslich niederzulassen; mein Ziel hieß Indien. Doch ich hielt es für richtig, eine gewisse Zeit auf die Erkundung der Insel zu verwenden; vor allem wollte ich die zahlreichen buddhistischen Tempel und Klöster besichtigen, von denen ich wußte.

Der Eingeborene hielt meine Rikscha bei einem Pfad an, der sich durch die Büsche schlängelte und mich nach ein paar Schritten zum Tempel führte, einem kleinen Bau ohne besondere Stilmerkmale: ein rechteckiges Gemäuer, weiß gekalkt, mit einem irgendwie chinesisch anmutenden Dach, dessen Holzornamente mit roten Zeichnungen auf gelbem Grund verziert waren.

Instinktiv zögerte ich die Begegnung mit dem hinter den Tempelmauern verborgenen Standbild hinaus und verweilte noch etwas im Gärtchen.

Die Buddhas im Musée Guimet waren mir vertraut. Ich mochte ihre halbgeschlossenen Augen, die sich nicht mit äußeren Dingen abgaben und nach innen blickten. Doch hier, auf dem Boden Asiens, wo die Lehren des Meisters sich lebendig erhalten hatten, wäre ich ihnen lieber aus dem Weg gegangen. Götzenbilder konnten hier doch nur überflüssig, fehl am Platz, abstoßend erscheinen ...

Aber schließlich war ich ja hergekommen, um alles in Augenschein zu nehmen. Also trat ich ein und sah mich um.

Meine Fassungslosigkeit läßt sich kaum schildern. Auf einem schmalen Podest ruhte unter einem Baldachin die überlebensgroße Statue eines liegenden Mannes, der den sterbenden Buddha darstellen sollte.

Dieser Buddha war gelb. Der Stümper, der hier am Werk gewesen war, hatte alles im gleichen Kanariengelb angestrichen – Kleider, Körper, Gesicht und Haar. Neben dem Kopf des Weisen hatte ein fürsorglicher Gläubiger ein Päckchen Zahnstocher griffbereit hingelegt und ein Taschentüchlein an einer Schnur am Rahmen des Baldachins aufgehängt. Unweit davon bemerkte ich ein Glas Gemüsekonserven: Karotten und grüne Erbsen, liebevoll dekoriert, ein appetitlicher Farbeffekt, sei es nun als Opfergabe, Verzierung oder Mundvorrat gedacht.

Mir drehte sich alles im Kopf, ich erstickte fast.

Den Firlefanz in abendländischen Kirchen kannte ich ja zur Genüge: die spanischen Madonnen, die einen Spazierstock mit goldenem Knauf oder einen Fächer bei sich haben, die mit Schmuck behangen sind wie für einen Ball, aber dergleichen in einem Land vorzufinden, das sich buddhistisch nannte, hatte ich nicht erwartet.

Als ich mich etwas von dem eben erlittenen Schock erholt hatte, entdeckte ich in einem Winkel des gegenüberliegenden Podestes eine weitere gelbe Statue, diesmal aufrecht stehend. Bei näherem Hinblicken merkte ich, daß nur die Kutte gelb war, Gesicht und Hände dagegen dunkelbraun, und daß die Augen sich leicht bewegten. Bei der sonst reglosen Gestalt handelte es sich nicht um ein Standbild, sondern um einen buddhistischen Mönch, wie er auf den Fresken im Musée Guimet zu sehen war.

«Sprechen Sie Englisch?» fragte ich auf gut Glück.

Der Gelbgewandete antwortete nicht, gab durch nichts zu erkennen, daß er mich gehört hatte.

Ich erinnerte mich an das klösterliche Gebot:

«Wenn ein Bhikshu einer Frau begegnet, darf er sie nicht sehen.»

Vielleicht hatte dieser Mönch meine Anwesenheit gar nicht wahrgenommen.

«Bring mich ins Hotel zurück», befahl ich dem Einheimischen, der bei der Rikscha auf mich gewartet hatte.

Ich meinte, für einen Tag genug gesehen zu haben.

Nach ausgiebigem Schlaf hatten sich meine strapazierten Nerven wieder beruhigt. Letztlich hatte ich ja bloß eine ländliche Kapelle gesehen; es mußte Besseres geben – richtige Tempel. Ich ließ mich darüber vom Geschäftsführer des Hotels beraten, erwähnte jedoch nichts von dem ersten schockierenden Eindruck.

«Besuchen Sie Kelaniya», empfahl er.

Kelaniya liegt ein paar Kilometer von Colombo entfernt und ist mit dem Wagen bequem zu erreichen.

Ich gelangte zu einem stattlichen Gebäudekomplex, der die Unterkunft der Mönche, eine Halle für die Pilger etc. umfaßte. Eine schöne Anlage mit weiträumigen Höfen zwischen den einzelnen Bereichen. Überall lautlose Stille, eine Atmosphäre, die zur inneren Sammlung und Ausgeglichenheit beitrug.

Eine Steintreppe führte zum Tempeleingang; von dem kleinen Absatz vor der Tür konnte man die umliegenden Bauten überblicken. Nun betrat man einen langen, dunklen Saal. Dort befand sich ein riesiger Schaukasten mit einem gigantischen liegenden Buddha, der ebenso wie der vom Vortag den Meister in seiner letzten Stunde darstellte. Auch diese Statue war von Kopf bis Fuß grellgelb angestrichen. Bis auf die schätzungsweise fünf Meter Länge hatte sie nichts Bemerkenswertes an sich.

Ein Urteil über Ceylon, Mönche wie Laien, zu fällen, weil zwei scheußliche Statuen meinen Schönheitssinn beleidigt hatten, wäre absurd gewesen. Ich wußte sehr wohl, daß es auf der Insel viele gelehrte Mönche gab, und hatte schon in Paris Orientalisten mit Hochachtung von Suryagoda Sumangala, dem verstorbenen Oberhaupt der singhalesischen Bhikshus, reden hören. Ich wußte auch, daß unter den Laien Ceylons bedeutende Persönlichkeiten zu finden waren. Und schließlich war mir nicht unbekannt, daß es dort weder an malerischen Landschaften noch an historischen Ruinenstädten und alten Kulturdenkmälern fehlte. Also nahm ich mir vor, für einen längeren Aufenthalt zurückzukommen und mir in aller Ruhe Land und Leute anzusehen. Da meine Reise zeitlich nicht begrenzt war, konnte ich das ohne weiteres auf später verschieben und zunächst nach Indien aufbrechen.

Ich schiffte mich abends von Colombo nach Tutikorin ein. Von all meinen vielen Überfahrten hat sich mir diese unauslöschlich eingeprägt.

Das Schiff, eine Nußschale, bot seinen Passagieren der ersten Klasse einen schmalen Speiseraum, um den sich sechs winzige Kabinen gruppierten. Auf Deck häuften sich Taue, Ankerketten und sonstiges Zubehör, so daß sich kaum Platz für einen Stuhl fand. Vier Kabinen waren besetzt, von drei Missionaren und mir. Im Vorschiff war eine Schar Eingeborener zusammengepfercht.

Seit der Ausfahrt aus dem Hafen herrschte heftiger Seegang, die kleinen Bullaugen, die einzige Luftzufuhr für den Speiseraum, waren geschlossen, so daß es bald erstickend heiß wurde.

Der Steward teilte uns mit, daß der Koch bei dem stürmischen Wetter kein Abendessen zubereiten könne und wir uns mit Tee und kalten Platten begnügen müßten.

Das heftige Schaukeln zeitigte bald auch bei uns seine Wirkungen – jede Nahrungsaufnahme erwies sich als überflüssig. Die drei Priester hatten sich in ihre Kabinen zurückgezogen, und einer begann auf bezeichnende Weise zu stöhnen.

Ich hielt eine ganze Weile gut durch bei einer Tasse Tee und einem Toast mit Butter, doch als dann meine Reisegefährten hinter ihrem Vorhang im Terzett ächzten, tastete ich mich von einem festgeschraubten Stuhl zum nächsten in meine Kabine zurück.

Es war Nacht geworden. Der Sturm tobte, die Brecher gingen auf uns nieder, das Schiff schlingerte bedrohlich, schaukelte immer steiler auf und ab. Ich fragte mich allmählich, ob dieser klapprige Kahn einem derart zermürbenden Kampf gegen die Elemente standhalten könnte.

Der Horror begann, als das Getier, das den Schiffsraum bevölkerte, durch das eindringende Wasser aus seinen Schlupfwinkeln vertrieben wurde und den Salon sowie die Kabinen heimsuchte. Ratten rasten in Panik hin und her, Asseln und Schaben rückten, zu dicken Klumpen geballt, an, einem zähen Lavastrom vergleichbar. Bald war alles bedeckt, der Teppich, die Koje; sie krochen an den Vorhängen hoch, quollen über den Rand des Waschbeckens. Die Szene, die an Dantes Inferno erinnerte, wurde von einer dicken Kerze erhellt; sie steckte in einem Behälter und wurde in den Kolonien als Grubenlampe bezeichnet. Sie pendelte an der Decke hin und her, so daß der schwache Kerzenschein bei jedem Rollen des Schiffes von links nach rechts wanderte und umgekehrt. Die Elektrifizierung steckte damals noch in den Kinderschuhen, und auf unserem alten Kahn konnte natürlich von Stromversorgung keine Rede sein.

Der Eingeborene, der als Steward fungierte, hatte mir zu Beginn des Sturmes einen Liegestuhl gebracht, da er sah, daß ich mich nicht in der Koje ausstrecken wollte. Dieser Liegestuhl rutschte nun bei jeder Schiffsbewegung auf dem Teppich herum, so daß ich abwechselnd mit dem Kopf oder mit den Füßen nach unten hing oder an eine Kabinenwand geschleudert wurde.

Ich flog wie ein Ball dauernd hin und her, stieß mich dabei an sämtlichen Kanten und war schließlich vor Schmerz wie benommen, so daß ich nicht mehr die Kraft aufbrachte, mich von dem Ungeziefer zu befreien, das auf mir herumspazierte, und ein paar neugierige Ratten zu verscheuchen, die auf meinen Liegestuhl kletterten, um mich aus der Nähe zu inspizieren. Einen derart widerwärtigen Alptraum habe ich in all den Jahren auf keiner meiner Reisen mehr erlebt.

Dann weckte mich wildes Geschrei aus meiner Betäubung. Was geschah denn nun noch? Gingen wir unter? Das mußte ich feststellen. Ich schleppte mich aus der Kabine. In dem kleinen Speiseraum befand sich natürlich kein Passagier.

Der Steward, der in einem Winkel zusammengesunken hockte, bemerkte mich in dem Augenblick, in dem ich gegen eine Tischkante stieß und vor Schmerz aufschrie. Er erhob sich.

«Möchten Sie eine Banane?» fragte er, und ehe ich antworten konnte, streckte er den Arm aus und zog aus einem Wandschrank ein Obstkörbchen.

Bananen! Die hatten meinem ramponierten Magen gerade noch gefehlt. Bei dem bloßen Anblick erhöhte sich der Brechreiz.

Von irgendwoher ertönte unentwegt Geschrei.

«Was ist denn eigentlich los?» erkundigte ich mich.

«Gar nichts», entgegnete der Steward. «Das sind die Passagiere vom Zwischendeck. Man hat sie eingeschlossen, weil sie die See sonst weggefegt hätte. Als sie versuchten, die schützenden Ladeluken aufzustemmen, hat man ein paar Nägel eingeschlagen. Aber das Hämmern hat ihnen angst gemacht. Jetzt schreien sie, daß das Schiff untergeht, daß man die Passagiere in den Kabinen und die Besatzung retten, sie dagegen im Stich lassen wird.»

Die Bedauernswerten hatten also gute Gründe für ihr Angstgeschrei.

«Wir sinken nicht», fügte der Steward im Brustton der Überzeugung hinzu. «Essen Sie doch eine Banane . . .» Damit hielt er mir wiederum das Körbchen hin.

Er brachte mich so in Rage, daß ich ihn am liebsten verprügelt hätte, aber da ich mich mit der einen Hand am Türvorhang meiner Kabine und mit der anderen an der Rückenlehne eines im Fußboden verschraubten Stuhls festklammerte, fehlte mir dazu die Möglichkeit. Ich stolperte zurück zu meinem Liegestuhl und dem Alptraum inmitten von widerlichem Ungeziefer und verstohlen umherhuschenden Ratten, begleitet von den verzweifelten Schreien der Eingeschlossenen und dem ohrenbetäubenden Gehämmer der Wellen; das dauerte bis zum Morgen an, als wir in Tutikorin vor Anker gingen.

Unser jämmerliches, über und über triefendes Schiff spie nun an die hundert taumelnde, verstörte Eingeborene aus, die sich sofort zu Boden fallen ließen. Die Missionare bemühten sich, Haltung zu bewahren, doch ihre fahlen Gesichter verrieten die erlittenen Qualen.

Für mich lagen die schrecklichen Stunden, die ich

durchlebt hatte, bereits so weit zurück, daß sie mich nicht mehr berührten. Sobald ich wieder festen Boden unter den Füßen spürte, fühlte ich mich gesund und munter und voller Tatendrang.

Dieser Sandstrand, diese fast wüstenartige Landschaft, in zartrosa Morgenlicht getaucht, das war das Indien meiner Träume, das ich nun erreicht hatte.

Ein Zug wartete auf die Fahrgäste; ich ließ mich in einem leeren Abteil nieder, und plötzlich tauchte ein Inder am Fenster auf und radebrechte auf englisch:

«Breakfast, Lady, Breakfast?»

Anscheinend gab es ein Restaurant in der Nähe.

«*Breakfast?* Ja. Aber wie lange halten wir hier?»

«Lange genug. Und Sie essen gemütlich im Fahren. Sie lassen nur das Geschirr im Wagen, wenn Sie aussteigen.»

Das hörte sich recht bequem an.

«Ist Zeit genug, mir Reis und Curry zu machen? Curry ohne Fleisch; ich esse kein Fleisch.»

«Reichlich Zeit.»

Damit enteilte er.

Kurz darauf betrat ein Priester in weißer Soutane mein Abteil, grüßte und setzte sich wortlos hin.

Ein paar Minuten später erschienen zwei Jungen mit Tabletts: Reis und Curry, wie gewünscht, dazu eine Kanne Tee, Milch, Zucker, Butter und einige Scheiben Toast, die zu bestellen ich vergessen hatte und die die Boys von sich aus mitlieferten.

Der Priester, der bis dahin mit geschlossenen Augen erschöpft dagesessen hatte, schreckte hoch, als er den Curry roch.

«Sie essen!» rief er völlig verdutzt.

«Aber ja», erwiderte ich. «Es gibt hier ein Restaurant, Sie können sich etwas bestellen.»

«Essen!» rief mein Reisegefährte nochmals. «Pah! Sind Sie nicht gerade an Land gegangen?»

«Sicher. Und Sie vermutlich auch.»

«Ja. War das eine Nacht! Und Sie sind nicht krank, Sie können essen!»

«Ich war allerdings krank, die Nacht über, aber das ist vorbei, und jetzt habe ich Hunger. Sie sollten auch etwas zu sich nehmen, das wird Sie wiederherstellen.»

«Ich könnte keinen Bissen herunterbringen ...»

Der Akzent meines Gesprächspartners verriet mir seine Nationalität.

«Ich glaube, wir sind Landsleute, Monsieur l'Abbé. Ich bin Pariserin, wir könnten also französisch sprechen.»

«Ist es die Möglichkeit!»

Ein ziemlich schäbig aussehender Inder stieg auf das Trittbrett des Wagens und unterbrach damit die beginnende Unterhaltung. Wortlos begann er sich zu bekreuzigen, wobei er den Priester fixierte.

Der beachtete ihn überhaupt nicht.

«Das muß ein Christ sein», konstatierte er lediglich.

Der Inder wiederum bekreuzigte sich unentwegt. Der Zug fuhr ab, er sprang vom Trittbrett, und ich konnte ihn noch ein paar Sekunden bei dem kleinen Bahnhof stehen und sich weiter bekreuzigen sehen.

Es reizte mich, meinen geistlichen Landsmann zu fragen, warum er seinem demütigen Glaubensgenossen nicht ein paar freundliche Worte gegönnt hatte, aber er war anscheinend schon wieder eingeschlummert.

Der Zug fuhr so gemächlich, daß mir genügend Zeit blieb, die eintönige Ebene zu betrachten, die wir durchquerten. Wir waren bereits eine ganze Weile so dahingerollt, mit ausgedehnten Haltepausen auf verschiedenen kleinen Bahnhöfen, als mein schweigsamer Reisegefährte aufwachte.

«Fahren Sie nach Madras?» erkundigte er sich.

«Nein, jetzt nicht; ich steige in Madura aus.»

«Sie wollen den Tempel besichtigen?»

«Ja.»

«Die Touristen schätzen ihn sehr, obwohl er von anderen Tempeln in der Gegend bei weitem übertroffen wird. Übrigens können Fremde nur einen kleinen Teil besichtigen. Brahmanen haben als einzige Zutritt zu sämtlichen Räumen, in denen Götterstatuen stehen, und vor allem zum Zentralbau, dem Sitz des großen Teufels.»

Über diesen Ausdruck mußte ich lachen; ich hielt ihn für einen Scherz. Bestimmt glaubte mein Landsmann ebensowenig an die Existenz eines Teufels in den Tempeln. Sein Gesichtsausdruck war allerdings gar nicht spöttisch, erschien vielmehr düster und sorgenvoll. Kopfschüttelnd murmelte er ein paarmal «Hm, hm» vor sich hin und verstummte dann.

Meiner Meinung nach wäre es wohl unhöflich gewesen, ihn wegen des «großen Teufels» weiter auszufragen, und so antwortete ich nicht.

Ich stieg in Madura aus; der Missionar fuhr weiter.

Man führte mich in eine Art Schlafsaal für Frauen, der sich im Obergeschoß des Bahnhofs befand. Ich war der einzige Gast, ließ mir aus der Restauration im Parterre das Abendessen bringen und legte mich danach sofort hin. Doch obwohl ich übernächtigt war, konnte ich nicht einschlafen, die Bemerkungen des Missionars über den «großen Teufel» gingen mir im Kopf herum.

Erst etliche Jahre später bin ich nach ausgedehnten Aufenthalten in Indien, China und anderen asiatischen Ländern wirklich dahintergekommen, daß ein großer Teil der Missionare, gleich welcher Nationalität, tatsächlich an die Existenz der Gottheiten der verschiedenen nichtchristlichen Religionen glaubt, die zu bekämpfen sie sich zur Aufgabe gemacht haben, und sie für Dämonen halten.

Vom hinduistischen Standpunkt aus läßt sich der Glaube an die Existenz von Shiva, Vishnu und den anderen Gottheiten begründen. Es handelt sich lediglich darum, die «Art der Existenz» zu definieren, die diese Götter besitzen, sowie deren Ursprung.

2 Die Götter in der Vorstellungswelt der Inder

Ich habe nicht die Absicht, hier ein Reisetagebuch vorzulegen, sondern möchte vielmehr versuchen, einen Überblick über die verschiedenen Aspekte des geistigen Lebens in Indien zu geben, thematisch und nicht chronologisch gegliedert. Der zuvor erwähnte «große Teufel» im Tempel von Madura bietet Gelegenheit, die hinduistischen Theorien über Götter, deren bildliche Darstellung und den damit verbundenen Kult zu untersuchen.

Wenn die Hindus sich vor ihren Götterstatuen niederwerfen, so hat das nichts mit Idolatrie zu tun, sie wenden sich damit direkt an den dargestellten Gott oder die Göttin. Dieser Bilderkult basiert jedoch in Indien auf völlig anderen Vorstellungen als den in westlichen Ländern gängigen.

Um als Kultobjekt betrachtet zu werden, hat ein Abbild zunächst eine wichtige Voraussetzung zu erfüllen: Es muß «beseelt», das heißt *lebendig* geworden sein. Vor diesem Augenblick ist jede Statue nichts anderes als ein Stück Holz oder ein behauener Steinblock, dem man keinerlei Ehrerbietung schuldet.

Belebt werden kann jeder beliebige Gegenstand, und er kann dann auch Eigenschaften, Fähigkeiten und Tugenden von Lebewesen annehmen. Wenn vorzugsweise Bildnisse von Gottheiten dafür auserkoren werden, so liegt das daran, daß ihr Äußeres Assoziationen zu einem Gott oder einer Göttin erweckt und darum geeigneter ist, die Aufmerksamkeit der Andächtigen zu fesseln und sie, bewußt oder unbewußt, zu der gedanklichen Konzentration zu führen, die erforderlich ist, um die tote Materie zu beleben. Doch es gibt in Indien auch einfache Steine, die wie Gottheiten verehrt werden, und das Höchstmaß an Kult gilt drei fast unförmigen Holzblöcken: Jagannatha, dem «Herrn der Welt», seinem Bruder Balabhadra und seiner Schwester Subhadra, die im berühmten Tempel von Puri in Südindien verehrt werden.

Das Ritual, mit dessen Hilfe «Leben» eingehaucht wird, heißt Prana Pratishtha, Übertragung des Lebensodems.

Dieser Lebensodem wird im Verlauf des Rituals von dem Zelebrierenden und den Anwesenden übernommen. Durch äußerste Konzentration ihrer Willenskraft bewirken sie zu einem bestimmten Zeitpunkt eine Übertragung der ihnen innewohnenden Energie auf ein bis dahin lebloses Bild. Dieser Theorie zufolge wird die Statue oder jeder beliebige dem Ritual unterworfene Gegenstand so zu einem verehrungswürdigen und mit viel Tatkraft ausgestatteten Individuum.

Es ist seltsam und beeindruckend, am Ritual des Prana Pratishtha teilzunehmen, den Zustand extremer Nervenanspannung bei einer Versammlung von Gläubigen zu beobachten, die alle Willensanstrengung darauf konzentrieren, einen Teil ihrer Lebenskraft auf eine Statue zu übertragen. Dabei wird das Wort Pratishtha ununterbrochen wiederholt, und die Anwesenden vollführen oft Gesten, als rissen sie sich etwas heraus und schleuderten es zu dem Standbild auf dem Altar. Ihr Verhalten scheint zu bestätigen, daß sie genau wissen, was vorgeht: daß weder ein

Gott noch eine Göttin aus himmlischen Gefilden herabsteigt, um sich ihr Abbild anzueignen, sondern daß sie selber es bewohnen werden. Trotzdem besteht Anlaß zu der Befürchtung, daß sie die Bedeutung des von ihnen vollzogenen Rituals nicht immer oder nicht vollständig erfassen.

Diese inbrünstige geistige Konzentration einer ganzen Personengruppe ist sehr wohl geeignet, Halluzinationen zu erzeugen. Bei einer Zeremonie, an der ich teilnahm, wollten etliche der Anhänger gesehen haben, daß die Statue der Göttin Durga ihnen lächelnd den Kopf zuneigte.

Ein andermal erschien es mir, als ob dieselbe Göttin, von grellen Scheinwerfern angestrahlt, so daß Flitter und Glasperlen funkelten und blitzten, die Augen öffnete und schloß; ich rieb die meinen in dem Glauben, von dem allzu starken Licht geblendet zu sein, doch meine Nachbarin war der gleichen Täuschung erlegen. Sie murmelte: «Sehen Sie nur – sie öffnet und schließt die Augen.»

Unter den Anhängern des Hinduismus sind Visionen ein häufig vorkommendes Phänomen. So wird nicht nur berichtet, daß Vishnu – meist in Gestalt eines seiner Avatare: Rama oder Krishna – bestimmten Anhängern kurz erschienen sei, sondern es gibt auch Geschichten über lang andauernde Beziehungen zwischen dem Gläubigen und seinem Gott.

Man braucht hier gar nicht auf die Mythologie zurückzugreifen, die folgenden «Tatsachen» sollen sich 1864 ereignet haben:

Als Ramakrishna im Tempel von Dakshineshvara am Ganges bei Kalkutta lebte, erschien dort ein Sannyasin (Asket) namens Jatadhari, der seit Jahren auf seinen Pilgerfahrten eine kleine Figur bei sich trug, eine Darstellung von Rama als Kind (Rambala). Der fromme Jatadhari manifestierte seine Verehrung auf besondere Weise, da er das Abbild als lebende Person betrachtete. In diesem Fall handelte es sich nun um ein göttliches Kind, und so ließ er dem Figürchen die gleiche Fürsorge angedeihen, die man einem richtigen Kind erweist, er badete es, wiegte es auf den Armen etc.

Andererseits diente die Statuette Jatadhari auch als Mittel zur Sammlung, wenn er über das Kind Rama meditierte, sich also um dessen Sichtbarmachung bemühte.

Als Jatadhari wieder auf Pilgerfahrt ging, überließ er das Figürchen Ramakrishna mit der Erklärung, es sei für ihn überflüssig geworden, da er nun Rambala ständig überall sehen könne. Doch als Ramakrishna seinen Schülern diese Geschichte erzählte, erwähnte er, daß der Sannyasin geweint habe bei der Trennung von der Statuette, die für ihn Gott und Sohn in einem geworden war.

Ramakrishna setzte den absonderlichen Kult fort, freilich galt er nicht mehr einem Standbild auf einem Altar, sondern dem lebendigen Rambala. Ramakrishna sah ihn ganz deutlich in Gestalt eines mutwilligen Jungen, der ihm folgte, vor ihm herumtanzte oder ihm auf den Rücken sprang. Er gab ihm Spielsachen, nahm ihn auf die Knie, schaukelte ihn. Der Junge rannte durch den Garten, pflückte Blumen, badete im Ganges. Ramakrishna, völlig hypnotisiert von seiner «Schöpfung», behandelte das Phantom wie ein richtiges Kind, wies es zurecht: «Bleib nicht in der prallen Sonne. – Plansch nicht so lange im Wasser, du wirst dich erkälten.»

Der Junge machte sich über ihn lustig, schnitt Grimassen. Ramakrishna wurde ärgerlich, drohte ihm, schlug ihn sogar, und Rambala weinte, was den reumütigen Ramakrishna zutiefst schmerzte.

Die Schüler von Ramakrishna versichern, daß alles, was

ich hier kurz geschildert habe, den Tatsachen entspricht. Ihr Meister hat ihnen das ausdrücklich bestätigt, und natürlich gibt es für sie keinen Anlaß, an seinem Wort zu zweifeln.

Das tue auch ich nicht. Ramakrishna muß Rambala gesehen haben, genau wie er es erzählt hat. In Tibet hatte ich Gelegenheit, die erstaunlichen Resultate von systematischen Übungen zu beobachten, durch die geistige Schöpfungen materielle Formen annehmen. Halluzinationen, wie sie sich bei Ramakrishna in Rambala manifestierten, unterscheiden sich von denen, die tibetische Gurus bei ihren Schülern auslösen, dadurch, daß diese zum Ziel haben, die dazu fähigen Schüler zu einer Erkenntnis zu führen: Sie sollen begreifen, daß all diese Erscheinungen das Werk derjenigen sind, die darüber nachsinnen, und daß es nur von uns abhängt, inwieweit wir die Existenz von Göttern und Dämonen zulassen.

Ich habe Ramakrishna nicht gekannt, und bei denjenigen seiner direkten Schüler, mit denen ich freundschaftliche Beziehungen unterhielt, ließ die abgöttische Verehrung für ihren verstorbenen Meister keinen Raum für kritische Untersuchungen. Es wäre interessant gewesen zu erfahren, was aus dem Figürchen von Rambala wurde, während dieser in Gestalt eines wirklichen Kindes in den Gärten von Dakshineshvara herumhüpfte. Und noch interessanter, ob ihn außer Ramakrishna noch jemand gesehen hat.

Mir ist in Indien nichts darüber bekannt geworden, daß jemals ein Objekt dieser kontinuierlichen Visionen für Dritte sichtbar wurde. Bei kollektiven Visionen verhält es sich offenbar anders, doch die beschränken sich ja im allgemeinen auf eine kurze Erscheinung.

Die Tibeter wiederum glauben, daß die durch unseren

Geist geschaffenen Gestalten sehr wohl auch von anderen gesehen und berührt werden können. Sie glauben sogar an die Möglichkeit, Phantasiewesen – die sogenannten Tulpas – zu schaffen, die imstande sind, sich in jeder Beziehung wie gewöhnliche Individuen zu verhalten.

Ich selber habe auf diesem Gebiet eine bemerkenswerte Erfahrung gemacht. Das Phantom (ein tibetischer Mönch), das ich mir nach langen Bemühungen endlich klar und deutlich sichtbar machen konnte und das allmählich in meiner Umgebung ein offensichtliches Eigenleben zu führen begann – wie Rambala –, wurde in meinem Zelt genau gesehen von einem Besucher, der es für einen richtigen Menschen hielt und in aller Form begrüßte.

In Ermangelung einer besseren Erklärung habe ich das für einen Fall von Gedankenübertragung gehalten. Mein Besucher hatte das Bild gesehen, das in meinem Geist existierte. Es boten sich freilich noch andere Erklärungen an.

Unter denen, die ich in Indien zu den «beseelten» Götterbildern und zu den Halluzinationen, zu denen sie manchmal führen, erhalten habe, lassen sich einige genauso auf Visionen wie die von Rambala oder auf die von den Tibetern geschaffenen göttlichen Phantome anwenden.

Der im Abendland bekannte Begriff «Halluzination» wird jedoch von denen, die diese Erklärungen anbieten, abgelehnt, da sich damit die Vorstellung von Irrealität verbindet. Nach gebräuchlicher Definition handelt es sich bei Halluzination um eine visuelle oder andere Sensation, die nicht durch ein «reales Objekt» verursacht wird. Hier muß man sich über die Bedeutung des Begriffs «reales Objekt» verständigen. Man kann ohne weiteres einräumen, daß der Gläubige bei einem Ritual Durga oder

Krishna oder sonst eine Gottheit sieht, die zwar materiell nicht anwesend sind, an deren Stelle sich aber etwas anderes befinden kann.

Die von den Teilnehmern am Prana Pratishtha projizierte Energie ist nicht gänzlich immateriell. Sie läßt sich ungefähr mit einer hauchzarten Substanz vergleichen, die in diesem Augenblick von Gedanken und Bildern, analog den Gedanken und Wünschen der Zelebrierenden, durchtränkt ist.

Die reale Existenz der dargestellten Gottheit ist irrelevant, die Wirkung beruht auf dem Bündeln der in ihrem Bild enthaltenen psychischen Kräfte. Nach dieser Theorie spielen die Götterbilder eine dem Akkumulator vergleichbare Rolle. Aus einem geladenen Akkumulator kann man Strom abzapfen. Wird fortgesetzt Elektrizität gespeichert, kann er sich nicht entladen. Dieses kontinuierliche «Speichern» von Energie vollzieht sich in dem Götterbild durch den Kult, der ihm zuteil wird, durch die Gedankenkonzentration der Gläubigen.

Was ist es dann eigentlich, das die Gebete der Frommen erhört, das sie mit Angst erfüllt oder fröhlich macht, das ihnen gelegentlich die Türen zur Ekstase öffnet? Wie gewisse indische Denker erklärten, ist es weder Vishnu noch Shiva, noch sonst eine Gottheit, die in himmlischen Gefilden thront. Es handelt sich vielmehr um eine subtile, durch die Gefühle und Gedanken der Gläubigen selbst erzeugte Kraft; die kann allerdings nicht von einem einzelnen, sondern nur von der Gesamtheit der Gläubigen zustande gebracht werden.

Ein Götterbild, das seit Jahrhunderten von Millionen Anhängern verehrt wurde, ist durch die zahllosen Prozesse, in denen sich Glaube, Phantasie, Sehnsüchte, Wünsche der andächtigen Menge immer wieder geballt darauf konzentrieren, nun mit beträchtlicher Energie «geladen». So ist dem Bildnis eine psychische – und vielleicht auch materielle – Potenz zugewachsen, die weit über die individuelle Kraft jedes Gläubigen hinausgeht.

Derartige Theorien scheinen im Abendland nicht eben hoch im Kurs zu stehen, zumindest werden sie nicht offen verbreitet. Doch lassen sich Spuren davon deutlich feststellen in den Religionen, die auch einen Bilderkult kennen.

Weshalb wird eine bestimmte Statue der Jungfrau Maria, eines Heiligen, ob männlich oder weiblich, als besonders wundertätig geschätzt? Wenn es sich nur um das Bild einer gegenwärtig in den Gefilden der Seligen lebenden Persönlichkeit handelt und wenn die Wunder, die man ihm zuschreibt, allein das Werk des himmlischen Wesens sind, das es darstellt, so müßte jedes andere Bildnis die gleichen Wunder bewirken. Die Gläubigen sind da freilich anderer Meinung. Ich erinnere mich an einen braven Landpfarrer in Belgien, dem man vorgeschlagen hatte, eine alte, vom Holzwurm schon recht angenagte Madonnenstatue gegen eine neue einzutauschen, was er ablehnte. «Wissen Sie, die alte Statue ist wundertätig», erklärte er mir. «Die andere wäre nichts weiter als eine Frau – ehrwürdig, weil sie die Heilige Jungfrau darstellt, aber sonst nichts.»

Das gleiche gilt für die Wallfahrtsorte, die es in allen Ländern gibt. Warum manifestiert derselbe Gott, derselbe Heilige seine Macht an einem bestimmten Ort stärker als woanders?

Ich will keineswegs behaupten, daß die Theorien, mit denen manche Hindus diese Tatsachen erklären, von den indischen Volksmassen klar verstanden werden, eine stattliche Anzahl von Hindus ist sich jedoch bewußt, daß die

Macht der Götterbilder und sogar deren «Leben» von den Gläubigen abhängen. Hierfür eines von zahlreichen Beispielen:

Als ich in Benares wohnte, mußte einer meiner hinduistischen Freunde verreisen und bat mich, eine Statuette von Krishna an mich zu nehmen und sie während seiner Abwesenheit in Ehren zu halten. Er lebte allein und fand sonst niemanden in Reichweite, der ihm vertrauenswürdig genug erschien. Faktisch wurde von mir verlangt, das Figürchen zu «versorgen», damit es nicht verkümmerte, oder – um auf den prosaischen Vergleich mit dem Akkumulator zurückzukommen – damit es sich nicht «entlud».

Ich konnte meinem Freund diese kleine Gefälligkeit nicht abschlagen. Der Krishna wurde auf ein Wandbrett gestellt, mein Boy kaufte jeden Morgen ein paar Blumen für ihn, und ich ließ abends vor ihm Räucherstäbchen abbrennen. Dabei sagte ich ihm ungezwungen einige freundliche Worte. Krishna ist ein heiterer, liebenswürdiger Gott, er verlangt nicht, daß man ihn feierlich behandelt.

Ähnliche Glaubensüberzeugungen wie die zuvor erörterten betreffen die Götter selbst.

Die intellektuellen Hindus neigen dazu, ihre Existenz völlig von dem Platz abhängig zu machen, den sie im Denken ihrer Anhänger einnehmen. Die Götter werden ebenfalls *geschaffen* durch die Energie, die der Glaube an ihre Existenz auslöst, durch die Gefühle von Furcht oder Liebe, die sie erwecken, und durch den materiellen Kult, der diesem Glauben, dieser Furcht oder dieser Liebe Ausdruck verleiht.

Der Gott, an dessen Existenz keiner mehr glaubte, den keiner mehr verehrte, würde aufhören zu existieren. Er wäre ebenso tot wie viele Götter des Altertums oder untergegangener Kulturen.

Die Hindus, die mir diese Theorien dargelegt haben, wobei sie den Gottheiten eine rein subjektive Existenz zuschrieben, erklärten diese im gleichen Atemzug als real. Die Gedankenkonzentration von Millionen Anhängern während vieler Jahrhunderte hatte ähnliche Wirkungen wie die auf die Götterbilder bezogenen; sie hatte aus den Göttern wirkliche Wesen gemacht, Kraftzentren, und wenn der einzelne auch ihre Existenz leugnete, so genügte das nicht, ihrem Einfluß völlig zu entrinnen.

Die Götter und ebenso wir, die wir ihnen Leben verliehen haben, gehören zu diesem ewigen und unbegreiflichen göttlichen Spiel in der Erscheinungswelt – diesem Lila, wie die hinduistischen Philosophen sagen –, welches das absolute Sein, das Brahman, mit sich selbst spielt und das auf jeden Fall die einzige Vorstellung vom Zustand reiner Transzendenz ist, zu der wir fähig sind.

3 Heiligtümer und Stätten der Begegnung – Sakrale Tanzkunst und profane Lüsternheit

Als ich nach einer erholsamen Nacht im Schlafsaal des Bahnhofs von Madura aufwachte, war ich über die gerade geschilderte intellektuelle Einstellung der Hindus zu ihren Göttern und deren Abbildern noch nicht so genau informiert. Ich besaß jedoch immerhin genügend Hinweise, um mir zu sagen, daß der Missionar am Vortag mit seinen Worten vom «großen Teufel» im geheimsten Heiligtum von Madura vielleicht nicht ganz falsch lag, hütete mich indessen, dafür die vulgäre Bezeichnung «Teufel» zu verwenden. Ich wußte, daß dieses Mysterium von Madura Sundaresvara hieß – einer der Namen von Shiva, dem Schöpfer und Zerstörer – und daß in seiner Nähe seine Gemahlin Minakshi residierte, die Göttin mit den Fischaugen, einer der Namen von Shakti, der Ur-Energie, untrennbar mit Shiva verbunden.

Und so brach ich auf, um mich beiden so weit zu nähern, wie man es mir gestatten würde.

Die Ausmaße des Tempels von Madura müssen jeden Fremden beeindrucken, wenn er ihn mit den sakralen Bauten der westlichen Länder vergleicht. Hier wäre niemand auf die Idee verfallen, den Göttern Wohnstätten zu errichten, die durch so viele Umfriedungen, Tore und gewaltige Tortürme geschützt sind wie die Tempel im südlichen Indien. Sie erinnern an richtige Städte, in getrennte Viertel unterteilt, die sich um die Einfriedung gruppieren, den geheiligten Sitz des Gottes, dem zu Ehren der Tempel gebaut wurde. In weiteren Enklaven sind mit ihm verwandte Gottheiten und manchmal auch seine Gemahlin untergebracht, während in den Quartieren unweit der äußeren Umfriedung die Brahmanen mit ihren Familien wohnen und ihr Amt als Priester ausüben.

Um in den Tempel von Madura zu gelangen, geht man unter einem Gopuram hindurch, einem Torturm in Form einer Pyramide, mit Skulpturen bedeckt. Danach betritt man eine Halle, in der sich ein Basar befindet. Dort breiten Händler ihre Waren auf dem Fußboden aus – überflüssiger Krimskrams, Bijouterie und daneben auch allerlei fromme Souvenirs. Ich besitze heute noch ein paar Dinge, die ich mir damals gekauft habe: Ohrringe, Armreifen aus buntem Glas und Bildchen von Gottheiten.

Das marktschreierische Bild änderte sich schlagartig, sobald man das zweite Tor passierte. Vom ersten Schritt an fand sich der Besucher inmitten von steinernen Riesen: Helden der hinduistischen Legenden, Götter und Tiere. Manche standen aufrecht an den Wänden, andere reckten die gewaltigen Leiber und verzerrten Gesichter nach vorn, erhoben drohend die zwei Meter langen Arme. Diese phantastischen Wesen bevölkerten mehrere düstere Korridore, von denen da und dort weitere abzweigten, die als Vorzimmer für die heiligen Stätten dienten, in denen sich das fremdartige Leben der Götter abspielte.

In Dunkel dieses Labyrinths aus schwärzlichem Stein konnte man die Existenz eines Shiva oder einer Parvati durchaus bestreiten, die in irgendeinem Paradies thronten, und ebenso auch die sämtlicher Götter, nicht aber, daß der düstere, stille Tempel überall von «Präsenz» erfüllt war. Gebieterisch, allgegenwärtig umfing sie den Besucher, durchdrang ihn bis ins Mark mit jenem heiligen Schauder, von dem die Griechen sprachen, doch vermochte bei ihnen wohl nichts ein ebenso starkes Gefühl auszulösen wie die finsteren Höhlen mit den zusammengekauerten rätselhaften Gottheiten, die Indien hervorgebracht hat.

Bei Anbruch der Nacht begann der Arati, der abendliche Gottesdienst, mit lauten Gongschlägen und Glockengeläut, das durch die Gewölbe widerhallte. Lichter kamen aus den langen Vorzimmern und dahinter die schattenhafte Gestalt eines Priesters mit nacktem Oberkörper, um die Lenden ein weißes Tuch geschlungen, der eine Lampe mit zahlreichen winzigen Flämmchen vor einem Götterbild balancierte.

Dann trat wieder tiefe, lastende Stille ein; die Finsternis wurde geradezu greifbar, nur hie und da blinkten ein paar Bodenlämpchen auf. Die Gläubigen hatten sich zurückgezogen; gelegentlich tauchte ein verspäteter Brahmane plötzlich auf, huschte auf nackten Füßen fast unhörbar über die Fliesen und verschwand wieder im Dunkel.

Die Götter ruhten. Sie waren feierlich entkleidet und gebettet worden. Schliefen sie wirklich? Es kursieren Geschichten, die davon zu berichten wissen, daß bei Nacht ein ständiges Kommen und Gehen in den Tempeln herrsche, weil die Götter sich gegenseitig Besuche abstatteten ...

Wie dem auch sein mag, an bestimmten Tagen verlassen die Götter tatsächlich ihre Refugien, manchmal nur zu einem kurzen Umzug innerhalb des Tempels, aber bei anderer Gelegenheit können sie am Tag die Sonne genießen. Ob ihnen das wirklich Genuß bereitet, vermag ich nicht zu sagen, mir schien jedenfalls das helle Licht für sie nicht angemessen zu sein. Eingehüllt in ihren dunklen Schleier, wirken sie gewaltig, unter den pompösen Fetzen, mit denen ihre Bilder und Wagen verkleidet sind, dagegen recht kümmerlich.

In Madura wurden die Götter einmal wöchentlich im Tempel herumgeführt, und zwar bei Einbruch der Nacht. Dabei handelte es sich nicht um eine richtige Prozession, kein Flitter, nichts Pittoreskes. Vier Brahmanen schulterten eine Miniaturtrage, auf der zwei zwergenhafte Statuetten standen.

Zwar fehlt es in Indien durchaus nicht an monumentalen Götterstatuen, doch die kleinen gefallen den Hindus offenbar besser. Zu denen in Madura kann ich mich nicht äußern. Von ihrer Winzigkeit abgesehen, war es mir unmöglich, in der Dunkelheit und bei dem stürmischen Tempo der Träger irgend etwas zu unterscheiden. Diese schritten kräftig und gravitätisch aus, nicht ohne eine gewisse aggressive, provokative Note. Ihnen voran marschierten zwei Musiker, die auf ihren Trompeten zwei Töne als Quarte und dann eine Oktave tiefer als Quinte bliesen und dies immer abwechselnd, womit sie den Rhythmus des kleinen Zuges bestimmten. Diese abgehackten, heftigen Töne, unterstrichen durch den Widerhall, erzeugten eine unbeschreibliche Wirkung, die man fast magisch nennen könnte.

Mein dritter Aufenthalt in Madura fiel mit der alljährlichen Spazierfahrt der Götter auf dem See zusammen. Das Boot, in dem sie befördert wurden, bildete den Unterbau für ein leichtes, schloßartiges Gebilde aus Bambus, Papier, Seiden, verschwenderisch dekoriert mit glitzernden Ornamenten, Laub und Blumen. Die Götterbilder wurden im Zug hingeleitet mit prächtig aufgezäumten heiligen Elefanten als Vor- und Nachhut.

Als es Nacht wurde, entzündeten die Gläubigen Tausende von Lämpchen, die vorn die Umrisse des Tempels und der zum See führenden Steintreppen hervortreten ließen. Das Boot war ebenfalls strahlend erleuchtet, und dieses venezianische Fest nach indischer Art wäre bezaubernd gewesen, hätte man nicht die unselige Idee gehabt, den Effekt der Illumination durch Scheinwerfer zu verstärken. Die grellen Lichtkegel, mit denen diese den Platz bestrichen, ließen die von den Lämpchen zart aufgehellten Linien verblassen, entzauberten brutal das schwimmende Schlößchen der Götter, zeigten es als das, was es war: ein Haufen buntscheckiger Lumpen, der durch die ruckartigen Bewegungen der zahlreichen Treidler bedenklich ins Schwanken geriet.

Unter diesem kirmesartigen Aufbau verbarg sich jedoch ein Vermögen an Gold und Juwelen, mit denen die göttlichen Puppen übersät waren. Der Orient stellt seine Kontraste zur Schau, die unseren Sinn für Harmonie verletzen, während sie sich nach indischen Begriffen ganz anders darstellen und daher auch andere Reaktionen auslösen.

Die Spazierfahrt der Götter auf dem kleinen See wurde von ohrenbetäubendem Gebrüll des Mobs begleitet. Stille Andacht ist ein Luxus, von feinsinnigen Gläubigen praktiziert; die Massen artikulieren ihre religiösen Gefühle plump und lautstark, und das nicht nur im Orient, sondern genauso im Abendland. In bezug auf Krach können es manche spanische Prozessionen mit jener indischen aufnehmen. Ich erinnere mich an einen Wagenzug in Valencia mit lebensgroßen Figuren, die Passionsszenen darstellten. Die Eskorte war mit Revolvern bewaffnet und ballerte unentwegt. Jeder der zahlreichen Wagen hatte eine solche aus etwa hundert Schützen bestehende Ehrengarde, und die Massen schrien dazu im Chor. Mit geschlossenen Augen hätte man meinen können, sich in einer überfallenen Stadt zu befinden, deren Bevölkerung niedergemetzelt wurde.

Die meisten Götter von gewisser Bedeutung werden regelmäßig ausgeführt, jedoch häufig in schweren, holzgeschnitzten, mehrstöckigen Wagen, deren Dach einem Tempelturm nachgebildet ist. Hunderte von Anhängern drängeln sich mit lautem Geschrei an den langen Zugseilen, um noch einen Platz zu ergattern und sich an der Fortbewegung des heiligen Gefährts zu beteiligen. Sie halten das für eine überaus verdienstvolle Tat, die ihnen in ihrem jetzigen Leben und in allen folgenden zahlreiche Vorteile einbringen wird.

Diese Ausflüge der Götter beschränken sich meist auf eine kurze Fahrt rund um ihren Tempel. Manchmal bringt man sie auch zu einem anderen Tempel, einer Dépendance ihres Hauptsitzes, in die «Sommerfrische».

Überhaupt pflegt und umsorgt man die Götterbilder auf ähnliche Weise, wie es bei Menschen üblich ist. Frühmorgens wird der Gott mit einem Ständchen geweckt, dann gebadet, geschminkt und angekleidet. Das Bad wird meist nur fingiert, durch leichtes Bespritzen, oder man stellt einfach eine Schüssel mit Wasser vor die Statue, damit sie sich darin spiegelt, und das genügt. Der Gott wird auch beköstigt – man stellt ihm mehrmals am Tag Lebensmittel hin. Bei Einbruch der Nacht wird er schließlich entkleidet und zu Bett gebracht, wobei die Musiker des Tempels ihm eine Serenade darbieten.

Diese komplizierten Dienstleistungen erfordern natürlich ausreichendes Personal, «Kammerdiener» und «Köche», alles Angehörige der Priesterkaste. Die Göttinnen haben meines Wissens nichts dagegen, sich von Männern bei der Toilette helfen zu lassen, zumindest ist mir nie etwas von «Kammerzofen» zu Ohren gekommen.

Das Wasser, das für die Waschungen der Götter benutzt wurde, und die Nahrung, die man ihnen hingestellt hat, sind heilig. Die Prasada genannten Opferspeisen, Obst oder Gebäck, die der Gottheit dargebracht wurden, werden an die Gläubigen verteilt oder sogar an Nichthindus, Freunde der Tempelverwalter.

Nur wenige in Indien ansässige Ausländer wissen, daß zwar jeder die Speisereste von Vishnu essen darf, die von Shiva jedoch keinesfalls. Diese können nur Sannyasin, die völlig besitzlosen Asketen, ungestraft verzehren, weil Shiva der Gott der Auflösung und Zerstörung ist. Er führt seine Anhänger und im weiteren Sinn alle, die mit ihm Umgang haben, auf den Weg zurück nach innen, zur spirituellen Selbstbesinnung, den sogenannten Nivritti-Marga. Folglich dürfen Menschen, die an dieser Welt und ihren Freunden hängen, es keinesfalls riskieren, in Berührung mit einem Einfluß zu kommen, der ihnen automatisch alles nehmen würde, irdische Güter und Familie.

Die Opferspeisen nehmen einen wichtigen Rang im hinduistischen Kult ein; sie werden nicht nur den Göttern dargebracht, sondern auch den verstorbenen Heiligen wie etwa dem berühmten Philosophen Shankaracharya. Ausländische Besucher, die den Ramakrishna zu Ehren errichteten Tempel besichtigen wollten, erhielten die Antwort: «Jetzt nicht, der Meister ist gerade beim Essen.» Was hieß, daß die Teller mit den Lebensmitteln vor der Statue standen.

Sogar Buddhisten haben diesen Brauch übernommen, wovon ich mich selbst überzeugen konnte. Rings um die Statue des Buddha, der ausdrücklich Rituale in jeder Form verboten hat, waren Berge von Gebäck und Früchten aufgetürmt.

Indien ist im wahrsten Sinne des Wortes ein Land der Götter. Sie sind allgegenwärtig, in jedem Bereich des sozialen Lebens anzutreffen, sie wachen über alles, sogar als Hüter der Tanzkunst und einer Art von Prostitution, die im Dunkel ihrer Tempel ausgeübt wird.

Nun sind Tänze und Prostitution keineswegs nur ein indisches Charakteristikum, sondern in verschiedenen alten Kulturen zu finden. Die Verbindung Indiens zur abendländischen Welt und das Eindringen von deren Moralbegriffen in hinduistische Kreise hat beide in Wesen und Bedeutung spürbar verändert. Zumindest haben mir das offenbar gut informierte Inder versichert.

Musikanten, Sänger und Tänzerinnen waren in Indien zu allen Zeiten bei den von Fürsten oder reichen Privatpersonen veranstalteten Festlichkeiten vertreten. Die Tänzerinnen erlernten ihre Kunst in speziellen Schulen, an die sie gebunden blieben, in einer Art halber Leibeigenschaft, wenn nicht völliger Versklavung.

Das hat sich inzwischen grundlegend gewandelt: Die Situation an den Tanzschulen entspricht der in westlichen Ländern, und das gilt gleichermaßen für Ausbilder und Schüler, männliche wie weibliche. Internationale Tourneen, ob als Solisten oder im Ensemble, bringen Erfolg und Anerkennung, auch materiell.

Im Süden Indiens hielt man länger an den alten Traditionen fest. Die im Tempeldienst beschäftigten Tänzerinnen, die sogenannten Devadasis, das heißt Dienerinnen der Götter, werden von Ausländerinnen als Bajaderen bezeichnet. Mein Wunsch, Bajaderen tanzen zu sehen, wurde regelmäßig abgeschlagen: Das schicke sich nicht.

Schließlich wurde ich dann doch von einem Hausherrn zu einem Fest eingeladen, das er für seine Freunde gab und auf dem Bajaderen tanzen sollten. Selbstverständlich durfte ich mich nicht unter den Gästen blicken lassen. Hinter einem Lattengestell mit Tüllvorhang bekam ich eine Sitzgelegenheit in einem stockfinsteren Raum. So konnte mich niemand sehen, während ich durch die doppelte Abschirmung recht gut zu erkennen vermochte, was sich in dem Festsaal abspielte.

Fünf Frauen tanzten, mal einzeln, mal in Gruppe. Das Orchester, das sie begleitete, bestand aus einem Saiteninstrument, einer Art Flöte und einer länglichen Trommel, die der Musiker um den Hals gehängt trug und mit den Händen schlug. Die drei folgten den Bewegungen der Tänzerinnen, spielten ganz dicht hinter ihnen, und der Trommler gestikulierte mit Kopf und Oberkörper, unterstrich mimisch, was er, der Gitarrist und die jeweils im Tanz pausierenden Mädchen gerade sangen.

Wie mir mein Gastgeber später erklärte, stellten die Tänzerinnen verschiedene Abenteuer der Apsaras (gefeierte Nymphen im Himmel) dar, die zur Erde herabgestiegen waren, um schöne junge Prinzen zu Liebesspielen zu verführen. Zu dem Programm gehörte auch eine Versuchung des heiligen Antonius in indischer Version.

Die Texte der näselnd vorgetragenen Lieder waren vermutlich pikant, Mimik und Gestik der Tänzerinnen sollten wohl aufreizend wirken, zumindest nach indischer Art, die, nach den im Kama-Sutra, dem klassischen Leitfaden der Erotik, beschriebenen turnerischen Übungen zu urteilen, ziemlich sonderbar ist. Die munteren Spiele der Tänzerinnen kamen mir nicht besonders anstößig vor. Vielleicht habe ich auch den Sinn ihres Gestikulierens nicht richtig verstanden; auf mich wirkte es eher lächerlich. Auf die Gäste machte das alles deutlich einen ganz anderen Eindruck; die Erregung, die sie kaum noch ruhig sitzen ließ und die sie mühsam unterdrückten, sprach Bände.

Bei anderer Gelegenheit konnte ich eine ähnliche Beobachtung noch deutlicher machen, und zwar auf einem prächtigen Empfang, der zu einer Parsenhochzeit stattfand. Die Brauteltern hatten für die mehr als dreitausend geladenen Gäste den Palast gemietet, in dem ein Radscha während seines Aufenthalts in Kalkutta zu logieren pflegte.

Es handelte sich um ein wahrhaft orientalisches Fest: strahlende Beleuchtung in sämtlichen Stockwerken, bengalische Feuer in den Höfen, Scheinwerfer, deren Lichtkegel hinwegstrichen über die Gästeschar in ihren schillernden Gewändern, geschmückt mit phantastischen Juwelen, Rubinen, riesenhaften Diamanten.

Mehrere an verschiedenen Stellen plazierte Kapellen spielten gleichzeitig unterschiedliche Weisen, was eine ohrenbetäubende Kakophonie ergab, und das schwere Duftgemisch der diversen, verschwenderisch benutzten Parfüms benahm einem den Atem.

Die Sängerinnen hatte man in verschiedenen Salons in den drei Stockwerken verteilt. Die Gäste wanderten zwanglos umher, hörten ihnen zu, solange sie Lust dazu hatten, und verließen den Raum, wenn es ihnen nicht mehr gefiel.

In dem Salon, den ich betrat, befanden sich ungefähr zwölf Personen, darunter drei Männer mittleren Alters, die auf einer Bank neben dem für die Sängerin reservierten Platz saßen.

Da ich diese betrachtete, hatte ich die Leute in meiner Umgebung nur flüchtig gemustert, bis das eigentümliche Gebaren von zweien der Männer auf der Bank meine Aufmerksamkeit erregte. Beide wiegten sich in den Hüften, bewegten die Köpfe unruhig hin und her, reckten die Hälse nach der Sängerin, rollten die Augen, leckten sich die Lippen. Der eine trug seltsamerweise einen schönen Stock mit goldenem Knauf bei sich und stieß damit auf den Fußboden; sein Nachbar trampelte dazu mit den Füßen.

Ich erwartete, daß sie sich gleich auf die Sängerin stürzen würden, als der dritte Mann von der Bank aufstand, kurz auf die beiden einredete und sie dann wegführte. Als ich ihnen folgte, sah ich sie auf ein für die ausländischen Gäste bestimmtes Büfett zusteuern, an dem Whisky getrunken wurde.

Das Ganze war nur grotesk. In Madura, wohin ich bei jedem meiner Aufenthalte in Indien zurückkehrte, habe ich auf diesem Gebiet ein wahrhaft grauenerregendes Beispiel von Verrohtheit erlebt. Es ereignete sich in demselben Tempel, in dem ich zum ersten Mal dem beunruhigenden Geheimnis hinduistischer Gottheiten begegnet war.

An jenem Abend tanzten etwa vierzig Devadasis auf einem breiten Podium, bevor sie sich zur Anbetung der Göttin Minakshi aufmachten.

Was dieser Tanz darstellen sollte, weiß ich nicht. Es waren stets die gleichen Verrenkungen von Armen, Fingern und Zehen, die gleichen Hüftschwünge, das Herausstrekken von Bauch und Brüsten: sich anbieten ... Die Mädchen wirkten auf mich weder ausnehmend hübsch noch besonders anmutig. Was die Blicke auf sich zog, waren die gut hundert Männer, die sich um das Podium drängten, weit aufgerissene Augen, wilde, tierische Gesichter.

Die hinduistischen Mystiker sprechen von Samadhi, einem Bewußtseinszustand, in dem das Denken aufhört und durch die allmähliche Beruhigung der Geistestätigkeit die Sammlung des Geistes auf ein einziges Objekt stattfindet. Diese wie gebannt um das Podium gescharten Männer hatten auf ihre blasphemische Art einen solchen Bewußtseinszustand erreicht: das Samadhi der Brunst.

Die Devadasis stiegen vom Podium herunter und hasteten in die dunklen Korridore, die zum Heiligtum der Göttin führten. Gedränge entstand. Die Meute der rabiaten Männer stürzte hinterher, ohne auf die alte Aufseherin zu achten, zweifellos eine ehemalige Bajadere, die sie aufzuhalten versuchte.

Das Entsetzen, das sich in den Gesichtern der Mädchen malte, die sich drängelten und schubsten, um rascher zu dem schützenden Heiligtum zu gelangen, war ebenso erschütternd wie die widerwärtige Gier ihrer Verfolger.

Ich drückte mich flach zwischen die Beine eines riesigen steineren Pferdes, das aus der Wand hervorragte, und erreichte dann den Ausgang. Ich hatte soeben einen neuen intimen Einblick in den Wohnsitz der Götter getan.

4 Das alte religiöse Kastensystem

Bei meinen ersten Aufenthalten in Indien hätte ich nicht im entferntesten daran gedacht, daß ich noch einmal eine wahrhaft tiefgreifende Veränderung der Gesellschaftsordnung miterleben würde.

Eine der ersten Amtshandlungen der indischen Regierung nach der Unabhängigkeit dekretierte die Aufhebung der «Unberührbarkeit» und führte damit einen gezielten Schlag gegen das Kastensystem. Nach dem neuen Gesetz galt jede Tat, die sich auf den Grundsatz berief, einer bestimmten Bevölkerungsgruppe sei Unreinheit angeboren und niemand könne diese berühren, ohne sich selbst zu beschmutzen, als strafbare Handlung und wurde entsprechend geahndet.

Bei uns fand diese Initiative selbstverständlich einhelligen Beifall, doch die meisten Ausländer sind mit der gesamten Problematik nicht so vertraut, um deren tatsächliche Auswirkungen beurteilen zu können. Sicher scheint allerdings zu sein, daß es sich hierbei um einen langwierigen Prozeß handelt.

Wer in der westlichen Welt diese Aufhebung der Unberührbarkeit als simplen politischen Akt wertete, hat die Natur der Sache völlig mißverstanden. In Wirklichkeit handelt es sich hier um einen gewagten Angriff der Staatsmacht auf die traditionelle nationale Religion der Hindus, die von den Ausländern immer fälschlich als Hinduismus oder Brahmanismus bezeichnet wird, beides von den Hindus nie benutzte Begriffe. Diese sprechen vielmehr von Sanatana-Dharma, das heißt «die ewige Religion» oder «die Wahrheit des Hinduismus». Diese Religion ohne genau fixiertes Dogma fordert von ihren Anhängern lediglich, die folgenden vier Prinzipien anzuerkennen:

Die Heiligkeit der Veden und die Heiligkeit der Kühe.
Die Unterscheidung der Kasten sowie die Unterscheidung der außerhalb stehenden Kaste der Unreinen und Unberührbaren.
Die Vormachtstellung der Brahmanen.
Das Gesetz des Karma (Tun), das heißt die Kette von Ursache und Wirkung, wonach das individuelle Selbst (Jiva) entsprechend seinen Handlungen in den Kreislauf der Wiedergeburten eintritt.

Von diesen vier Prinzipien abgesehen steht es dem Hindu frei zu glauben, was er will, akzeptiert er jedoch eines davon nicht, so hat das seinen automatischen Ausschluß aus dem Sanatana-Dharma zur Folge. Seine Situation wäre in etwa mit der eines Katholiken vergleichbar, der die Unfehlbarkeit des Papstes oder eines der anderen Dogmen leugnet.

Ich verkenne durchaus nicht, daß gebildete, fortschrittliche Inder seit vielen Jahren bemüht sind, ihren Landsleuten nachzuweisen, daß die Kasten im alten Indien einfach verschiedenen Berufen oder Rassen entsprachen, aber das Altertum, auf das sie sich beziehen, liegt in so grauer Vorzeit, daß nur die großen Gelehrten davon wissen. Die bis heute gängige Definition des Kastensystems kann ebenfalls auf eine jahrhundertelange Tradition zurückblicken.

Mit ein paar kurzen Stichworten aus alten indischen Schriften läßt sich die Entwicklung des Kastensystems verdeutlichen.

Bei den fünf Stämmen der Arier unterschied man einst – den Veden zufolge – Edelleute, Anführer und Könige, Ratgeber, Priester, Seher, Richter und Handarbeiter, die Straßen bauten, Felder bestellten und Vieh züchteten. Insgesamt bestand die Bevölkerung aus Einzelpersonen, die in verschiedenen Bereichen tätig waren, aber keineswegs Kasten bildeten.

Im Purusha-Sukta (*Rigveda* X, 90) findet sich erstmals die Aussage, die seither bei den Hindus als sakrosankt gilt:

«Die Brahmanen sind dem Mund des Purusha (Urmenschen) entsprossen, die Kshatriyas seinen beiden Armen, die Vaishyas seinen Schenkeln und die Shudras seinen Füßen.»

Die reformistischen Hindus mißbilligten die Art und Weise, wie ihre Glaubensgenossen von diesem Text Gebrauch machten. Es handle sich dabei – so begründeten sie ihren Protest – um eine symbolische und keine materielle Darstellung der Weltschöpfung durch das Urprinzip.

Man müsse das Ganze so verstehen, daß die Brahmanen, die sich an die Götter wandten, der Mund, das Sprachorgan des Purusha sind; die Kshatriyas, seine Arme, tragen die Waffen zur Verteidigung des Volkes; die Vaishyas, die den nationalen Wohlstand schaffen, sind die Stützen des sozialen Gefüges (wie die Schenkel für den menschlichen Körper); und die Shudras, die Arbeiter und Diener, sind die Füße, die im Dienst für die anderen kommen und gehen.

Die Reformisten fügten noch hinzu: Ursprünglich handelte es sich um fünf Aryas-Stämme, aber wie die Kasteneinteilung in der Folgezeit beschaffen war, ist unbekannt.

Bezeichnenderweise wird der Begriff *varna* (Farbe) in den hinduistischen religiösen Schriften häufiger verwendet als *jati* (Geburt). Die Aryas des Altertums beschrieben sich als «weiße Freunde der Götter» und nannten die unterworfenen Ureinwohner, die Dravidas, geringschätzig «schwarzhäutige Sklaven».

Seit Manu hat das Kastensystem in Indien endgültig Fuß gefaßt, mit einer unerbittlichen Härte, von der es später notgedrungen abrücken mußte. Ganz zu schweigen von den außerhalb dieser Gesellschaftsordnung stehenden Parias, den Unberührbaren, wurden auch die Shudras nicht nur für unwürdig erachtet, die heiligen Schriften zu lesen, sondern es wurde ihnen auch laut Gesetz geschmolzenes Blei in die Ohren gegossen, wenn sie zufällig die Stimme eines Brahmanen die Veden hatten rezitieren hören.

Das den Shudras auferlegte Verbot, irgendeine der mit den Veden zusammenhängenden Schriften zu lesen (etwa die Upanischaden), findet sich auch in manchen modernen Werken, aber da es nicht mehr strafbar ist, läßt sich niemand dadurch von der gewünschten Lektüre abhalten. Das Verbot erstreckte sich ebenfalls auf Frauen und selbstverständlich auf Nichthindus sowie auf Ausländer.

Ein Pandit, den ich kommen ließ, um bestimmte Teile aus den Upanischaden mit mir zu lesen und sie mir zu erklären, konnte sich nur schwer an diese Aufgabe gewöhnen. Bei unserer ersten Sitzung wurde er plötzlich ganz blaß und schien einer Ohnmacht nahe. Ich dachte, ihm setze die Hitze zu, bis er verschämt gestand: «Ich habe die Veden noch nie vor einem Ausländer gelesen.» Er war nicht mehr der Jüngste und wirklich krank; da ich ihn wegen der für seine Kaste geltenden Vorschriften zu keinem Getränk überreden konnte, schickte ich meinen muslimischen Boy nach nebenan zu dem hinduistischen Koch, der eine dem armen Pandit erlaubte Erfrischung brachte. Immerhin hatte sich dieser Pandit schon von etlichen Kastenvorurteilen freigemacht; andere hätten es durchaus für unstatthaft halten können, in meiner Gegenwart zu trinken oder sogar überhaupt ein Getränk zu sich zu nehmen, auf das mein Boy und ich auch nur einen Blick geworfen hatten.

Der Indologe Jean Herbert berichtet in seinem Buch *Spiritualité hindoue* von einem bezeichnenden Vorfall:

«Meine Frau und ich wollten 1939 in einem hinduistischen Gasthof logieren; nach langem, mühsamem Suchen hatten wir einen gefunden, wo man uns ein direkt nach draußen gehendes Zimmer zuwies; so bestand keine Gefahr, daß wir durch unsere Gegenwart die zu den anderen, von Hindus bewohnten Zimmern führenden Korridore beschmutzten. Doch plötzlich fiel dem Wirt ein, daß wir auf dem Weg zu den Latrinen an der Küche vorbeimußten; kein Brahmane wäre damit einverstanden gewesen, von Speisen zu essen, auf die unser Blick hätte fallen können – wir mußten ausziehen.»

Die meisten ausländischen Touristen oder in Indien Ansässigen wahrten strikten Abstand zu den Einheimischen und blieben dadurch von ähnlichem Mißgeschick verschont. Sie bezeugten überdies den Indern die gleiche Verachtung wie umgekehrt. Selbst hochrangige Inder hatten an zahlreichen von den Weißen frequentierten Orten keinen Zutritt.

Mir ist es immerhin gelungen, die Gesellschaft von indischen Gelehrten oder Philosophen zu genießen und Sitten und Gebräuche zu beobachten, wobei ich es vermied, mit den Kastenvorurteilen in Konflikt zu geraten, und deshalb hielt ich mich strikt an die Gebote der Hygiene. Das tat keinem weh und trug mir ganz im Gegenteil Respekt ein.

Ich genierte mich nie, Süßigkeiten oder andere Speisen,

die mir angeboten wurden, zurückzuweisen. «Sie müssen schon entschuldigen», pflegte ich dann zu sagen, «aber Ihre Art, das Essen zuzubereiten, erscheint mir nicht sauber genug; Lebensmittel mit den Fingern anzufassen ist widerlich. Wenn man den Fußboden mit dem Urin von Kühen aufwischt oder den Herd mit Kuhfladen bestreicht, verunreinigt man jedes Kochgut.»

Mein Feldbett, das ich auf Reisen mitnahm, durfte lediglich mein erster Boy, der niemals ein Hindu war, aufklappen und am nächsten Morgen in einem Futteral verstauen, bevor es die Kulis abtransportierten.

Unter dem Vorwand, mich nicht beschmutzen zu wollen, zwang ich mich zu manchen lästigen Prozeduren; so trank ich grundsätzlich nur Wasser, wenn es zuvor in einem mir gehörenden Geschirr abgekocht worden war.

Während es insbesondere den Brahmanen allgemein üblich ist, mit nacktem, in der heißen Jahreszeit schweißtriefendem Oberkörper zu kochen und zu speisen, verlangte ich, daß bei meinem Koch der Körper bedeckt war und nur Gesicht und Hände frei blieben.

«Es ist nicht notwendig, zusammen zu essen, um freundschaftliche Beziehungen zu unterhalten», entgegnete mir eines Tages ein Inder auf meine kritischen Bemerkungen über die absonderlichen Ideen seiner Landsleute hinsichtlich «Verunreinigungen» durch Nahrung, die man in Gesellschaft von Leuten aus einer niedrigeren Kaste oder von Nicht-Hindus zu sich nimmt.

Natürlich kann man herzliche Gefühle für jemanden empfinden, mit dem gemeinsam zu speisen man keine Gelegenheit hat, aber nirgendwo außer in Indien könnte man eine derart groteske Szene erleben wie die, zu deren Augenzeugin ich in Benares in der dortigen Ramakrishna-Mission wurde.

Anläßlich eines Festes wurde rund vierzig Gästen im Garten ein Mahl serviert. Ich unterhielt mich etwas abseits mit einem der zur Mission gehörenden Sannyasin, als plötzlich eine lautstarke Auseinandersetzung entbrannte. Einer der Gäste war vom Tisch aufgesprungen und herrschte seinen Nachbarn wild gestikulierend an, der gelassen reagierte. Daraufhin steigerte sich der Krakeeler immer mehr in seine Wut hinein und stieß den Geschmähten heftig beiseite. Trotz aller Bemühungen, die beiden zu trennen, gingen das Gebrüll und die wüsten Drohungen weiter. Schließlich folgte die Erklärung für den Vorfall:

Die beiden hatten friedlich nebeneinander gegessen, als der eine erfuhr, daß sein Nachbar zu einer niedrigeren Kaste gehörte, mit deren Mitgliedern er keinesfalls speisen durfte. Nun war er beschmutzt und darüber in Rage geraten.

Mein Freund, der keinerlei Kastenvorschriften duldete und als Sannyasin darüberstand, zuckte die Achseln. Ich fand die Szene komisch. Der Mann hatte seine Mahlzeit intus, da half nichts. Doch mir fiel ein Mittel ein. Zu der Mission gehörte ein Hospital, und ich schlug vor, den aufgebrachten Mann zum Arzt zu bringen, der ihm ein Brechmittel verabfolgen sollte. Damit wäre er den Schmutz los. Mein Freund fand diese Lösung zwar logisch, aber auch unseriös und hielt mich lachend davon ab, sie dem Betroffenen zu erläutern.

Also wandte ich mich auf philosophischer und spiritueller Ebene an die Anwesenden, die sich, wie ich wußte, mehr oder weniger zum Denksystem des Advaita-Vedanta bekannten. Dieses lehrt, daß die gesamte Erscheinungswelt, die Seele und Gott identisch sind. Sein wichtigster Vertreter, Shankara, sagt in einem Sanskrit-Vers: «Nur

Brahman ist wirklich, die Welt ist Schein, das Selbst ist nichts als Brahman allein.»

«Was ist also schon Schlimmes geschehen?» fragte ich. «Hat hier nicht Brahman mit Brahman gespeist?»

Ein unwiderlegbares Argument, könnte man meinen. Weit gefehlt! Die Inder widersprechen immer, wenn man ihnen dergleichen vorhält. Es gibt nämlich zwei Arten von Wahrheit: die absolute Wahrheit (Paramartha-Satya) im Gegensatz zur relativen, zur konventionellen Wahrheit (Samvriti-Satya), die für die Welt der Phänomene gilt.

Auf Grund dieser zweiten, der relativen Wahrheit sagen wir: «Die Sonne geht unter, sie geht auf, sie dreht sich um das Haus.» Tatsächlich entsprechen diese Aussagen in keiner Weise der Realität, denn es ist ja das Haus, das sich um die Sonne dreht; es handelt sich hier nicht nur um die Nicht-Erkenntnis von Vorhandenem, sondern dazu noch um die Überlagerung mit einer Vorstellung, die mit dem Vorhandenen nichts zu tun hat, aber beides ist den Erfordernissen unseres täglichen Lebens angepaßt.

Die absolute Wahrheit gehört in den Bereich der Philosophie, der Metaphysik; nur große Weise, die ein ganz anderes Bewußtsein erlangt haben als die Durchschnittsmenschen, vermögen sie zu erfassen. Wenn andere immer wiederholen: «Alles ist Brahman», so sind das für sie nichtssagende Worte. Real auf der Ebene der Wahrheit, soweit sie die Welt betrifft, in der wir uns bewegen, sind Dinge wie das Kastensystem, dem zufolge die beiden Gäste in der Ramakrishna-Mission nicht nebeneinander sitzen dürfen, um einen Schale Reis zu essen.

Ich habe zahlreiche Vorfälle dieser Art erlebt. Einer spielte sich in Sarnath ab, dem heutigen Isipatana, wo ein befreundeter Brahmane mich besuchte. Tagsüber besichtigte er die Ausgrabungsstätten. Ich nahm die Mahlzeiten bei den Buddhisten ein, was für meinen Brahmanen natürlich nicht in Frage kam. Deshalb ließ er sich von einem Diener begleiten, der seiner Kaste angehörte und einen Proviantkorb trug. Das Problem war, wo man den auspakken sollte, denn es wimmelte überall von Leuten, die einen Blick auf den Inhalt werfen und ihn dadurch verunreinigen könnten. Der unselige Brahmane und sein Diener irrten lange umher auf der Suche nach einem Versteck und hockten sich schließlich unter eine kleine Brücke, die über einen Graben führte; der war um diese Jahreszeit ausgetrocknet, diente aber in den übrigen Monaten zur Ableitung von Abwässern.

Während die Reformisten anhand von Texten mühsam zu beweisen versuchten, daß das Kastensystem kein wesentlicher Bestandteil des orthodoxen Hinduismus sei, mangelte es ihren Kontrahenten nicht an schriftlichen Gegenbeweisen, deren rigorose Thesen manchmal geradezu grotesk anmuten.

Buddha hat bekanntlich die auf der Herkunft basierenden Klassenunterschiede niemals anerkannt, sondern ausdrücklich erklärt:

«Brahmane nenne ich nicht den, der auf eine bestimmte Herkunft oder eine bestimmte Mutter verweist. Ich nenne Brahmane den, der, unbezwingbar durch Furcht, von jeder Knechtschaft frei und unerschütterlich ist; den, dessen Erkenntnis tief ist, der Weisheit besitzt, der den rechten Weg vom falschen unterscheidet; den, der duldsam, sanftmütig, ohne Habgier ist, in dem weder Neid noch Haß, weder Hochmut noch Heuchelei sind; den, der nichts mehr begehrt, weder in dieser Welt noch in einer anderen, der die Tiefe erreicht hat, wo der Tod nicht mehr ist» (*Dhammapada*).

Das verlangte dem Brahmanen viel ab, überforderte ihn

vielleicht. Die Gegner des Buddhismus haben später eben diese Einstellung für den Niedergang und das fast gänzliche Erlöschen des Buddhismus in Indien verantwortlich gemacht.

Ich habe freilich auch eine andere, eher unübliche Ansicht über die Brahmanen äußern hören, die ich als auffallend rational empfand.

«Wozu muß man denn darüber diskutieren, welche Qualifikationen erforderlich sind, um ein echter Brahmane zu sein?» fragte mein Gesprächspartner. «Ist man es qua Geburtsrecht oder weil man sich einer bestimmten Tätigkeit widmet oder gewisse Eigenschaften besitzt? Das ist doch alles absurd. Hat Shri Krishna nicht in der *Bhagavad-Gita* (III,5) verkündet: ‹Wahrlich, keiner kann jemals auch einen Augenblick nur ohne Tun sein, denn willenlos wird jeder zum Tun gezwungen durch die naturgeborenen Gunas (Grundeigenschaften).› Die Gunas bestehen aus drei Elementen: Sattva ist das edelste und bedeutet Ausgeglichenheit, Rechtschaffenheit, Friedfertigkeit und Gelassenheit; Rajas, das mittlere, zeigt sich als Aktivität, Streben, Gier, Ruhelosigkeit und Wagemut, es ist die Kraft, die Trägheit überwinden kann; und schließlich Tamas, die dumpfen, inaktiven Kräfte in der Natur, die sich als Nicht-Erkenntnis, Trägheit, Unfähigkeit, Unklarheit und Dunkelheit manifestieren.

Diese drei werden abwechselnd im Menschen wirksam, und auch wenn eine davon gewöhnlich in ihm dominiert, ist er gegen plötzliche Manifestationen der beiden anderen niemals gefeit. So kann jeder abwechselnd Brahmane, Kshatriya, Vaishya oder Shudra sein gemäß den aktiven oder passiven Phasen, die sein Wesen durchläuft.»

Doch alle Bemühungen um eine andere Definition, wonach die Bezeichnung Brahmane nicht als erblicher Ehrentitel verstanden werden, sondern den Angehörigen einer intellektuellen und spirituellen Elite vorbehalten bleiben sollte, schlugen fehl. Die Stimmenmehrheit erhielten Sätze wie dieser:

«Für alle Kasten gilt, daß der Unterschied zwischen den ihnen jeweils zugehörigen Personen in deren Herkunft besteht, so wie die Gattung, zu der ein Tier gehört, durch dessen Abstammung bestimmt wird.»

Damit wurden die Kasten auf Tierarten reduziert, und die Brahmanen, denen ich zuerst im südlichen Indien begegnete, erschienen mir denn auch als ganz besondere Spezies. In all den Jahren, die ich in Indien verbrachte, bin ich dann täglich mit ihnen zusammengetroffen, denn die Angehörigen der oberen Kaste sind auf allen sozialen Ebenen vertreten. Ich habe Gelehrte, Mystiker, Politiker kennengelernt, aber auch Geschäftsleute und einfache Köche. Ich hatte Brahmanen als Lehrer, als Diener und zu meiner Freude sogar als Freunde, und keiner von ihnen unterschied sich auch nur im geringsten von anderen, nichthinduistischen Indern in entsprechenden Stellungen.

In Südindien sah das anders aus. Die Brahmanen, die in den riesigen Tempeln umherwanderten, die rituelle Schnur um den nackten Oberkörper geschlungen, ein bodenlanges weißes Tuch um die Hüften, die tiefschwarze Mähne zusammengebunden – sie waren ausschließlich Brahmanen, nichts sonst. Es war ihre einzige Existenzberechtigung. Alles, was sie im Privatleben sein oder tun konnten, blieb ohne Bedeutung, eine Randerscheinung ihrer eigentlichen Berufung.

Es waren meist schöne Menschen, hochgewachsen, häufig zur Korpulenz neigend und im allgemeinen hellhäutig, wodurch sie sich von den dunklen Gesichtern der Bevölkerungsmehrheit abhoben. Sie schritten gemessen einher, von ihrer Überlegenheit durchdrungen, glichen in ihrem Verhalten den heiligen Kühen, die ebenfalls bedächtig in den Tempeln umherwanderten und eine gleichgültige, hochmütige Miene zur Schau trugen.

Außer den Brahmanen, die als Privatpersonen die Tempel aufsuchten, um ihre Andacht zu verrichten, waren andere ständig dort im Dienst der Götter tätig. Manche hielten als Sakristane die Räumlichkeiten in Ordnung, andere waren als Kammerdiener mit dem Ankleiden, Baden, Zubettbringen der Götter beschäftigt. Wieder andere zelebrierten die Kulthandlungen und brachten die Opfergaben dar.

Ein Außenstehender mußte daraus unweigerlich schließen, daß diese Priesterämter ihren Inhabern eine besondere Würde verliehen. Dem war nicht so. Die Hindus achten den Brahmanen, der als Priester amtiert, überaus gering; jeder Brahmane ist qualifiziert, Kulthandlungen auszuführen, was zahlreiche Gläubige auch täglich bei sich zu Hause in einem privaten Andachtsraum tun. Doch das ist dann die persönliche Sache des Hausherrn, der im bürgerlichen Leben Professor, Beamter, Gutsbesitzer, Richter oder wer weiß was sein kann.

Die Geringschätzung der Hindus gilt dem berufsmäßigen Pujari, der seinen Lebensunterhalt damit verdient, daß er für fremde Rechnung Kulthandlungen zelebriert, vor allem aber, wenn er, wie manche armen Brahmanen, gezwungen ist, dies in der Wohnung von Angehörigen einer niedrigen Kaste, den Shudras, zu tun.

Bei einer Gelegenheit kam dieses Gefühl auf recht deutliche Weise zum Ausdruck. Ich war zur Teilnahme am Durga-Puja, dem jährlichen Anbetungsfest für die Göttin, eingeladen. Meine Gastgeber waren einflußreiche Geschäftsleute, schwer reich, mit einem schloßartigen Wohnsitz; trotzdem gehörten sie zur untersten Kaste, den Shudras. Ob ihre religiösen Überzeugungen besonders tief gingen, weiß ich nicht genau, bezweifele es aber. Vor dem Eintritt in die Firma absolvierten die Söhne der Familie ein Studium im Ausland, die jungen Mädchen erhielten eine westliche Ausbildung. Nun ist die Durga-Puja zwar ein religiöses Fest, doch ebenso sehr, wenn nicht mehr, ein willkommener Vorwand für alle, die es sich leisten können, ihren Reichtum zur Schau zu stellen, und die großen Kaufleute unter den Shudras hatten, wie gesagt, enorm viel Geld.

Den Altar für die Göttin hatte man in einer weiten Säulenhalle errichtet – ein wahres Blumenbeet, in dessen Mitte sich das über drei Meter hohe Standbild der Durga erhob, in ein golddurchwirktes Gewand gekleidet und übersät mit funkelndem Geschmeide.

Nach getaner Arbeit entfernte sich der lohnabhängige Brahmane, während die Damen des Hauses mich aufforderten, sie in ihre Wohnräume zu begleiten, wo feines Gebäck gereicht werden sollte. Als Europäerin und Buddhistin, worauf ich Hindus gegenüber stets ausdrücklich hinwies, unterlag ich keiner Kastenvorschrift und konnte essen, mit wem es mir beliebte. Ein befreundeter Hindu, der mich begleitet hatte, genoß diese Freiheit nicht. Er gehörte zur Kaste der Ärzte (obwohl er Rechtsanwalt war), die nach der in Bengalen üblichen Rangordnung gleich hinter den Brahmanen kommt. Daß wir uns stundenlang in sehr warmen Räumen aufgehalten hatten, nützte meinem bedauernswerten Freund gar nichts; sein religiöses Gesetz verbot ihm strikt, sich bei den Shudras mit einem erfrischenden Getränk zu stärken.

Der Pujari durfte selbstverständlich noch weniger bei Shudras essen oder trinken. Ich wandte mich also mit einer entsprechenden Geste an meine Gastgeberinnen und fragte rundheraus:

«Offenbar dürfen Sie ihn nicht auffordern, mit uns etwas Gebäck zu essen?»

«Nein, natürlich nicht», erwiderte eine der Damen. Dann fügte sie voll verächtlicher Herablassung hinzu: «Er ist außerdem ein armer, ungebildeter Mensch. Er haust in einer Bruchbude, die ihm der Bankier X in seinem Garten zur Verfügung gestellt hat. In unseren Kreisen hat er nun wirklich nichts verloren.»

Und damit war auf den kürzesten Nenner gebracht, wie diese reichen und gebildeten Shudras den armen und bäurischen Brahmanen einschätzten, der zum Umgang mit den Göttern befugt war, während für sie das Verbot galt, sich diesen zu nähern.

Ich weiß nicht, ob die Einstellung der Inder gegenüber den berufsmäßigen Brahmanen gerechtfertigt ist, neige aber eher dazu, sie für zu streng zu halten. Es läßt sich indes nicht bestreiten, daß das Personal in den Tempeln oft eine allzu deutliche Habgier an den Tag legt. Gläubige Hindus können dafür unzählige Beispiele anführen. Als Ausländerin hatte ich keine Gelegenheit, die Geldschneidereien, über die sich die Pilger an den heiligen Stätten beklagen, durch eigene Erfahrung kennenzulernen; einige amüsante Vorfälle, die in die gleiche Richtung gehen, sind mir jedoch in Erinnerung geblieben.

Es war in Trichinopoly, dem heutigen Tiruchirapalli, wo ich die steile Steintreppe erklomm, die auf den Gipfel des «Felsens» führt. Dabei kommt man links am Eingang zu einem Shiva geweihten Tempel vorbei. Ich wußte, daß ich ihn unter keinen Umständen betreten durfte, näherte mich ihm also nur einen Schritt und streckte den Kopf vor, um hineinzuschauen. Ein Brahmane, der als Wächter vor einem mit abgerissenen Blütenköpfen bedeckten Tisch stand, bedeutete mir mit erhobenen Armen, keinen Schritt näher zu kommen. Seine Geste überraschte mich nicht, ich hatte dergleichen erwartet, doch er ließ es nicht dabei bewenden. Als ich mich anschickte, zu gehen und den Aufstieg fortzusetzen, kam er blitzschnell angewetzt und pflanzte sich mit ausgestreckter Hand vor mir auf.

«Bakschisch!» verlangte er unmißverständlich.

«Wieso?» konterte ich. «Du hinderst mich daran, einzutreten, und willst, daß ich dir dafür auch noch Geld gebe?»

«Die Ausländer dürfen nicht rein, aber ein Bakschisch können sie geben», erklärte er treuherzig.

Der Gedanke, der hinter dieser Antwort steckte, war geradezu entwaffnend simpel, so daß ich nachbohrte.

«Da, nimm das!» Ich holte ein paar Schokoladenbonbons aus meiner Handtasche und bot sie ihm an. Ich wußte genau, daß er sie ablehnen würde, wollte nur meinen Spaß haben.

«Nein, das darf ich nicht essen», sagte er und wich zurück.

«Warum denn nicht?»

«Das ist unrein.»

«Ach so!» Ich steckte ein Bonbon in den Mund, die anderen wieder ein und zog zwei Rupien aus der Tasche.

Bei deren Anblick strahlte der Wächter über das ganze Gesicht und kam abermals mit ausgestreckter Hand näher.

«Die würdest du nehmen?» fragte ich. «Aber wenn die Schokolade unrein ist und ich wegen meiner Unreinheit den Tempel nicht betreten darf, ist doch das Geld, das ich berührt habe, sicherlich ebenfalls unrein, und du darfst es nicht nehmen.»

«Geld ist niemals unrein», erklärte mein Brahmane im Brustton der Überzeugung.

Das erinnert an den berühmten Ausspruch von Kaiser

Vespasian: «*Pecunia non olet*!» Ich erstarrte vor Bewunderung über diese zynische Naivität, die schon ans Erhabene grenzte.

Später hörte ich in Benares, Kalkutta und anderswo mehr als einmal Varianten dieses Kernsatzes: «Es ist uns verboten, von Ausländern zubereitete Speisen anzunehmen, aber Geld von ihnen anzunehmen, verbietet uns unsere Religion keineswegs. Geld beschmutzt nicht.»

Oft habe ich Ausländer fragen hören:

«Warum wechseln jene Menschen, denen der Hinduismus eine so schmachvolle Stellung zuweist, nicht einfach den Glauben?»

In dieser Frage offenbart sich eine grundsätzliche Unkenntnis der hinduistischen Mentalität. Die Hindus glauben, daß ihre Geburt in einer der verschiedenen Kasten durch die guten bzw. schlechten Taten bestimmt wird, die sie in früheren Leben begangen haben. Sie finden sich also mühelos mit den gegebenen Verhältnissen ab, betrachten sie weder als unbegreifliche Ungerechtigkeit noch als Ironie des Schicksals, sondern als angemessene Belohnung oder Strafe.

Überdies handelt es sich ja bei ihrem augenblicklichen Leben um keinen endgültigen Zustand, da weitere folgen werden, doch die Möglichkeit, sich für diese zukünftigen Leben ein besseres Los zu verdienen, ginge dem Hindu verloren, wenn er den Göttern abtrünnig würde. Also gebietet die Klugheit, sich in Geduld zu üben.

Wenn hinduistische Denker dieser ständigen Neuanfänge überdrüssig werden, wenn sie dieser mühsamen Abfolge von Tod und Wiedergeburt ein Ende setzen wollen, so befinden sie sich in krassem Gegensatz zu den Massen, die all das freudig hinnehmen.

Zwar ist es im Laufe der Jahre zu zahlreichen Übertritten gekommen – zum Buddhismus oder zum Christentum –, doch das Stigma seiner niedrigen Geburt hat der Konvertit in den seltensten Fällen verloren. Auch die christlichen Missionare haben vergebens dagegen angekämpft.

«Vor allem bei Reisen durch das südliche Indien merkt man bald, daß zwischen den ‹Brüdern im Glauben› keinerlei soziale Bindung besteht», schrieb ein Missionar. «Sie leben in getrennten Siedlungen und lehnen es sogar ab, in den Kirchen nebeneinander zu sitzen.»

Und so blieb die Sitzordnung beim Gottesdienst weiterhin streng nach Klassen getrennt, und die Gläubigen betraten die Kirche durch verschiedene Eingänge. Angehörige der oberen Kasten erhoben auch lautstark Protest, wenn der Priester am Altar sich versehentlich der Seite zuwandte, auf der die unteren Kasten plaziert waren. Ich erinnere mich noch an einen von indischen Christen angestrengten Prozeß, mit dem sie unter Berufung auf den Vorrang ihrer Kaste das Recht auf Plätze in Altarnähe erwirken wollten.

Die Urheber solcher unsinniger Debatten gehörten allerdings nicht den oberen Kasten an, denn unter den Konvertiten gab es weder Brahmanen noch Kshatriyas, sondern allenfalls Shudras und in der Mehrzahl Parias.

Ich fragte mich, warum die Missionare ihren Schäfchen nicht kategorisch klarmachten, daß alle Menschen gleichermaßen Kinder Gottes sind und daß ihre Religion keinerlei Kastenunterschiede duldet, also auch in den Kirchen keine solchen Trennlinien zulassen kann.

Als ich das einem Inder gegenüber äußerte, antwortete er: «Wenn sie dieses Prinzip in die Praxis umsetzen wollten, wären sie ihre Konvertiten bald los und hätten leere Kirchen.»

«Ist es denn notwendig, sich eine Menge Pseudochristen heranzuziehen? Muß man, um neue Anhänger zu werben, die religiösen Lehren verraten, die man ihnen ja eigentlich bringen soll?» konterte ich.

Mein Gesprächspartner, ein gebildeter Mann, der in England studiert hatte, gab keine direkte Antwort, sondern beschränkte sich auf ein Bibelzitat:

«In meines Vaters Haus sind viele Wohnungen.»

Das verschlug mir die Sprache.

Die Ansichten der reformistischen Hindus zur Kastenfrage wurden von Ausländern meistens verkannt. Nur wenige befürworteten die völlige Abschaffung. Die Mehrheit wünschte einfach eine Veränderung des bestehenden Zustands und erhob ihre Forderungen in einem gemäßigten Ton, wie zum Beispiel dieser Richter:

«Die Veränderungen, die westliche Erziehung in unserem Land bewirkt hat, sind unverkennbar. Die Menschen sind nicht mehr bereit zu akzeptieren, daß manche Vorrechte beanspruchen, weil sie einer oberen Kaste angehören. Die Brahmanen werden nicht mehr so geachtet wie früher. Wissen, Stellung und Reichtum fallen stärker ins Gewicht als die Herkunft. Die Inder lassen angesichts der starren, durch das Kastensystem auferlegten Einschränkungen Anzeichen von Ungeduld erkennen.

Dennoch ist eine Reform der einzig gangbare Weg, nicht etwa eine Revolution. Was im Kastensystem nicht zeitgemäß ist, muß beseitigt werden, wenn nicht unverzüglich, so doch zumindest schrittweise. Träume von der Rückkehr eines Goldenen Zeitalters, in dem keine Kasten existierten, sind freilich sinnlos. Es ist weder möglich noch angezeigt, eine Praxis von vielen Jahrhunderten mit einem Schlag zu beenden und zu erklären, es gäbe in Indien nun keine Kasten mehr. Die das versucht haben, sind gescheitert, in der Vergangenheit wie in der Gegenwart. Das System muß auf eine breitere Basis gestellt werden, aber die Hauptgrenzen müssen erhalten bleiben.»

Ramakrishna, der Heilige, der heute von vielen Hindus als göttliche Inkarnation verehrt wird, erklärte, die Kastenunterschiede seien von allen einzuhalten, mit Ausnahme derjenigen, die zur Vollendung gelangt wären.

Vivekananda, sein berühmter Schüler, verkündete, daß «die Kasten eine der größten sozialen Einrichtungen waren, die Gott den Menschen gegeben hat; die Kaste ist das einzige natürliche Mittel, die Probleme des Lebens zu lösen».

Auch Gandhi war keineswegs ein entschiedener Gegner des Kastensystems, wie viele Ausländer fälschlicherweise annahmen, sonder verteidigte es offen.

«Das Kastensystem ist unzertrennlich mit der menschlichen Natur verbunden», schrieb er, «und der Hinduismus hat daraus eine Wissenschaft gemacht ... Ich halte das System der vier Kasten für eine vernünftige Arbeitsteilung, der Geburt entsprechend ... Wollte man den Übergang von einer Kaste in die andere im Laufe einer Inkarnation zulassen, so würde das unvermeidlich eine weitreichende Verfälschung zur Folge haben.»

Diese Erklärungen Gandhis standen in Artikeln, die von der Zeitung *Young India* veröffentlicht wurden. Als ich in einem Gespräch mit dem Mahatma zum Thema Kastensystem kam, erhielt ich ähnliche Antworten. Er bejahte das Prinzip – und bemühte sich zugleich intensiv, die soziale Lage der Parias zu verbessern.

5 Beim Hochzeitsfest des göttlichen Rama

Es gibt keine Religion, die nicht als Vorwand für Auswüchse gedient hätte, und Mystizismus nimmt leicht recht bizarre Formen an. Diese Feststellung erscheint durchaus angebracht zu Beginn eines Kapitels, in dem bestimmte, recht seltsame Bräuche gläubiger Hindus geschildert werden; unangebracht wäre es indes, sich vorschnell zu mokieren, anstatt zu bedenken, daß vergleichbare Absurditäten auch in westlichen Ländern anzutreffen sind – ob als religiöse Ekstase, als Wunderglauben, Idolatrie, Reliquienverehrung oder gar als Exorzismus. Das alles sollte man im Auge behalten, bevor man sich ein Urteil über Indien anmaßt.

Ich befinde mich in Bombay, im Haus eines reichen Industriellen, einem monumentalen modernen Prachtbau. Der riesige Salon gleicht einem Möbellager. Nur mühsam kann man sich einen Weg bahnen durch das geballte Arsenal von Tischen, Sofas, Sesseln, Stühlen und Schemeln in allen Formen und Größen. Ein bunt zusammengewürfeltes Mobiliar, ohne erkennbare Stilrichtung, aber ausnahmslos prunkvoll. Weiche Teppiche und schwere Vorhänge aus Goldbrokat vervollständigen die Inneneinrichtung.

Sessel und Sofas sind offenbar nicht als Sitzgelegenheiten für Besucher bestimmt, sondern von großen, goldgerahmten, kolorierten Bildern hinduistischer Götter okkupiert. In diesen bunten Götterreigen sind etliche Porträtaufnahmen von Vorfahren des Hausherrn eingefügt.

Durch noch etwas engeres Zusammenrücken der Möbel hat man Platz geschaffen für die tägliche Abendandacht der Familie und einiger Vertrauter. Mir als Gast macht es der fromme Industrielle zwar keineswegs zur Pflicht, er legt aber doch Wert auf meine Anwesenheit bei diesen Zusammenkünften. Er hofft, daß sie mir spirituell Gewinn bringen und das «harte Herz der Intellektuellen», wie er sich ausdrückt, schmelzen lassen.

Eine Sesselreihe säumt den Platz, wo wir uns niederlassen sollen. Freilich nicht in den Sesseln, die durch Götter besetzt sind – eine anmutige weibliche Gottheit, eine weitere furchterregende und eine bärtige männliche. Meine Gastgeber setzen sich zu Füßen ihrer schönen Sessel, die Beine gekreuzt, auf den Teppich.

Während die Teilnehmer am Ritual Platz nehmen, etabliere ich mich in einer Fensternische, wo ich, halb verborgen von den Vorhangfalten, den Ablauf bequem als Zuschauer verfolgen kann. Er wiederholt sich Tag für Tag auf die gleiche Weise, Mr. M. läßt keinerlei Abweichung zu.

Mr. M. hat in Amerika studiert und legt Wert auf die Anrede «Mister». Er ist ein hochgewachsener, stämmiger Sechziger, leicht ergraut. Er betritt den Raum, in der Hand ein indisches Musikinstrument, das einer großen Gitarre ähnelt. Die Art, wie er es hält, erinnert ein wenig an die auf den Sesseln thronenden Götter, die mit ihren symbolischen Attributen auch nichts Rechtes anzufangen wissen. Mr. M. ist nämlich kein Musiker und muß sich deshalb darauf beschränken, von Zeit zu Zeit ein bis zwei Saiten zu zupfen und etwas zu klimpern. Mit diesem Klingklang leitet er die Kulthandlung ein. Im Lotossitz führt er das Präsidium, vor ihm die Gläubigen in zwei zum Rechteck geschlossenen Reihen. Es herrscht absolute Stille.

Wieder ein Klingklang, und dann haucht er seufzend den Namen Hari, eine der zahllosen Bezeichnungen für Vishnu (mein Gastgeber ist Anhänger des Vaishnavismus, einer der drei Hauptrichtungen der Gottesverehrung im modernen Hinduismus. Die Vaishnavas sehen in Vishnu das höchste Wesen und verehren ihn in seinen verschiedenen Inkarnationen, vor allem als Rama und Krishna).

Dieses unendlich salbungsvoll gemurmelte «Hari» gibt das Signal. Die anderen wiederholen es, erst vereinzelt, dann auch im Chor, dazwischen lange Schweigepausen und von Zeit zu Zeit Gitarrengeklimper als Untermalung. Die Gläubigen haben die Augen geschlossen oder auch weit aufgerissen, wobei sie ekstatisch zu den Kristalleuchtern an der Decke emporblicken. Die Gesichter von manchen der anwesenden Frauen wirken inzwischen fast überirdisch schön.

Hari! Hari! Die Lautstärke nimmt zu, doch die Stimmen klingen unverändert sanft und einschmeichelnd. Der göttliche Name wird immer öfter, immer schneller wiederholt. Die Ergriffenheit intensiviert sich, Tränen strömen über das Gesicht von Mr. M., dem ehemaligen Studenten an amerikanischen Universitäten, dem großen Industriellen, dessen kaufmännisches Geschick von seinen Kollegen in Bombay hoch gerühmt wird. Im Augenblick ist er seinem Alltag entrückt, ein Bhakta, ganz seiner Liebe zu Gott hingegeben. Mehrere Teilnehmer weinen ebenfalls, kosten das Glück, Tränen vergießen zu können, genußvoll aus.

Hari! Hari! Das entwickelt sich zu einem Aufschrei voll liebender, sinnlicher Angst, zum leidenschaftlichen Appell an einen Geliebten, der sich entzieht. Die Gitarre tremoliert dazu, als mein Gastgeber mit zitternden Fingern über die Saiten streicht.

Mit ihrem Kult wenden sich die Verehrer Vishnus meist an einen seiner Avataras, wobei Rama und Krishna die bevorzugten Inkarnationen darstellen.

Der Lebenslauf des Rama, auch Ramachandra, wird im *Ramayana* überliefert: Die Sanskrit-Urfassung dieses monumentalen Versepos wird dem legendären Heiligen Valmiki zugeschrieben; die Hindi-Version stammt von dem Dichter Tulsidas und ist in Nord- und Mittelindien bis heute das beliebteste und einflußreichste Buch; und als drittes schließlich gibt es eine spirituelle Interpretation von einem anonymen Verfasser, das *Adhyatma-Ramayana*.

Rama wurde als ältester Sohn des Königs von Ayodhya geboren. Als er den Thron besteigen sollte, brachte seine Stiefmutter durch ein Komplott ihren eigenen Sohn auf den Thron und ihn in die Verbannung, wohin seine Frau Sita und sein Halbbruder Lakshmana ihm folgten. Dort wurde Sita von dem Dämonenkönig Ravana geraubt und nach Lanka entführt. In dem daraufhin mit Unterstützung des Affenkönigs Hanumat ausgetragenen Krieg gelang es Rama, Lanka einzunehmen, Ravana zu töten und Sita zu befreien. Nach dem Tod seines Vaters wurde Rama später König von Ayodhya und erwies sich als vorbildlicher Herrscher.

Das *Ramayana* genießt nicht nur als Buch große Verehrung und wird in gläubigen Hindu-Familien tagtäglich kapitelweise vorgelesen, sondern die darin geschilderten Episoden werden auch bei einem jährlich in Nordindien stattfindenden großen Hindu-Fest, dem Ramalila («das Spiel von Rama»), in Aufführungen dargestellt. Neben den Akteuren wirkt ein Chor mit, der nach dem Originaltext eine genaue Schilderung der jeweiligen Schauplätze gibt oder nicht gezeigte Handlungsabläufe erzählend ergänzt. Außerdem werden auch rein deskriptive Passagen rezitiert, in denen die Helden des Dramas ihre verschiedenen Denkweisen darlegen und tiefgründige philosophische Thesen aufstellen, wovon angesichts der ohrenbetäubenden Geräuschkulisse sowieso niemand etwas versteht.

In mehrjährigem Abstand fand am gegenüber von Benares gelegenen Gangesufer eine Aufführung des kompletten *Ramayana* statt. Die Gesamtdauer dieser chronologischen Darstellung betrug einen Monat, die Kosten wurden aus einem Fonds bestritten, den einer der früheren Maharadschas von Benares geschaffen hatte. Ich wohnte gerade in Benares, als der damalige Maharadscha eine solche Veranstaltung anberaumte und mich dazu einlud.

Das hervorstechendste Merkmal der Inszenierung bestand darin, daß sie nicht das geringste mit Theater zu tun hatte. Die Dekorationen der einzelnen Schauplätze befanden sich kilometerweit voneinander entfernt in einer riesigen Ebene. Es handelte sich dabei nicht um perspektivisch gemalte Kulissen, wie wir sie kennen, sondern um richtige leichte Aufbauten, wie sie bei uns auf Messen errichtet werden.

So wird an einem Platz Ayodhya dargestellt, wo sich das Schloß von König Dasharatha, dem Vater Ramas, erhebt. In ziemlicher Entfernung davon befindet sich die prachtvolle Residenz von König Janaka, Ramas Schwiegervater. Weit abseits liegt die Festung des Dämonenkönigs Ravana; es gibt richtige Erdhügel, die als Berge figurieren, mit Einsiedeleien und eigens angepflanzte Baumgruppen, die Wälder darstellen sollen.

Die Zuschauer sehen also die Szenenfolge des Dramas nicht vorn auf einer Bühne abrollen, sondern müssen den Akteuren an den jeweiligen Ort der Handlung folgen. An

Tagen, an denen besonders interessante Passagen geboten werden, finden sich Zehntausende von Schaulustigen ein, und diese Menschenmenge, die Rama auf der Spur bleibt, ist eine Schau für sich.

Sie verhalten sich nicht wie Leute, die ihrem Vergnügen nachgehen, sondern wie Gläubige, die einen Kult zelebrieren, was in Indien keineswegs mit Stille verbunden ist, ganz im Gegenteil.

Die Rolle des Rama wird immer einem jungen Burschen aus der Brahmanenkaste übertragen; zu seinem Kostüm gehört eine sehr hohe Tiara, die für Vishnu charakteristische Kopfbedeckung, und solange er sie aufbehält, betrachtet man ihn als den Gott selbst. Wenn er vorbeikommt, werfen die Gläubigen sich zu Boden, drängeln sich in seine Nähe, um den Saum seines Gewandes zu berühren oder «den Staub von seinen Füßen aufzunehmen».

Wenn man die Fußsohlen leicht berührt oder dies fingiert, falls der Betreffende Schuhe anhat, und sich dann in einer symbolischen Geste den Staub auf die Stirn streicht, gilt dies als Zeichen hoher Achtung und kommt einer Anbetung nahe oder sogar gleich.

Von allen Seiten werden immer wieder die beiden Namen Rama und Sita geschrien. Das geschieht zwar mit tiefer Inbrunst, doch niemals steigern sich die Anhänger Ramas in eine Ekstase hinein, wie es bei manchen Verehrern Krishnas der Fall ist. Der Rama-Kult bleibt im allgemeinen maßvoll.

Der Besuch der *Ramayana*-Aufführungen hieß für mich, allabendlich eine richtige kleine Reise zu unternehmen. Zunächst brauchte ich eine gute Stunde für den Weg zur Anlegestelle des Bootes, das mich über den Ganges setzen sollte. Am gegenüberliegenden Ufer kletterte ich auf einen Elefanten und begab mich zu den verschiedenen Schauplätzen, auf denen Rama seine Heldentaten vollbrachte. Dabei begegnete ich seltsamen Figuren, wie etwa jener Unglücklichen, die seit Jahrhunderten an einen Felsen gekettet war und von der Luft lebte. Die Ursache für ihre mißliche Lage erinnert an die Geschichte von Amphitryon: Sie war die Frau eines Einsiedlers, und eines Tages suchte Indra, der König der Götter, sie in Gestalt ihres abwesenden Gatten auf; sie ließ sich täuschen und gewährte ihm die ehelichen Rechte. Der Eremit erfuhr nun von dem Vorgefallenen, konnte freilich des göttlichen Betrügers nicht habhaft werden, machte kurzerhand seine unschuldige Frau für alles verantwortlich und kettete sie an einen Felsen. Ich zweifelte nicht daran, daß er in einem späteren Leben die gerechte Strafe dafür bekommen würde, und habe mit Genugtuung gesehen, wie sein Opfer auf Befehl Ramas vom Felsen herabstieg; dieser hatte zuvor etliche furchtbar häßliche Dämonen kaltgemacht, deren Darsteller zur Garde des Maharadschas gehörten.

Anzumerken wäre noch, daß sämtliche Rollen, auch die weiblichen, von jungen Burschen verkörpert werden. Erwachsene Männer läßt man nur als alte Weise, Dämonen und Affen im Heer des Affenkönigs Hanumat auftreten. Sämtliche Akteure sind Brahmanen, ausgenommen bestimmte Dämonen und «gewöhnliche Soldaten» des Affenheeres.

Am spektakulärsten ist der Abend, an dem die Hochzeit von Rama mit Sita gefeiert wird.

Wie immer brachte mich ein Elefant zum Schauplatz der Ereignisse, diesmal zunächst zum Schloß des Brautvaters, König Janaka. Außer mir thronten noch andere privilegierte Gäste hoch oben über der Menge. Die Elefanten der Radschas und sonstiger Würdenträger waren mit Schabracken reich behängt und geschminkt: Man hatte ihnen das Kennzeichen der Vishnu-Anhänger auf die Stirn gemalt und die winzigen Augen so geschickt umrandet, daß sie mandelförmig wirkten. Der geräumige Sitz, den sie auf dem Rücken trugen, war mit Teppichen ausgelegt und mit Blumengirlanden geschmückt, und die hellen Satingewänder der hohen Herren, ihre mannigfaltigen Ketten aus Diamanten, Rubinen und Smaragden funkelten wie Sterne in der Nacht, wenn die Scheinwerferkegel sie erfaßten.

Andere Elefanten wahrten Abstand von dem Trupp, in dem ich mich befand; sie bildeten sozusagen die Kulisse und wurden von Akteuren geritten, die als Götter und Göttinnen kostümiert und vermeintlich vom Himmel gekommen waren, um an der Hochzeit Ramas teilzunehmen. Da sie nun keine Wunder vollbringen konnten, mußten sie eben improvisieren und stiegen aufs Stichwort von ihren Elefanten herab. Man sah Brahma, der eine Maske mit drei Gesichtern trug; Shiva mit einem Tigerfell um die Lenden und einem Dreizack in der Hand; neben ihm Vishnu mit seiner gigantischen Kopfbedeckung und einer Keule. Weiter abseits stand Ganesha mit dem Elefantenkopf, außerdem weitere göttliche Wesen und zahlreiche Göttinnen: Sarasvati rittlings auf einem weißen Kissen in Form eines Schwans und Lakshmi, aufrecht auf einer Lotosblüte aus rotem Satin stehend. Die Göttergestalten waren ebenfalls mit Juwelen übersät und funkelten und blitzten mit den Fürsten um die Wette.

Bald erschien Rama im Schloß, begleitet von seinem Halbbruder Lakshmana und dem Heiligen Vishvamitra. Die Hochzeitsfeierlichkeiten, genau dem Ritual folgend, konnten beginnen.

Um ins Schloß, also in irdische Bereiche, zu gelangen, mußten die Götter menschliche Gestalt annehmen. Die Verwandlung vollzog sich blitzschnell, man nahm ihnen die schönen Gewänder, den Schmuck und die Masken ab, und sie betraten das Schloß als Brahmanen, ein bodenlanges weißes Tuch um die Lenden, um den nackten Oberkörper die geweihte Schnur geschlungen.

In diesem Augenblick hatte sich der große Saal des Palastes bereits mit Scharen von Statisten gefüllt, dem Hofstaat von König Janaka und König Dasharatha.

Die Gemahlinnen von Janaka und die Hofdamen geleiteten die Braut – ein glanzvoller Auftritt, der alles überstrahlte.

Es wäre übertrieben zu behaupten, daß die als Frauen agierenden Jünglinge in ihrem Gesamterscheinungsbild den überschwenglichen Schilderungen entsprachen, die das Epos von der Schönheit und Anmut der Prinzessinnen und ihres Gefolges gibt. Die armen Jungen fühlten sich behindert durch den ungewohnten weiblichen Putz, durch die dicke Schminkschicht im Gesicht, durch die Ohr- und Nasenringe und durch die schweren Silberreifen an den Knöcheln; sie wirkten unsagbar unbeholfen, ja jämmerlich.

Rama und Sita vollzogen die Hochzeitsriten und empfingen den Segen des Priesters. Dann setzte sich der Festzug in Bewegung und eskortierte die Neuvermählten zum Schloß von Ramas Vater.

Dem Epos nach waren die Freudenkundgebungen über die Verbindung von Rama und Sita so lautstark, daß die Erde erbebte. Die Regisseure hatten sich angestrengt, dem Original nachzueifern.

Die Garde feuerte unentwegt Salven ab, Gongschläge und Glockengeläut erklangen, mehrere Kapellen spielten gleichzeitig im Fortissimo, die Gläubigen schmetterten Hochrufe, und manche äußerten ihre Begeisterung in einer unbeschreiblichen Kakophonie, bei der jeder auf seinem eigenen Instrument seine eigene Melodie zum besten gab.

Die Götter thronten wieder in ihren prunkvollen Gewändern auf den Elefanten. Von Scheinwerfern und bengalischen Feuern angestrahlt, konnte man Brahma mit den drei Gesichtern, Sarasvati auf dem Schwan aus weißem Satin und all die anderen aufs neue bewundern. Sie warfen Blumen unter die Menge, da im Epos von einem Blumenregen die Rede ist, der vom Himmel fiel. Die Elefantenherde trottete gleichmütig durch das Menschengewühl, unberührt von dem Radau und ohne auch nur den geringsten Schaden zu verursachen.

Das Schloß von Ramas Vater lag etwa zwei Kilometer von dem des Königs Janaka entfernt. Der Zug bewegte sich langsam, gemessen voran.

Bei Dasharatha wartete ein Festmahl auf die Neuvermählten und ihr Gefolge. Die Akteure tafelten nach Herzenslust, wiederum strikt dem Originaltext entsprechend. Einer der mir bekannten Regisseure war so aufmerksam, mir einen Korb mit Kuchen und Obst heraufschicken zu lassen, eine Auszeichnung, an die ich mit Stolz zurückdenke. Denn ich glaube schon, daß vor mir noch kein Ausländer etwas vom Hochzeitsmahl des Rama abbekommen hat.

Das Fest ging weiter; bunte Feuerwerkskörper stiegen zum Himmel, die Katzenmusik von Kapellen und Solisten gellte einem unaufhörlich in den Ohren und dazu noch die unablässigen Hochrufe der Gläubigen. Es wurde spät und höchste Zeit für mich, heimzukehren; ich fuhr also zurück zum Ganges, wo ich das Boot bestieg und am anderen Ufer den wartenden Wagen vorfand.

Die anderen Abende des Ramalila boten keine so spektakulären Szenen, waren aber in ihrer Art ebenfalls interessant, und das manchmal durch Überraschungseffekte.

Wenn Rama zu weiteren Abenteuern auszog, ließ er Sita allein in seinem väterlichen Schloß zurück. Um den Sessel, in dem der Darsteller der Sita hockte, drängten sich dann seine vielen Verehrerinnen. Mit zusammengelegten Handflächen wiederholten sie den Namen Sita unablässig, stundenlang, in einer Art Ekstase.

Keine von ihnen wurde gewahr, daß sie einen Mummenschanz vor sich hatte, nichts als einen verkleideten, geschminkten Jungen, dem das erzwungene Stillsitzen schwerfallen mußte und der sicher gern aufgesprungen wäre, um gemeinsam mit seinen kleinen Spielgefährten zu essen.

Zu den farbigsten Episoden gehörten die Kriegsszenen zwischen den Truppen des Dämonenkönigs Ravana und des Affenkönigs Hanumat. Die Darsteller der Affen rekrutierten sich aus der Garde des Maharadschas, ihre Rollen verlangten ihnen manche akrobatischen Kunststücke ab, die sie nur allzu gern auch außerhalb der Aufführungen gezeigt hätten. Eines Tages kamen sie, noch in Kostüm und Maske, in Hochstimmung in ein nahe gelegenes Dorf, plünderten dort mit viel Gepolter und Gejohle die Läden und machten sich mit ihrer Beute aus dem Staube.

Am nächsten Morgen begannen sie dann in Ruhe über die Folgen nachzudenken. Die bestohlenen Ladeninhaber hatten sich beim Maharadscha beschwert, den Schuldigen drohte strenge Strafe. Sie suchten nach einem Ausweg und kamen auf die Idee, den jungen Brahmanen, der den Rama verkörperte, um Rat und Hilfe zu bitten.

Dem fehlte es weder an Verstand noch an Kühnheit. Er ließ die Soldaten ihre Affenkostüme anziehen, verkleidete sich selbst wieder als Rama, setzte sich die Vishnu-Kopfbedeckung auf und begab sich, gefolgt von der Affentruppe, in den Palast. Dort erklärte er, ohne sich auf irgendwelche Diskussionen einzulassen, rundheraus:

«Das Dorf und diese Affen gehören mir.»

Der junge Mann war in diesem Augenblick Vishnu selbst, und dem widerspricht man nicht. Der Maharadscha faltete die Hände und warf sich zu Boden. Er bestrafte die Soldaten nicht und soll angeblich den Händlern eine Entschädigung gezahlt haben. Das erscheint allerdings wenig glaubhaft. Es gehörte keineswegs zu den Gepflogenheiten der Maharadschas, ihren Untertanen finanziellen Schadenersatz zu leisten.

Krishna, ebenso wie Rama ein Avatara von Vishnu, ist der gefeiertste Held der indischen Mythologie und die bekannteste aller Gottheiten. Er hat noch mehr Anhänger als Rama und unterscheidet sich von diesem auch durch einen gelegentlich etwas pittoresken Kult.

Krishna spielt eine herausragende Rolle im *Mahabharata*, dem zweiten monumentalen Heldenepos der indischen Literatur und zugleich dem umfangreichsten. Es besteht aus 106 000 Versen, die in 18 Bücher unterteilt sind. Im bedeutendsten philosophischen Teil, der *Bhagavad-Gita,* belehrt Krishna seinen Freund und Schüler Arjuna unmittelbar vor Beginn jener achtzehntägigen Schlacht, deren dramatische Geschehnisse im Mittelpunkt des *Mahabharata* stehen.

Als besonders heilig gilt den Vaishnavas außerdem das *Bhagavata-Purana*, das sich ausführlich mit dem Leben Krishnas beschäftigt. Er war der achte Sohn von Vasudeva und seiner Gemahlin Devaki. Als deren Vetter, dem Tyrannenkönig Kansa, vorausgesagt wurde, daß einer von

Devakis Söhnen ihn töten würde, versuchte er, all ihre Kinder umzubringen. Deshalb flohen seine Eltern nach Krishnas Geburt mit ihm, und er verbrachte seine Jugend im heiligen Wald von Vrindavan, wo die Gopis, die Hirtenmädchen, seine Gespielinnen waren. Immer wieder wird seine «unvergleichliche Schönheit» gerühmt, sein «unwiderstehlicher Zauber». Wenn er auf der selbstgeschnitzten Flöte aus Schilfrohr spielte, lag ihm alles zu Füßen, selbst die wilden Tiere. Die Vögel begannen zu zwitschern, sobald sie ihn sahen, und jeder Baum, unter dem er stehenblieb, war gleich darauf über und über mit Blüten bedeckt.

Als Elfjähriger hatte er bereits sämtlichen Gopis den Kopf verdreht. Da begegnete er Radha, die im Yamuna badete und ihn durch die Zweige sah. Und sofort war es um sie geschehen, sie hatte ihr Herz an ihn verloren. Sie dachte nur noch an ihn und verzehrte sich in Sehnsucht.

Krishna trennte sich nie von seiner Flöte, doch spielen hörten ihn nur diejenigen, von denen er gehört werden wollte. Die aber hatten keinen eigenen Willen mehr, es zog sie unwiderstehlich dorthin, von wo die Flöte erklang. So erging es eines Nachts auch Radha, sie ließ alles stehen und liegen und lief davon. Am Ufer des Yamuna fand sie Krishna: ein idyllischer, verschwiegener Ort, weit und breit kein Haus, und dort hielten sie sich auf dem weichen, blumenbedeckten Waldboden umschlungen, während die Nachtschmetterlinge sie umflatterten, die Vögel sangen und der Mond sich im kristallklaren Wasser des Flusses spiegelte, auf dem Lotosblüten in der leichten Brise schaukelten.

Zwar werden Krishna in den verschiedenen Legenden unzählige Geliebte zugeschrieben – dreihundert nach einer Version, nach einer anderen sogar achthundert –, doch sie bleiben anonym im Hintergrund; als einzige spielt Radha eine Rolle. Das Liebesspiel zwischen ihr und Krishna ist ein Zentralthema des Hinduismus, in dem Radha die Gefühle der weltlichen Liebe und Hingabe symbolisiert, die zur Liebe und Hingabe an Gott in der Gestalt Krishnas erhoben werden.

Um die bewegende Liebe zwischen Radha und Krishna geht es auch, als ich mich, auf einer Matte sitzend, in der weitläufigen Halle eines schloßartigen Wohnsitzes in Kalkutta befinde. Schätzungsweise dreihundert Personen sind dort versammelt, vielleicht auch mehr. Ein namhafter Künstler veranstaltet einen Monat hindurch Rezitationsabende, an denen er uns die Geschichte Krishnas zu Gehör bringen wird.

Keine Spur von aufwendiger Inszenierung oder Ausstattung, der Künstler auf dem niedrigen Podium trägt einen eleganten weißseidenen Straßenanzug. Er verzichtet auf effektvolle Deklamation und moduliert, wie es die geschilderte Szene oder die Gefühlslage jeweils verlangen; sein Vortrag, ein monotoner Singsang, fließt pausenlos dahin wie ein Strom und wirkt schließlich als eine Art Hypnotikum, das den Zuhörer vergessen läßt, wo er sich befindet, und ihn statt dessen in ein Reich der Phantasie versetzt.

Die Anwesenden sehen in ihm nicht mehr einen männlichen Sprecher, sondern Radha, die unter Tränen ihr Liebesleid klagt. Doch wenn die Gestalt der Radha entschwindet, hat sich jeder, ob Mann oder Frau, mit der Geliebten des inkarnierten Gottes identifiziert, ihre Gefühle durchlebt, sich in sie verwandelt, um nun voller Sehnsucht nach ihm zu verlangen.

Prosaisch, wie ich bin, hätte die eintönige Sprechweise auf mich am Ende einschläfernd gewirkt, doch das Schauspiel, das die Gläubigen boten, sorgte dafür, daß ich Augen und Ohren offenhielt.

Viele weinten still in sich hinein oder schluchzten laut, manche schrien verzweifelt nach Krishna, andere hämmerten brüllend mit der Stirn gegen den Fußboden oder wälzten sich, von Nervenkrisen geschüttelt, auf den Matten.

Der Sprecher spulte seinen Text unerschüttert ab. Es war schließlich sein Metier, er verdiente sich damit seine Gage.

Es handelte sich hier um keine öffentliche Veranstaltung, man wurde nur auf Einladung zugelassen, und sämtliche Anwesenden gehörten zur gehobenen Gesellschaftsschicht. Wer sich eben noch brüllend am Fußboden gewälzt hatte, saß tags darauf als Professor auf seinem Lehrstuhl, hatte als Richter den Vorsitz bei einer Verhandlung inne, führte bedeutende geschäftliche Transaktionen durch oder bekleidete einen hohen Posten in der Verwaltung – und es wäre ihm nicht im geringsten anzumerken gewesen, daß er sich am Vorabend wie von Sinnen gebärdet hatte.

Die meisten Menschen wünschen sich Götter, die ihnen verwandt sind, Götter, die ihnen gleichen; ein liebenswerter Inder, Rechtsanwalt von Beruf, Anhänger des Vaishnavismus, hat mir das in Erinnerung gerufen.

«Gott ist unbegreiflich, unnahbar», sagte er. «Wir können keinerlei Beziehung zu ihm unterhalten. Seine Avataras Rama oder Krishna sind uns eher begreiflich, sie sind uns in ihrer menschlichen Gestalt näher, sie begehen menschliche Handlungen: Doch wann lebten sie? Bei uns zweifeln viele Gelehrte an ihrer historischen Existenz. Chaitanya dagegen ist eine durchaus reale Persönlichkeit, er stellt ein erreichbares Ziel dar, auf das wir unsere Verehrung und unsere Liebe richten können.»

Der hier apostrophierte Chaitanya wurde 1485 in Navadvip (Bengalen) als zweiter Sohn einer Brahmanenfamilie geboren. Er war ein bedeutender Gelehrter, bis er plötzlich der Welt entsagte und zum glühenden Verehrer Krishnas wurde. Die Vaishnavas halten ihn für eine Teil-Inkarnation Krishnas.

Vishnu, einer der drei Hauptgötter, ist der Hüter des Dharma, der Grundlage menschlicher Moral und Ethik, der gesetzmäßigen Ordnung des Universums. Er eilt zu Hilfe, wenn die Welt aus den Fugen gerät, und inkarniert sich als Avatara, um der Menschheit neue Wege der Weiterentwicklung zu weisen. Die Vaishnavas sehen in Vishnu das höchste Wesen und verehren ihn in allen seinen Inkarnationen, vor allem als Rama oder Krishna. Ein Avatara wie beispielsweise Krishna ist kein reines Phantom, das sich nach Beendigung seiner Rolle in nichts auflöst, ohne Spuren zu hinterlassen. Krishna existiert nach seinem irdischen Tod auf einer anderen Bewußtseinsebene weiter und kann sich in freier Willensentscheidung – entweder ganz oder teilweise – in einer Person seiner Wahl reinkarnieren.

Die meisten Biographen Chaitanyas betonen den partiellen Aspekt. Zu Beginn seiner Laufbahn unterscheiden seine Freunde Perioden, in denen er der gelehrte Brahmane Nimai war, und andere, in denen er sich, völlig verändert, als Gottheit gebärdete, in der Hauskapelle seiner Freunde auf dem für Vishnu bestimmten Thron Platz nahm, sich anbeten ließ, Wunder vollbrachte – bis zur Auferweckung eines Toten – und in göttlicher Gestalt erschien – als vierarmiger Vishnu mit Tiara oder als das Kind Krishna mit der bläulichen Haut. Die Biographen fügen hinzu, daß diese Perioden göttlicher Aktivität fast immer mit einer lang andauernden Ohnmacht endeten und daß Chaitanya sich, wieder bei Sinnen, nicht mehr erinnerte, was er als Krishna oder als Vishnu getan hatte.

Der Gelehrte Nimai, der unter dem Namen Chaitanya zum Sannyasin wurde, erscheint Außenstehenden als exaltierter, ja nahezu geistesgestörter Mystiker. Diese Auffassung teilten übrigens auch viele seiner Nachbarn. Chaitanya verfügte nicht nur über einen schier unerschöpflichen Tränenfluß, eine auch von abendländischen Mystikern geschätzte Gabe, sondern erlitt außerdem häufig Ohnmachtsanfälle, die sämtliche Symptome der Epilepsie aufwiesen und bei denen ihm Schaum vor den Mund trat. Seinen Adepten zufolge zeitigt die durch Gottesliebe ausgelöste Ekstase oder Verzückung Begleiterscheinungen wie gesträubte Haare an Kopf und Körper, heftige Schweißausbrüche, manchmal mit Blut vermischt, epileptische Anfälle mit Schaum vor dem Mund, lang andauernde wiederholte Ohnmachten.

Mit achtundvierzig Jahren ertrank Chaitanya, als er beim Baden im Meer das Bewußtsein verlor.

Ich bin so ausführlich auf die Persönlichkeit Chaitanyas eingegangen, weil die religiösen Praktiken seiner Anhänger sonderbar anmuten.

Ihr Kult beruht auf der zuvor skizzierten Krishna-Legende, wozu natürlich auch das Wehklagen der von ihrem Geliebten verlassenen Radha gehört. Von den exaltierten Gefühlsäußerungen, die das Rezitieren der poetischen Beschreibung dieses Liebesschmerzes bei den Zuhörern auslösen kann, war bereits die Rede. Die gleichen Reaktionen finden sich bei den Anhängern des Chaitanya, der sie selbst sein Leben lang im Übermaß gezeigt hatte, doch darüber hinaus begegnet man einer anderen Art von religiöser Ekstase, wobei die überschäumende Liebe zu Gott die Menschen außer Rand und Band geraten läßt.

Sobald er den Namen Hari (Vishnu) hörte, begann Chaitanya spontan zu tanzen, um seiner Liebe und Freude Ausdruck zu verleihen. Sein Überschwang wirkte offenbar ansteckend, und die Menschen taten es ihm gleich.

Doch bald kam es zu von Freunden Chaitanyas organisierten Zusammenkünften, zu denen man sich in der ausdrücklichen Absicht begab, den Namen Hari laut hinauszuschreien und dazu in die Hände zu klatschen. Das Ritual wurde durch den Einsatz von Becken und einer Trommel vervollständigt, deren Schläge die Hari-Rufe der Gläubigen rhythmisch untermalten. Eine weitere Neuerung bestand in Strumpfbändern mit aufgenähten winzigen Glöckchen, die man um die Fesseln trug; dieses Gebimmel gesellte sich noch zu den «lieblichen Klängen» der Instrumente, wie ein Anhänger der Sekte den Radau euphemistisch bezeichnete.

Man nennt diese Art von religiösen Versammlungen Kirtan, was gemeinsames Rezitieren, Singen und Tanzen zu Ehren Gottes bedeutet. Nicht alle verlaufen derart exaltiert, viele ähneln mehr den bei uns üblichen Andachten. So ging etwa der zuvor beschriebene Kirtan bei meinen Freunden in Bombay ohne jeden Lärm vonstatten.

Einige Zeit nach dem geschilderten ersten Vorgeschmack erhielt ich eine Einladung zu einer weiteren Zusammenkunft von Krishna-Anhängern; es handle sich hier um einen geheimen Kirtan, der strikt in der Tradition Chaitanyas zelebriert würde.

Es gibt zwei Arten von Kirtan: die eine ist öffentlich, jeder kann daran teilnehmen; zu der anderen werden nur Eingeweihte zugelassen. Daß man mich dazu aufgefordert hatte, stellte also eine besondere Auszeichnung dar.

Stattfinden sollte der Kirtan in einem ganz normalen Haus, weder luxuriös noch armselig. Von einer engen Straße führte eine schwere Tür auf einen von weißgekalkten Gebäuden gesäumten Hof, der für den bevorstehenden Anlaß geschmückt war: An den Wänden hingen Blumengirlanden, andere waren an den Fenstern befestigt und reichten bis zum Boden, der mit Blütenblättern und jungem Laub bestreut war.

Bei meiner Ankunft befanden sich bereits etwa fünfzig durchweg weißgekleidete Menschen auf dem Hof, und ich wurde unverzüglich in die Wohnung der Damen des Hauses im ersten Stock geführt. Von dort konnte man durch die geschlossenen Fensterläden den ganzen Hof überblikken.

Zum Auftakt wurden mehrere mystische Gedichte rezitiert, und zwar ausschließlich von Teilnehmern, es gab keinerlei bezahlte professionelle Kräfte.

Abwechselnd mit den Gedichten gab es kurze Ermahnungen, leidenschaftlich vorgetragene Predigten, Gebete und inbrünstigen Gesang. Die Sänger wurden, wie üblich, von einer mit Händen geschlagenen Trommel und einem Becken begleitet. Die Musiker waren ebenfalls keine bezahlten Künstler und ließen sich mit den übrigen Teilnehmern von den aufwallenden Emotionen mitreißen. Ihre Geistesgegenwart wurde dadurch entschieden behindert; mechanisch schlugen sie auf ihre Instrumente ein, ohne zu merken, daß sie unterschiedslos die lyrischen Vorträge, die Sänger, die Prediger und die Gefühlsausbrüche der Gläubigen musikalisch untermalten. An dem Lärm schien sich niemand zu stören, er steigerte vielmehr bei allen die Begeisterung noch zusätzlich.

Bei diesem Kult gab es keinerlei gemeinsames Agieren, keine geregelten, koordinierten Bewegungen; jeder handelte quasi auf eigene Rechnung, überließ sich völlig seinen Gefühlen.

Als die Erregung sich steigerte, begannen einige den Namen Hari (Vishnu) laut hinauszuschreien und sich gegenseitig dazu anzufeuern, denn das soll eine magische Wirkung auf den Betreffenden ausüben, den Sünder zur Reue zu führen und in ihm die Liebe zu Gott zu wecken: die Bhakti oder ihre Steigerung, die Prema-Bhakti, die ekstatische Liebe zu Gott.

Die beiden Musikanten schlugen immer schneller, immer heftiger auf ihre Instrumente ein.

Hari! Hari! Einige begannen, von religiösem Wahn besessen, zu tanzen, die Arme hochgereckt, das Gebimmel der Glöckchen an ihren Fesseln erhöhte den Lärmpegel. Die von den Biographen Chaitanyas erwähnte Übertragung tat ihr Werk. Und alle traten in Aktion, schubsten und stießen sich, ohne es auch nur wahrzunehmen, in dem für dieses turbulente Treiben viel zu engen Hof.

Es handelte sich nicht um Klagen, Radha weinte nicht um ihren fernen Geliebten; der göttliche Geliebte war hier, jeder spürte seine Gegenwart und schrie seine unendliche Freude hinaus, die ihm die Brust zu sprengen drohte. Hari! Manche fielen, von Krämpfen geschüttelt, Schaum vor dem Mund, zu Boden, und die anderen sahen es nicht einmal.

Die Mauern ringsum erstickten die rasende Menge; der Name Hari mußte nach draußen getragen werden, zu allen Menschen. Alle sollten teilhaben an dem Heil, an der unendlichen Seligkeit, die von Hari gespendet wurde.

Hari! Die Tür wurde gewaltsam geöffnet, und die Flut der ekstatischen Gläubigen stürzte sich laut schreiend in die engen Gäßchen des Viertels.

Hastig empfahl ich mich bei den Damen, die mich aufgenommen hatten, ließ mich durch ihre gutgemeinten Worte nicht zurückhalten, sondern eilte nach draußen, um in einigem Abstand der Schar zu folgen, die singend und tanzend ihres Weges zog.

Passanten wurden unwiderstehlich angelockt von dem dahinstürmenden Menschenschwarm. Ich sah welche, die sich anschlossen, gestikulierten, Hari-Rufe ausstießen.

An einer Kreuzung hockte ein armseliger Händler hinter einem Obststand. Auch er wurde von der heranbrandenden Welle des Wahnsinns erfaßt. Von weitem sah ich ihn aufspringen, die Arme zum Himmel erheben und hörte ihn Hari brüllen. Durch die jähe Bewegung stürzte der Stand um, die Früchte kollerten auf dem Boden, während der Händler, ohne sich darum zu kümmern, mit der halluzinierenden Horde an der Biegung der Allee entschwand.

Das Thermometer zeigte 45 Grad Celsius an auf meiner durch ein zweifaches Dach gegen die sengende Sommersonne geschützten Veranda. Ich befand mich in Benares und sann über eine ziemlich düstere Theorie nach, die dem berühmten Philosophen Madhva (1199–1278) zugeschrieben wird und in manchen Punkten Ähnlichkeit mit der Prädestinationslehre von Paulus, Augustinus und anderen aufweist. Beiden Theorien zufolge sind manche Seelen unwiderruflich zur Verdammnis vorherbestimmt. Der Unterschied besteht darin, daß Paulus sagt, Richtung und Ziel menschlichen Handelns seien durch einen von Ewigkeit her feststehenden Willensentschluß festgelegt: «Hat der Töpfer nicht Macht über den Ton, aus der nämlichen Masse das eine Gefäß zur Ehre, das andere zur Unehre zu machen?» (Röm. 9, 21) Für Madhva dagegen existieren diese Seelen – oder, genauer, dieses oder jenes Jiva, das heißt, das verkörperte Selbst, das Ego – als von Gott getrennte Wesenheiten von individueller Beschaffenheit.

Das durch und durch schlechte Wesen setzt sich natürlich in einer ihm gemäßen Umgebung fest, in einem Milieu, wo das Böse dominiert. Unter diesem Einfluß prägt sich der schlechte Charakter des Individuums noch mehr aus, was eine unheilvolle Abwärtsentwicklung zur Folge hat, eine Wechselwirkung zwischen äußerem und innerem Abstieg, die sich unaufhaltsam fortsetzt.

Bei 45 Grad Celsius im Schatten fühlte ich mich außerstande, mir über das besorgniserregende, wenn auch logische Schicksal der unglücklichen Jivas den Kopf zu zerbrechen; trotzdem wollte ich mir weitere Informationen darüber verschaffen, welche Interpretationen es zu den Postulaten Madhvas gab. Außerdem wollte ich das Haus verlassen, und beides ließ sich mühelos vereinbaren, wenn ich Reverend J. aufsuchte, einen englischen Missionar und Indologen, der sämtliche Gelehrten in Benares kannte; er konnte mir sicher einen oder zwei nennen, die meine Fragen beantworten würden.

Ich traf Reverend J. in seinem geräumigen Arbeitszimmer an, wo er, ein Glas eisgekühlte Zitronenlimonade vor sich, in eine Übersetzung aus dem Sanskrit vertieft war.

Die Madhva zugeschriebene Theorie war ihm genau bekannt, er meinte jedoch, daß unter den Adepten nicht darüber gesprochen werde.

«Wir werden Pandit Hariprasad aufsuchen», erklärte er. «Das ist ein zuvorkommender, hochgelehrter Mensch, den können Sie befragen.»

Diplomatisch bereitete er die Eröffnung vor, die er mir machen wollte: «Sie kennen doch sicher die Geschichte von Mira Bai und ihrer Antwort an Rup Gosvami?»

Ich bejahte.

«Nun, Hariprasad ist einer jener Mystiker, die sich aus Verehrung für Krishna als dessen Angetraute betrachten.»

Auch von diesem Phänomen des Krishna-Kultes hatte ich schon gehört. Ich rief mir die erwähnte Episode und die Biographie der nordindischen Prinzessin und mystischen Dichterin Mira Bai noch einmal ins Gedächtnis.

Bereits in jungen Jahren begann Mira Gott als Krishna unter dem Namen Giridhara-Nagar anzubeten. Ihre Liebe war so groß, daß sie ihre ganze Zeit damit verbrachte, ihn zu preisen. Ihre eigene Familie und die ihres Mannes, eines Radscha, quälten sie auf jede erdenkliche Weise, um sie davon abzubringen. Doch sie blieb standhaft und verweigerte auch nach dem Tod ihres Gatten die Witwenverbrennung, die ihr Schwiegervater forderte. Schließlich verließ sie den Palast und pilgerte nach Vrindavan, wo Krishna der Überlieferung nach seine Jugend verbracht und mit den Gopis gelebt hatte. Dort wohnte ein hochangesehener Asket und Krishna-Anhänger namens Rup Gosvami. Mira Bai wollte sich mit ihm unterhalten, doch er weigerte sich, sie zu empfangen, mit der Begründung, sein Gelöbnis strikter Askese verbiete es ihm, Frauen zu sehen.

Als man der Prinzessin diese Antwort überbrachte, rief sie entrüstet: «Rup ist demnach also ein Mann? Was hat er dann in Vrindavan zu suchen? Kein männliches Wesen hat das Recht, hier zu wohnen; wenn die Schutzgöttinnen von Vrindavan seine Anwesenheit bemerken, werden sie ihn bestrafen und davonjagen. Weiß der berühmte Gosvami denn nicht, daß es nur ein einziges männliches Wesen auf der Welt gibt – meinen geliebten Krishna, und daß alle anderen Frauen sind?»

Einer anderen Version zufolge ließ Mira Bai nach ihrer Pilgerfahrt die Vorhänge ihrer Wohnung nicht mehr herunter und ging unverschleiert aus dem Haus. Auf die Vorwürfe ihres Gatten entgegnete sie: «Warum sollte ich mich verschleiern? Hier gibt es doch nur Frauen; alle, die Krishna anbeten, sind seine Gemahlinnen.»

Mira Bai ist nicht die einzige, die sich zu diesem absonderlichen Glauben bekannt hat; zahlreiche Vaishnavas teilen ihn, zumindest mit gewissen Einschränkungen, und ihre religiöse Haltung äußert sich darin, daß sie sich als Frauen gebärden. Die männlichen Anhänger mancher ihrer Sekten reden einander als «Schwestern» an.

Ich fragte mich, ob Hariprasad, zu dem mich Reverend J. bringen wollte, wohl einen Sari tragen würde wie eine Frau, und probierte allerlei Methoden aus, mir das Lachen zu verbeißen. Doch der freundliche Missionar zerstreute meine Befürchtungen.

«Nein, Hariprasad verkleidet sich nicht als Frau, sondern gibt lediglich seinem Anzug durch ein paar Kniffe eine elegante weibliche Note. Sie werden ja sehen ...»

Endlich war der große Tag gekommen. Selbstverständlich hatte Hariprasad keine Ahnung davon, daß ich über sein mystisches Rollenverständnis in bezug auf Krishna informiert war. Er wußte lediglich, daß ich seine Ansicht über Madhvas These von der unausweichlichen, ewigen Verdammnis bestimmter Jivas hören wollte.

Ein Mann von athletischer Statur, in gestreifte weiße Seide gehüllt, hieß mich freundlich willkommen. Er trug das lange Haar zu einem kunstvollen Knoten aufgesteckt, in dem ein Büschel Jasminblüten befestigt war, und hinter dem einen Ohr hingen ein paar andere weiße Blumen. Die nackten Füße waren mit Pantoffeln aus rotem, goldbesticktem Satin bekleidet. Auf seiner Brust hingen mehrere Ketten aus Edelsteinen, und an den schlanken Fingern funkelten überaus kostbare Ringe. Er war stark parfümiert.

Wohlgerüche erfüllten das ganze Haus. Ein Duftgemisch von Jasmin und Weihrauch machte die Atmosphäre stickig. Alle Räume, die ich zu Gesicht bekam, waren prunkvoll ausgestattet mit seidenbezogenen Liegesofas; blühende Pflanzen waren zu einem riesigen Blumenbeet arrangiert. An den farbig ausgemalten Deckenbalken hingen zahlreiche Kristallüster; die Wände waren mit Spiegeln bedeckt.

Diese unverhoffte Pracht machte mich ziemlich perplex. Wie sollte man in dieser paradiesischen Umgebung vom trostlosen Geschick der bedauernswerten Jivas reden? Es mußte trotzdem sein, das war ja der Zweck meines Besuches. Doch schon nach meinen ersten Worten erhob Hariprasad laut Einspruch. Wer konnte bloß auf solche Horrorvisionen verfallen! Madhva wurde völlig falsch interpretiert, niemals wäre ihm etwas derart Gräßliches in den Sinn gekommen. Hari (Vishnu) war der Inbegriff von Liebe, er betrachtete alle Lebewesen mit unendlichem Wohlwollen und würde sie sämtlich früher oder später in sein Reich der Seligkeit aufnehmen ...

Es wäre unschicklich gewesen, hartnäckig zu bleiben und, auf die Texte gestützt, die Beweisführung zu versuchen, daß Madhva sehr wohl diese düstere Lehrmeinung aufgestellt hatte, in Gegenwart dieses wie ein Götzenbild geschmückten Mannes, dessen Seidengewändern bei jeder Bewegung liebliche Duftwolken entströmten und dessen funkelnde Ringe einen bunt schillernden Strahlenkranz um seine Hände woben.

Als die Lampen angezündet wurden, begannen sämtliche Spiegel, Kristallbehänge und Juwelen sofort derart intensiv aufzuflimmern, daß die Augen geblendet wurden, nachdem der schwere Duft zuvor schon den Geruchssinn betäubt hatte.

Dann drang aus einem anderen unsichtbaren Raum gefühlvoller Singsang zu uns herüber, in dem die Liebe zu Krishna gepriesen wurde. Vermutlich handelte es sich um die Abendandacht in der Hauskapelle.

Hariprasad, der bis dahin das Gespräch beflissen aufrechterhalten hatte, verstummte plötzlich. Sein Gesicht nahm einen ekstatischen Ausdruck an, und nach einigen Augenblicken gänzlicher Reglosigkeit erhob er sich langsam und begann zu tanzen.

Sein Tanz erinnerte in keiner Weise an das wilde Gestikulieren, das ich bei manchen Vaishnavas beobachtet hatte. Seine Bewegungen blieben gemessen und harmonisch. Es wirkte nicht im entferntesten grotesk, wie sich der stattliche Athletenkörper geschmeidig bog, während er sich in die weiten weißseidenen Hüllen ein- und dann wieder auswickelte.

Die leidenschaftliche Verliebtheit, die er pantomimisch darstellte, wies keinerlei Spuren von Laszivität auf, sondern nur eine mystische Schwärmerei, die es zu einer spirituellen Vereinigung mit einem erträumten Idol drängte.

Wie brachte Hariprasad seine Rolle einer Geliebten Krishnas mit der normalen Erfüllung seiner ehelichen Pflichten in Einklang? An diesem Problem rätselte ich etwas herum und sondierte behutsam bei Reverend J. während der Rückfahrt.

«Seine Gattin ist selber eine große Anhängerin von Krishna», beantwortete der Missionar meine Frage. «Auch sie dürfte ihn wohl als ihren Geliebten betrachten.»

Reverend J. hatte die Dame nie gesehen und all diese Einzelheiten von seiner Frau erfahren, die sie persönlich kannte. Die eigenartigen religiösen Gefühle scheinen allerdings das Eheleben der beiden nicht beeinträchtigt zu haben: Drei kräftige Söhne sprachen eindeutig dafür.

Selbstverständlich bin ich in Vrindavan gewesen, sogar mehrmals.

Ich erwartete nicht etwa, dort den Wald vorzufinden, in dem Krishna seine Liebesabenteuer erlebt hatte, sondern wollte bloß sehen, was seine Anhänger aus dem ihnen heiligen Ort gemacht hatten. Wie anderswo ist es ihnen nicht gelungen, den ursprünglichen Charakter der Legende zu wahren, auf der ihr Glauben beruht. In Vrindavan erinnerte ebenso wie in Mathura nichts mehr an die ländlichen Gefilde, in denen die Gopis sich mit ihren Herden tummelten. Gewaltige Tempel, offensichtlich reich dotiert, waren Krishna unter seinen verschiedenen Namen geweiht; auf die ungekünstelte, ein wenig lockere Idylle war ein gespreiztes Priestertum gefolgt.

Außerhalb der Wallfahrtszeiten herrscht schwacher Besucherverkehr, und mir schien es, als sei die spezielle psychische Atmosphäre, in der sich zahlreiche heilige Stätten Indiens förmlich baden, hier überhaupt nicht vorhanden, zumindest aber nur sehr spärlich.

Trotzdem konnte man sich beim Abendspaziergang über die Uferpromenade des Yamuna dem geheimnisvollen Zauber der ganzen Szenerie nur schwer entziehen.

Auf den Marmortreppen, die zum Fluß hinunterführten, saßen Männer, fest in weiße Tücher gewickelt, reglos, in Meditation versunken. In manchen der Pavillons mit den durchbrochenen, über den Yamuna vorspringenden Mauern tauchte schattenhaft der Umriß eines nackten, starren Oberkörpers auf, darüber eine schwarze, struppige Mähne, und zeigte an, daß sich dort ein Asket in die Einsamkeit zurückgezogen hatte.

Nichts rührte sich, bis auf die gewohnten Riesenschildkröten, die sich herandrängelten, den Kopf aus dem Wasser streckten und um Futter bettelten, sobald das leise

Tappen nackter Füße auf den Steinplatten zu vernehmen war.

Alles ringsum war eingebettet in Stille, eine unendliche Ruhe, die sich über das ganze Universum auszubreiten schien.

Flüchtigen Schatten gleich, tauchten Gläubige auf, stellten reihenweise brennende Lampen auf die Treppen, sorgten für schwache Beleuchtung in den Pavillons, wo die Yogis wachten, verschwanden dann ebenso plötzlich, wie sie gekommen waren.

In was für Träume versenkten sich diese reglosen Männer? Sahen sie vielleicht in den leichten Nebeln, die vom Wasser aufstiegen, Krishna, der ihnen zulächelte, und hörten sie den betörenden Ruf seiner Flöte?

Ich gab der Stimmung nach, setzte mich auf die Stufen, den Blick auf den heiligen Fluß geheftet; doch anstelle von Krishna, dem Träumespender, sah ich das strenge Bild Shivas auftauchen, unerbittlicher Zerstörer des trügerischen Scheins und aller Weltlichkeit, die nichts als trügerischer Schein ist. Mechanisch hob ich die Hände, zum rituellen hinduistischen Gruß gefaltet, und murmelte die heilige Formel. Neben mir bewegte sich jemand, der das zweifellos gehört hatte, und ich entfernte mich schleunigst; es kann gefährlich sein, Shiva zu grüßen in Gegenwart von fanatischen Anhängern Vishnus, die nicht wissen, daß beide nur verschiedene Aspekte der Göttertrinität – Trimurti – symbolisieren.

Bei meinem ersten Besuch im Lande Krishnas zeigte man mir verschiedene Reliquien aus der Kindheit des göttlichen Helden, unter anderem seine Wiege. Auf solchen Humbug fallen die Menschen im Orient ebenso leichtgläubig herein wie im Abendland.

Von dieser Wiege sah ich nicht viel, sie war mit zahlreichen Schutzhüllen bedeckt; immerhin konnte man sich vorstellen, daß sich darunter ein kleines Holzmöbel verbarg.

In einer Kapelle, in die man mich hineinließ, machte mich der Wärter beim Herumführen auf eine kleine Schaukel im Spielzeugformat aufmerksam; sie war aus vergoldetem Kupfer und stand auf einem blumengeschmückten Tisch. Sie hatte die Form einer Gondel, mit einem Sitz ausgestattet, genau wie die Kinderschaukeln im Garten; auf dem Sitz befand sich ein winziges Abbild des jungen Krishna. Mit einer an der Gondel befestigten dünnen Schnur konnte man den kleinen Krishna hin- und herschaukeln, womit man ihm wahrscheinlich eine Freude machen wollte. Ehe der Wärter mich daran hindern konnte, zog ich leicht an der Schnur und ließ Krishna schaukeln. Mein Begleiter fuhr erschrocken zusammen und dirigierte mich auf schnellstem Wege nach draußen.

6 Hungersnot – Epidemien – Aberglauben

Ich sitze in einem kleinen Pavillon über der zwischen weißen Felswänden dahinfließenden Narbada. Ich habe eine kurze Bootsfahrt durch die enge Schlucht unternommen und die zahlreichen an den Felsen klebenden Bienenwaben betrachtet. Die Schiffer hatten mich vorsorglich darauf hingewiesen, daß Rauchen oder Lärm die Bienen reizt und sie sich zu Tausenden auf die Ruhestörer stürzen. Außerdem werden die Reisenden durch eine auf die Felsen gepinselte Inschrift vor der Gefahr gewarnt, für die eine Stele den sichtbaren Beweis liefert: Sie erinnert an einen englischen Ingenieur, der an dieser Stelle ertrunken ist, als er sich vor einem wütenden Angriff der Bienen zu retten versuchte.

Zu besichtigen waren ferner ein Wasserfall und Überreste eines Tempels, der, nach einigen verstümmelten Statuen zu urteilen, einem tantrischen Kult geweiht gewesen zu sein schien. Und dann habe ich mich in den Schatten gesetzt und dem Wärter eines für Touristen reservierten Bungalows bedeutet, daß ich ein paar Tage dort zu bleiben gedachte.

Um diese sommerliche Jahreszeit herrscht in Indien kaum Fremdenverkehr, so daß ich damit rechnen konnte, nicht gestört zu werden.

Es war nicht die glühende Hitze, die mir zu schaffen machte ... Ich hatte gerade eine Reise durch ein Inferno hinter mir, voller Schreckensbilder.

Meine Suche galt dem Indien der stillen Meditationen, der weisen Einsiedler, die im kühlen Schatten duftender Wälder leben, und ich fand ein Indien, das unter sengender Hitze, Dürre und einer dramatischen Hungersnot litt.

Tagelang rollten die Züge, in denen ich fuhr, durch endlose Ebenen, wo sich auf dem vertrockneten Boden nirgends, soweit das Auge reichte, auch nur eine Spur von Grün zeigte. Die kahlen Bäume mit den verdorrten, grotesk verkrüppelten Ästen, die hier und da am Dorfrand standen, glichen Spukgestalten, bösartig und bejammernswert zugleich.

Bei jedem Halt des Zuges gewahrte ich durch die vom glühendheißen Wind aufgewirbelten Staubwolken größere oder kleinere Menschentrauben, die sich an die Schranken drängten und um Essen bettelten; alle klopften sich mit der gleichen eindeutigen Geste erst auf den Bauch und hoben dann die Hand zum Mund.

Ausgemergelte Skelette, denen die zu weit gewordene braune Haut am Bauch, an den Knien und auf der Brust in Falten herunterhing, statt weiblicher Busen schlaffe, verschrumpelte, baumelnde Beutel.

Die Kinder, nur noch Haut und Knochen, erinnerten mit ihren monströs aufgeblähten Bäuchen an zwergenhafte Mißgeburten in einem Gruselkabinett.

Ein Kenner der Verhältnisse sagte mir: «Sie essen Erde!»

Auch diese bedauernswerten Geschöpfe klopften sich den aufgeblähten Bauch, sperrten den Mund auf, flehten um einen Bissen. Bis zu den ganz Kleinen, die noch von ihren Müttern getragen wurden und ebenfalls mit ungeschickt nachgemachten Gesten auf ihren leeren Magen hinwiesen, bekundeten alle fast stumm, wie sie der Hunger peinigte. Fast stumm ... vielleicht hatten sie nicht mehr die Kraft zu schreien. Der Gedanke kam mir, als ich ihre langsamen Bewegungen sah und bemerkte, wie mühsam sich einige, die Hände um die Bahnschranke geklammert, nur noch aufrecht halten konnten.

Und dann ihre Augen – unnatürlich weit aufgerissen bei den einen, während sie anderen fast zuzufallen drohten. Unmöglich, diese verzweifelten Blicke zu vergessen, sie verfolgten mich unerbittlich – und trotz der logischen Beweisführung, die ich zu meiner Entlastung aufbauen konnte, überfiel mich bei jeder Mahlzeit ein dunkles, hartnäckiges Schuldgefühl.

Der Zug setzte sich wieder in Bewegung, die Reisenden hatten ihren mitgeführten Proviant verteilt oder Münzen nach draußen geworfen. Gesten des Mitleids, die zwar für das gute Herz der Spender sprachen, aber zwecklos waren. Auf den kleinen Bahnhöfen standen etwa hundert Hungernde an den Schranken, um die großen versammelten sich Tausende, und in den gesamten betroffenen Gebieten zählten sie zu Millionen.

Die gleichen Bilder wie vom Zug aus waren mir auch begegnet, wenn ich mit einem kleinen, zweirädrigen Wagen über Landstraßen fuhr. Unterwegs schrien mir vereinzelte Gruppen, Familien ihre Bitten zu, klopften sich auf den Bauch oder auf den Mund, Kinder liefen hinter meinem Gefährt her – sofern sie noch laufen konnten. Und kaum hatte ich diese armseligen Vagabunden hinter mir gelassen, traf ich ein Stück weiter wiederum ähnliche Gestalten, die Männer mit einem schäbigen Kleiderbündel beladen, die Frauen mit den Säuglingen auf dem Arm.

Wohin gingen sie? Meist in die nächstgelegenen Städte,

vor allem die großen, wo ihrer Meinung nach Lebensmittel verteilt wurden. Oder sie hatten von irgendeinem Notaufnahmelager für die Hungernden gehört, das sie unbedingt erreichen wollten.

Als ihnen schließlich der Zutritt zu den Städten untersagt wurde, drängten sie sich in den nahe gelegenen ländlichen Gebieten zusammen, doch selbst wenn Reis an sie ausgeteilt wurde, reichte es nicht, alle satt zu machen, und so starben viele langsam an Entkräftung.

Die Bettler, die es geschafft hatten, in die Städte zu gelangen, waren keineswegs besser dran; ich habe sie, zu Tode erschöpft, auf den Straßen liegen sehen, und es kamen auch täglich Karren vorbei, um die Leichen einzusammeln, die dann außerhalb der Wohngebiete verbrannt wurden. Wer sich noch irgendwie dahinschleppen konnte, vor allem die Mütter mit den fast völlig apathischen Säuglingen auf dem Arm, blieb vor den Lebensmittelläden stehen. Gelegentlich warf ihnen der Inhaber sogar ein Stück Gebäck oder Obst zu. Die kleineren Kinder verweilten lange vor den aufgeschichteten Backwaren und Früchten und verzehrten sich danach, bis sie rüde verjagt wurden. Ihre älteren Brüder begnügten sich oft damit, die Auslagen mit begehrlichen Blicken zu mustern oder im Höchstfall eine schüchterne Klage vorzubringen und dabei auf ihren Bauch zu deuten; sie hatten bereits begriffen, daß sie nichts erhoffen konnten, und so beeilten sie sich, ihre Eltern wieder einzuholen. Viele von ihnen waren freilich Waisen. Manchmal waren die Eltern während der langen Irrfahrten gestorben, oder die Kinder hatten sich zum Betteln entfernt und dann die Spur ihrer Angehörigen verloren.

Die einzigen halbwegs wirksamen Hilfsleistungen wurden von hinduistischen und muslimischen religiösen Verbänden sowie christlichen Missionen, vor allem jedoch von der britischen Regierung erbracht. Die riesige Anzahl der Hungernden überstieg allerdings die Kapazität der Hilfswerke bei weitem.

Hungersnot ist in Indien ebenso endemisch wie die Cholera, sie tritt mehr oder weniger stark einmal in dieser, einmal in jener Region auf, fordert aber immer Opfer, deren Zahl jeweils vom Ausmaß der Katastrophe abhängt und sich daher nie mit Sicherheit voraussagen läßt.

Die offiziellen Statistiken geben ebenfalls keinen verläßlichen Aufschluß; darin werden zwar die Millionen Empfänger von Hilfsleistungen genannt, nicht jedoch die zweifellos wesentlich höhere Anzahl derjenigen Personen, die leer ausgegangen sind.

Vermutlich werden diesen Zahlen die Mengen an Getreide oder Reis zugrunde gelegt, die zur Verteilung bereitgestellt sind und eine bestimmte Anzahl von Rationen ergeben sollten. An eine Übereinstimmung zwischen solchen Berechnungen und der Wirklichkeit kann freilich nur jemand glauben, der noch nie im Orient gelebt hat. Ob es sich nun um Indien, China oder ein anderes Land handelt, auf dem langen Transportweg bleiben regelmäßig weitaus mehr Hilfsgüter bei den diversen zuständigen Beamten hängen als schließlich tatsächlich zur Verteilung kommen. Es gibt genügend Leute, die sich an den Hungersnöten in Asien bereichert haben.

Daß diese Spezies in der westlichen Welt völlig unbekannt ist, würde wohl niemand ernsthaft behaupten ...

Ferner sind die Hindernisse zu berücksichtigen, die von den Betroffenen selbst errichtet werden und mit denen sie die ihnen geltenden Bemühungen konterkarieren. In dieser Hinsicht spielt in Indien die Kastenfrage eine große Rolle.

Als ich mich während einer Hungersnot in Benares aufhielt, drückte ein Pandit mir gegenüber sein Mißfallen aus, das eine von der christlichen Mission betriebene tägliche Armenspeisung in ihm erregte.

«Diese Fremden führen Böses im Schilde», ereiferte er sich. «Sie machen sich die Not unserer Dorfbewohner zunutze und verleiten sie, gemeinsam Reis zu essen, den irgend jemand gekocht hat. Diejenigen, die ihren Hunger mit dieser unreinen Nahrung gestillt haben, sind beschmutzt und gehen ihrer Kastenzugehörigkeit verlustig. Die Missionare verhöhnen sie dann auch noch ungeniert: ‹Na, wie steht's denn jetzt mit deiner Kaste?› Das haben sie tatsächlich zu einem Brahmanen gesagt, der mit seinem kleinen Sohn bei ihnen gegessen hatte. Warum verteilen sie den Reis nicht ungekocht?»

Den Grund dafür kannte ich. Der Flüchtling, fremd in der Stadt, ohne Gepäck, ohne Unterkunft, hatte weder einen Platz noch ein Gefäß, um seinen Reis zu kochen. Skrupellose Elemente, die seine mißliche Lage kannten, lauerten ihm auf und schlugen ihm einen Tausch vor. Für den ungekochten Reis, den er gerade bekommen hatte, erhielt er eine Schale Suppe, und die bestand aus nichts anderem als dem Kochwasser von Reis. Der arme Teufel, ausgehungert, wie er war, willigte ein, und der Halunke machte sich mit dem Reis davon.

Es gab noch eine ganze Reihe von üblen Tricks, um die Notleidenden übers Ohr zu hauen, zumeist Landbewohner, die nach einem langen Fußmarsch todmüde in der Stadt ankamen und sich in der fremden Umgebung verloren fühlten.

Ein weiteres Hindernis stellten jene dar, die aus lauter Sturheit nicht einmal versuchen wollten, ihre Ernährungsgewohnheiten zu ändern. Sie waren Reisesser, manche hatten angeblich noch nie ein Korn Weizen oder Gerste gesehen, und sie weigerten sich, daraus Brei zu kochen. Keiner von ihnen habe jemals solches Getreide gegessen, erklärten sie; vielleicht wolle man nur, daß sie daran sterben. Tatsächlich kursierten die wildesten Gerüchte: Zum Beispiel hieß es, in den Notaufnahmelagern würden vergiftete Lebensmittel verteilt. Die hohe Sterblichkeitsrate unter den völlig Entkräfteten hatte zur Folge, daß solchen Schauermärchen Glauben geschenkt wurde.

Rama! Rama! Immer wieder erschallen diese lauten Rufe durch die Nacht. Menschen ziehen durch die Straßen, der Schein ihrer Fackeln leuchtet durch das Laub der Bäume im Garten. Rama! Rama! Die Stimmen entfernen sich, doch andere kommen bereits wieder näher. Rama! Rama! Es sind die Toten, die man zur Verbrennung auf das Gelände über dem Ganges bringt.

Ich bin nun hellwach. Es ist jede Nacht dasselbe; ob ich wohl wieder einschlafen kann? Das erscheint zweifelhaft, die Hitze – 40 Grad Celsius im Zimmer – wird mich daran hindern. Ich ersticke unter meinem Moskitonetz, und wenn ich es zurückschlage, würden mich die paar verbliebenen Moskitos am Einschlafen hindern. Die müssen ganz schön zäh sein, wenn sie den gräßlichen Geruch nach Karbolsäure aushalten, mit dem meine kleine Wohnung durchtränkt ist. Ich habe mich an diese Krankenhausatmosphäre gewöhnt, aber angenehm ist sie wahrhaftig nicht.

Der Pandit, der allmorgendlich erscheint, um Sanskrittexte mit mir zu lesen, fühlt sich davon belästigt.

«Wie können Sie nur diesen Gestank mögen?» fragt er mich.

«Von mögen kann keine Rede sein. Es handelt sich um eine hygienische Vorsichtsmaßnahme.»

Mein Boy wischt die Fliesen in den Zimmern täglich mit einer Desinfektionslösung und gießt etwas davon in meine Waschkrüge. Bei einer Epidemie wie der jetzigen, in der Pest und Cholera derart heftig auftreten, gibt es für solche Vorkehrungen zwingende Gründe.

Mein Pandit zuckt die Achseln und macht ein geringschätziges Gesicht.

«Die Ausländer sind unvernünftig», erklärt er. «Pest und Cholera werden durch die Luft herangetragen.»

Sinnlos, von der Übertragung durch Bakterien zu sprechen; als ich das versuchte, hat er mir ins Gesicht gelacht. «Die Ausländer sind dumm, wenn sie an solche Märchen glauben», entgegnete er. Seine überlegene Miene reizte mich, so daß ich konterte:

«Immerhin haben sie in ihrer Dummheit Vorsichtsmaßnahmen ergriffen und seither keinen einzigen Toten mehr zu beklagen; bis jetzt hat es hier in Benares unter ihnen keinen Todesfall gegeben, während die Inder zu Tausenden sterben.»

Rama! Rama! «Da hören Sie es doch, wie sie die Leichen zum Ganges tragen, und diese Trauerzüge gehen Tag und Nacht ununterbrochen weiter ...»

Man muß die Zunge im Zaum halten können. Der Pandit warf mir einen giftigen Blick zu.

«Wer sagt denn, daß die Ausländer nicht die schädliche Luft in unsere Richtung pusten, um uns sterben zu lassen?» murmelte er vor sich hin.

Wenn im Orient solche Ideen aufkommen, ist das gefährlich und kann zu fatalen Folgen führen. Ich wollte meinen Gesprächspartner davon ablenken.

«Ich möchte Ihnen jetzt schildern, was sich in Tunis, wo die Franzosen regieren, zugetragen hat», begann ich. «Dort erhielt ein Möbelfabrikant eine Lieferung Roßhaar aus dem Vorderen Orient, die er zum Polstern von Sesseln, Sofas, Matratzen und dergleichen benötigte.

Im Herkunftsland wütete die Pest, in den Roßhaarballen hatten sich Ratten eingenistet. Bald darauf traten unter den Arbeitern, die mit dem Roßhaar hantiert hatten, sowie unter Kontaktpersonen Fälle von Pest auf. Bei der unverzüglich eingeleiteten Untersuchung wurde die Herkunft des Roßhaars aufgedeckt und die dadurch bedingte Gefährdung der Einwohner. Die Kranken brachte man in ein abgelegenes Fort, Ärzte und Krankenschwestern begaben sich mit ihnen in Quarantäne. Wachposten sicherten die Ausgänge und verhinderten jeden Kontakt mit der Außenwelt.

Die Werkstätten, in denen die Möbel samt Roßhaar zur Weiterverarbeitung lagerten, wurden auf Anordnung der Stadt eingeäschert.

Anstatt daß die Seuche sich ausbreitete und ihr Hunderte zum Opfer fielen, waren insgesamt nur drei Todesfälle zu beklagen bei einer Bevölkerungszahl von mehreren hunderttausend. Das schnelle Handeln der örtlichen Behörden hatte die Stadt gerettet.»

Der Pandit hatte mir aufmerksam zugehört.

«So eine Ungerechtigkeit!» rief er. «Die Franzosen sind ja noch schlimmer als die Engländer. Derart wertvolle Gebrauchsgüter zu vernichten, ist der Gipfel der Dummheit und Böswilligkeit. Sollte sich das jemand bei uns herausnehmen, würden wir revoltieren!»

Mir war klar, daß aus diesem gebildeten Mann die sogenannte Stimme des Volkes sprach. Wie ließ sich die gigantische Aufgabe bewältigen, einen ganzen Subkontinent zum radikalen Umdenken zu bringen? Das könnte im wahrsten Sinne zur Sisyphusarbeit geraten.

Rama! Rama! Der Singsang, der die Leichenzüge begleitete, ging ununterbrochen weiter, Tag und Nacht, auf allen Wegen, die zu einem Einäscherungsgelände führten. Man hatte vielfach neue eingerichtet, nicht nur am Ufer des Ganges, sondern auch auf dem Land.

Mehrere Freunde hatten mir brieflich zum Weggehen geraten. Sie machten sich nicht klar, daß ich in meiner tagtäglich frisch desinfizierten Wohnung, wo sich auch das Personal nach jeder Rückkehr aus der Stadt desinfizieren mußte, weitaus weniger gefährdet war als in den Zügen, die ich benutzen müßte, und in den Hotels bei den diversen Zwischenaufenthalten, denn es wären große Entfernungen zurückzulegen gewesen, ehe ich das verseuchte Gebiet hinter mir gehabt hätte.

Trotz meiner seltenen Ausgänge blieb mir genügend Gelegenheit, das Verhalten der Inder zu beobachten, vor allem das der Armen, deren Leben sich großenteils im Freien abspielt. Und diese Armen konnten sich einfach nicht vorstellen, daß man zusammen mit den Toten auch deren Kleidungsstücke oder das Bett, in dem sie gestorben waren, verbrennen sollte. Das waren schließlich kostspielige Dinge, die den Lebenden noch gute Dienste leisten konnten. Die Sachen, die der Tote nicht mehr brauchte, da man ihn nackt in einen alten, als Leichentuch dienenden Fetzen wickelte, zogen sich seine männlichen oder weiblichen Familienangehörigen sofort an. Und kaum hatte man den Leichnam aus dem Bett gehoben, da legte sich auch schon wieder jemand hinein. Ganze Familien kamen binnen weniger Tage um, und andere nahmen unverzüglich ihren Platz ein, weil es hier bequemer war als in ihrer überfüllten Wohnung.

Beim einfachen Volk glaubte niemand an Ansteckung. Woher sollten diese armseligen Kreaturen auch etwas wissen über die Ursachen der Ausbreitung einer Seuche, wenn mein Professor, ein gebildeter Brahmane und Angehöriger der bei uns als Bürgertum bezeichneten Gesellschaftsklasse, allen Ernstes verkündete: «Bakterien sind eine reine Erfindung dieser dummen, bösartigen Ausländer, Cholera und Pest kommen aus der Luft!» Zweifellos dachte er in seinem Innersten außerdem: Die Seuchen, die über die Menschen kommen, sind das Werk von Dämonen oder Göttern. Ähnliche Überzeugungen werden gar nicht so selten auch in der westlichen Welt vertreten.

Rama! Rama! Mögen diejenigen, deren Gliedmaßen sich in den Flammen der Scheiterhaufen schwarz verfärben und zusammenschrumpfen, in einer anderen Welt eine glückliche Zufluchtsstätte finden.

Nur wenige Abendländer haben eine Leichenverbrennung mitangesehen. Die Öfen in unseren Krematorien ersparen den Angehörigen den qualvollen Anblick, wie der tote Körper allmählich von den Flammen aufgezehrt wird. Im Orient dagegen, und ganz besonders in Benares, ist das ein alltägliches, banales Schauspiel, das die Passanten völlig ungerührt läßt.

Abgesehen von ein paar Yogis, die, mit Asche bestrichen, die struppige Mähne turbanartig hochgetürmt, immer irgendwo in der Nähe der Scheiterhaufen hocken, in Kontemplation versunken, oder von Eltern, die einem Toten das Geleit geben, überqueren die Leute den Verbrennungsplatz völlig gleichgültig, ohne auch nur einmal innezuhalten, ohne einen einzigen Blick auf den schaurigen Zerfall des Leichnams zu verschwenden.

Die kräftigen Burschen, die mit nacktem Oberkörper und kurzem Lendenschurz die Einäscherung vornehmen, tragen dazu bei, ihrem makabren Tun einen Anstrich zu verleihen, der irgendwie an einen banalen Kochvorgang erinnert. Mit langen Stangen drehen und wenden sie im Feuer die bereits abgetrennten Leichenteile, vor allem das Becken, dessen Knochen der Glut am längsten standhalten.

Die armen Familien besitzen häufig nicht die notwendigen Mittel, so viel Holz zu kaufen, daß es für eine prompte, vollständige Einäscherung ausreicht. Also bleibt nichts anderes übrig, als die halbverkohlten Überreste in den Ganges zu befördern.

Zudem ist während einer Epidemie noch mehr als sonst Eile geboten. Andere «Kunden» warten bereits, auf Tragbahren gebettet, in ein Leichentuch gehüllt, mit den Füßen oder bis zur Taille im heiligen Fluß zur Sicherung ihres Seelenheils, bis sie an die Reihe kommen. Man steht förmlich Schlange ...

In unmittelbarer Nähe wühlen nackte, nur mit einem winzigen Slip bekleidete Männer mit den Händen im Schlamm, stoßen mitunter eine Tragbahre beiseite, wagen sich ins tiefere Wasser, tauchen gelegentlich, graben unentwegt und untersuchen den Schlamm in ihren Händen. Sie sind auf der Jagd nach kleinsten Bruchstücken vom Schmuck der reichen Toten, der zusammen mit der Asche und den Knochenresten in den Fluß geworfen wurde.

Früher lagen Gold, Perlen und andere Kostbarkeiten auf den Scheiterhaufen bedeutender Persönlichkeiten oder sehr reicher Verstorbener. Nach der Verbrennung der sterblichen Überreste Buddhas wurde ein Teil der Reliquien – Holzsplitter und verkohlte Knochen – in einem Stupa in Kushinagara aufbewahrt.

Heutzutage sind die Menschen immer weniger gewillt, mit den Toten auch Wertgegenstände der Vernichtung preiszugeben. Die Parias, die zu Füßen des Einäscherungsgeländes im Schlamm wühlten, dürften dabei wohl keine Reichtümer geerntet haben.

Das letzte Ritual eines zumindest angedeuteten Bades in einem heiligen Fluß ist nicht nur für die Toten bestimmt; manchmal wird es auch mit sich noch bei Bewußtsein befindenden Sterbenden praktiziert und soll ihnen wirkungsvoller zur ewigen Seligkeit verhelfen, als dies durch ein Bad nach der bereits erfolgten Trennung von Geist und Körper der Fall ist. Der feste Glaube, halb eingetaucht in den Ganges oder einen anderen heiligen Fluß zu sterben sichere den Eintritt in ein Paradies, ist einer der schlimmsten hinduistischen Aberglauben. Das verleitet so manchen Frommen dazu, seine in den letzten Zügen liegenden Eltern aus dem Bett zu reißen, sie an ein Flußufer zu schaffen und ins Wasser zu tauchen oder sie bis zu diesem letzten Ritual schon einmal in der Nähe des Einäscherungsgeländes abzustellen, wo der Scheiterhaufen für sie demnächst aufgeschichtet wird.

Ich habe diese Unglücklichen gesehen, die man dort zum Sterben ausgesetzt hatte, und an ihrem Blick erkannt, daß sie bei klarem Verstand und sich ihrer Lage voll bewußt waren. Ich weiß zwar, daß Orientalen angesichts des Todes nicht die gleiche Furcht empfinden wie die meisten Abendländer, aber trotzdem ...

Vielleicht gibt es viele, die resigniert haben, viele, die sich freiwillig der makabren Prozedur ausliefern, weil sie vom gleichen Aberglauben beseelt sind wie ihre Peiniger, doch es gibt auch welche, die sich auflehnen und deren Proteste kein Gehör finden.

Die folgende Szene, die Devendranath Tagore, der Vater des Dichters Rabindranath Tagore, in seiner Autobiographie schildert, zeigt die ganze Problematik:

Als meine Großmutter im Sterben lag, befand sich mein Vater in Allahabad. Der Arzt erklärte, die Kranke dürfe nicht mehr länger im Hause bleiben. Also trug man meine Großmutter hinaus, um sie ans Ufer des Ganges zu bringen. Doch die Großmutter wollte noch leben, sie wollte nicht zum Ganges. «Wenn mein Sohn Dvarkanath da wäre, hätte er niemals zugelassen, daß ihr mich aus dem Haus schafft», sagte sie. Aber man hörte nicht auf sie und brachte sie zum Flußufer. Dort bemerkte sie nochmals: «Da ihr mich nun einmal gegen meinen Willen zum Ganges gebracht habt, werde ich euch viel Ärger machen. Ich werde nicht gleich sterben.»
Man deponierte sie in einem Bootshaus mit Ziegeldach am Ufer, und dort lebte sie noch drei Tage und Nächte.
Im Morgengrauen ging es mit ihr zu Ende. Nun trug man sie in die Mitte des Ganges, und alle riefen laut die Namen von Ganga, Narayana (Vishnu) und Brahma. Schließlich hauchte sie ihr Leben aus.

Die in Indien allgemein praktizierte Einäscherung trägt dazu bei, die Auswirkungen der häufigen Epidemien zumindest etwas einzudämmen.

Eine Ausnahme wird indes bei den Sannyasin (Asketen) gemacht, die begraben werden, und zwar meist in Meditationshaltung mit untergeschlagenen Beinen. Auch Kleinstkinder bilden einen Sonderfall, sie dürfen in einen Fluß geworfen werden. Und die dritte, höchst sonderbare Ausnahmeregelung gilt für jene, die mehr als alle anderen eingeäschert werden müßten, nämlich für die Opfer der Lepra und sonstiger vergleichbarer Krankheiten.

Ich erinnere mich an den Schock und den Ekel, die mir der Anblick einer bereits verstümmelten Säuglingsleiche einflößte, deren offene Bauchhöhle ein Hund seelenruhig ausweidete. Die Strömung hatte den kleinen Leichnam ans Ufer getrieben, oder vielleicht hatte man sich auch gar nicht erst die Mühe gemacht, ihn in der Flußmitte zu versenken, und nun lag er da im Schlamm, inmitten der Menge, die ihre rituellen Waschungen vornahm. Gleich daneben streuten Anbetende mit angedeuteten symbolischen Gesten, den sogenannten Mudras, Jasminblüten und Ringelblumen als Opfergaben für die heilige Mutter Ganga, die sekundenlang auf dem Wasser trieben und danach im pflanzlichen und tierischen Moder versanken, was dann, untermischt mit dem Flußschlamm, die Ufer bei Niedrigwasser glitschig und übelriechend macht.

Dieses abscheuliche Erlebnis hatte ich bei meinem ersten Besuch in Benares, etliche Jahre vor der geschilderten großen Epidemie.

Doch später folgten noch andere, wie zum Beispiel dieses: Ich fuhr mit dem Boot den Ganges hinauf. Langsam stakten wir gegen die Strömung am Ufer entlang. Ich betrachtete die Badenden, die Frauen, die am Strand ihre Kupferkrüge putzten, und plötzlich bemerkte ich einen langen, schmalen Gegenstand, den ein Hund zu sich heranzog. Ich glaubte zu erkennen, was es war, zögerte jedoch, es auszusprechen, bis mein Boy gelassen erklärte: «Das ist ein Mann.»

Es handelte sich tatsächlich um eine Leiche, rosa angelaufen, mit einem bläulichen Schimmer, der an bestimmte Porzellanpuppen erinnerte. Der Kopf war unkenntlich, die abgenagten Lippen entblößten das Gebiß. Als wir uns dem makabren Strandgut näherten, entdeckte ich, daß die Füße zusammengebunden waren; trotz des Aufenthalts im Wasser schien das Fleisch fest zu sein, denn der Hund hatte Mühe hineinzubeißen, er zerrte aus Leibeskräften an den Gliedmaßen, hob abwechselnd die Arme und die Beine an, zog den Körper in den Schlamm, ohne nennenswerten Freßanteil.

Wir befanden uns nicht in Benares, sondern in der Umgebung von Kalkutta, und es ist verboten, Leichen in die Flüsse zu werfen. Aber schließlich boten die zusammengebundenen Füße Anlaß zum Nachdenken: Der Mann lebte vielleicht, als man ihn irgendwo ins Wasser gestürzt hatte, und das womöglich weit stromaufwärts von der Stelle, wo ihn die Strömung angetrieben hatte, wer konnte das wissen? Wer kümmerte sich bei den unübersehbaren Menschenmassen Indiens schon um solche Dinge?

Bei der Rückfahrt herrschte Ebbe, so daß wir uns in der Flußmitte von der Strömung treiben lassen konnten. Als wir von weitem den Fundort der Leiche passierten, teilte mir mein Boy mit: «Es ist schon aus mit ihm.» Tatsächlich wimmelte es an der bewußten Stelle nur noch von Geiern. Sie hatten den Hund verjagt, und ich sah sie wegfliegen – der Platz war gesäubert.

Im Laufe der Jahre wurden derartige Vorkommnisse in der Nähe der großen Zentren zunehmend seltener. In Benares selbst führte der Ganges höchstens noch Hundekadaver mit sich, und auch die nur in unerheblichen Mengen. Die Kanalisation der Stadt, die in das heilige Flußwasser abgeleitet wurde, und die von den Hilfskräften nach der Einäscherung hineinbeförderten Überreste machten dieses Wasser hinreichend verdächtig. Die Inder freilich denken darüber anders. Sie verkünden triumphierend: «Das Wasser des Ganges bleibt stets sauber, es kann durch nichts verseucht werden, man hat Analysen gemacht, die bewiesen haben, daß im Gangeswasser keinerlei Bakterien enthalten sind.» Die Ausländer konterten prompt mit der maliziösen Bemerkung: «Das Wasser des Ganges ist so schmutzig, daß selbst die Bakterien nicht darin existieren können.»

Man tat allerdings gut daran, sich in Gegenwart von Einheimischen solche Witzeleien zu verkneifen.

Pest und Cholera forderten nach wie vor ihren Tribut. Rama! Rama! Die Toten zogen nach wie vor Tag und Nacht am Garten meines Pavillons vorbei, und ich drohte in der Hitze und dem nicht eben lieblichen Karbolgeruch zu ersticken.

Eine im gleichen Park gelegene Schule hatte es nicht für notwendig gehalten, ihre Schüler zu beurlauben; es handelte sich notabene um kleine Mädchen. Sie waren schließlich in den Klassenzimmern auch nicht mehr gefährdet als zu Hause. Dennoch passierte es innerhalb von wenigen Tagen, daß zwei der Kinder morgens offenbar ganz gesund ankamen, plötzlich zusammenbrachen und binnen einer knappen Stunde starben, noch vor dem Schulschluß am Mittag.

Die Neugier trieb mich gelegentlich bis zum Einäscherungsgelände, um mich dort über die zunehmende oder abflauende Heftigkeit der Epidemie zu informieren. Außerdem interessierte ich mich für die bizarren Verhaltensweisen der «Zuschauer». Die Yogis, echte wie angemaßte, mußten dem Wunschtraum jedes Malers entsprechen. Ich beschränkte mich wohl oder übel darauf, gelegentlich Gespräche anzuknüpfen.

«Weshalb betrachten Sie mit solch gespannter Aufmerksamkeit diese Leiber, die sich in Asche verwandeln?» erkundigte ich mich. «Ist Zerstörung nicht ein immerwährendes, allgegenwärtiges Schauspiel? Sie können es in jedem Grashalm, in jedem Steinchen beobachten, wenn Sie dazu fähig sind.»

Manche nickten dazu zustimmend, andere ärgerten sich, beschimpften mich lautstark, und wenn es nicht überall von Menschen gewimmelt hätte, wäre ich wohl meines Lebens nicht sehr sicher gewesen.

Auch über die primitiven Stelen, die kleinen, fünfzig Zentimeter hohen Denkmäler kann man leicht ins Grübeln geraten. Sie erinnern daran, daß hier nicht nur Tote verbrannt wurden, sondern daß man auch Frauen bei lebendigem Leibe zu ihren dahingeschiedenen Ehemännern auf den Scheiterhaufen gelegt hat. Die Stelen zeigen die grob behauenen Abbilder eines Mannes und einer Frau, die aufrecht nebeneinander stehen; sie sind älteren Datums ...

Die «Poesie» dieser Art von Selbstmord hat unablässig weiter in den Köpfen mancher indischer Intellektueller gespukt. Die Witwen, die sich früher nach dem Tod ihres Gatten freiwillig verbrannten, wurden Sati genannt, nach der Gemahlin Shivas, von der es in einem Purana heißt, sie habe auf einem Scheiterhaufen den Flammentod gesucht. Ein «Sati» betiteltes Gemälde, das eine in den Flammen des Scheiterhaufens kniende Witwe zeigt, inspirierte Sarojini Naidu, eine bedeutende Lyrikerin und militante Vorkämpferin für die Unabhängigkeit Indiens, zu diesen Verszeilen:

Du meines Lebens einz'ger Sinn. Das scharfe Schwert des Todes
Hat uns geschieden, einem Wortbruch gleich
In zwei zerrissen uns, die eins stets waren ...
Das Fleisch muß weiterleben, wenn die Seele geht dahin ...

Zum gleichen Bild hat sich ein Künstler und bedeutender Intellektueller, der 1947 verstorbene Coomarasvamy, wie folgt geäußert:

Das Ideal, das im Sati seinen Ausdruck findet, ist so mißverstanden und falsch dargestellt worden, daß ein Wort der Erklärung angebracht erscheint. Daß Sati als von Männern erzwungener gesellschaftlicher Brauch schreiendes Unrecht wäre, liegt auf der Hand. Dies kann jedoch nur unter ganz besonderen Ausnahmebedingungen der Fall gewesen sein. Es ist ein Ideal, das eher von Frauen als von Männern hochgehalten wird. So erhebt der Unendliche, trotz unserer Zivilisation und unserem gesunden Menschenverstand, immer wieder Einspruch gegen die Forderungen des Endlichen …
Mancher mag denken, mittlerweile werde Sati in Indien als grausamer, barbarischer Brauch der Vergangenheit betrachtet. Vielleicht konnten die Neuerer eine Fortdauer wirklich nicht ertragen, doch deshalb flößt ihnen der Gedanke daran kein Entsetzen ein. Familien, die unter ihren Vorfahren auf Satis verweisen können, sind stolz auf eine solch heroische Herkunft, und zumindest in Bengalen halten viele, vielleicht die meisten Frauen an diesem Ideal fest und wünschen sich, daß es noch zu verwirklichen wäre …
… Das Bild stellt die ewige Tragödie der Liebe dar, die für eine Frau das Leben selbst und für einen Mann nur ein Teil des Lebens ist. Der letzte Ausdruck dieser Realität in der Seele des Menschen läuft dem ruhigen, behaglichen Gefühl eines saturierten Bürgertums völlig zuwider. Wir haben den Glauben verloren, der solche Dinge möglich machte. Sind wir größer oder kleiner, weil wir den Gedanken an eine Liebe wie diese nicht ertragen können? Oder gibt es eine solche Liebe vielleicht immer noch?

Viele indische Witwen bedauern, sich nicht mit der sterblichen Hülle ihres Gatten verbrennen zu können, behauptet Coomarasvamy. Ich bezweifle stark, daß es sich um viele handelt, aber daß der Gedanke an diesen grausamen Selbstmord noch in vielen kranken Hirnen herumspukt, kann ich unmöglich bestreiten.

Die folgende Begebenheit hat mir ein indischer Rechtsanwalt erzählt, der aus der Oberschicht der Brahmanenkaste stammte.

Mein Schwager lag im Sterben. Meine Schwester lief erregt ständig hin und her, ging alle paar Sekunden ins Zimmer ihres Mannes, um nach ihm zu sehen.
Der Kranke starb, als ich mit einigen anderen gerade bei ihm war. Meine Schwester stürzte hinaus. Da sie unaufhörlich umhergehastet war, achtete keiner auf sie. Plötzlich kam ein heller Lichtschein vom Hof herauf, ich rannte hin – meine Schwester brannte wie eine Fackel. Sie hatte sich mit einem Kanister Petroleum übergossen und ihre Kleider in Brand gesteckt. Wir warfen Decken über sie; ich erlitt schwere Verbrennungen, als ich die Flammen zu ersticken suchte, aber sie hatte bereits unheilbare Brandwunden davongetragen. Meine Schwester starb.
Ich wußte nicht, wie ich unserer alten Mutter diese furchtbare Nachricht beibringen sollte, und fürchtete, ihr einen tödlichen Schlag damit zu versetzen. Schließlich nahm ich sie in die Arme, bettete meinen Kopf an ihrer Brust und erzählte ihr ganz behutsam, was geschehen war. Zu meiner größten Verblüffung stieß meine Mutter mich schroff von sich, richtete sich hoch auf und rief fröhlich: «Ich bin glücklich, meine Tochter wird keine Witwe sein!»

Jeder Kommentar erübrigt sich, die innere Einstellung dieser beiden Frauen liegt klar zutage. Ich möchte nur noch ergänzend bemerken, daß die Mutter, die den Entschluß ihrer Tochter, zur Sati zu werden, so freudig begrüßte, für sich selbst anders entschieden hatte. Sie war Witwe. Familiäre Rücksichten, ihre Kinder hatten sie von diesem Opfer abzubringen vermocht.

Die Kleider mit Petroleum zu tränken und dann in Brand zu stecken, ist übrigens eine zwar schauerliche, aber gern praktizierte Selbstmordmethode, wenn Inderinnen aus irgendeinem Grund diese Welt verlassen wollen.

Um vollends verständlich zu machen, in welch verklärendem Licht diese barbarische Sitte manchen Indern erscheint, möchte ich noch kurz zwei Beispiele aus den niederen Volksschichten anführen.

In einem Dorf an der Grenze zu Nepal war ein Junggeselle eingeäschert worden. Ich fragte eine Bäuerin in der Nachbarschaft: «Wenn er verheiratet gewesen wäre, hätte man dann seine Frau zusammen mit ihm verbrannt?» Und ich fügte noch hinzu: «Das macht man doch heutzutage nicht mehr, es ist doch verboten?»

«Ja, es ist verboten», entgegnete die Frau ausdruckslos, «aber wenn die Witwe mitfühlende Eltern hat, können die ihr helfen ...»

Das war einige Zeit danach in einem indischen Dorf der Fall. Dort hatte sich eine Witwe angeblich aus freien Stükken bereit erklärt, sich zusammen mit der Leiche ihres Mannes zu verbrennen. Vor aller Augen war sie dem Trauerzug gefolgt, auf den Scheiterhaufen gestiegen und hatte zweimal nach flüssigem Fett verlangt, um sich damit zu übergießen. Dann hatten «mitfühlende» Eltern den Holzhaufen angezündet. Groteskerweise fand das Ganze in Gegenwart des im Dorf stationierten Polizeibeamten statt ...

7 Shakti, die «Göttliche Mutter» – Personifikation der Ur-Energie

Über den unzähligen Gottheiten, die nach Aussage der «Wissenden» die verschiedenen Aspekte desselben Gottes darstellen oder vielmehr die unterschiedliche Art und Weise, wie die Menschen ihn begreifen, erhebt sich dominierend das furchterregende oder ironisch lächelnde Bild der «Göttlichen Mutter».

Die Göttliche Mutter bedeutet einen verwirrenden Gegenpol zu unseren tradierten westlichen Vorstellungen von Gottvater.

Bei ihr handelt es sich nicht um *eine* Göttin – Göttinnen sind in Indien Legion, ebenso wie die Götter –, sondern um *die* Göttin schlechthin: Shakti.

Shakti – der Name bedeutet Kraft, Macht, Energie. Sie ist die Personifizierung der Ur-Energie, der dynamische Aspekt Gottes, durch den er schafft, erhält und auflöst. Indische Denker bemühen sich in umfangreichen Abhandlungen, mit Tausenden von Allegorien die einschlägigen Theorien bekanntzumachen – oder sie zu verschleiern und damit den Laien vorzuenthalten.

Zur Erläuterung hier ein Beispiel:

Narada, einer der sieben großen Rishis, wird von Neugier geplagt. Wir beten die Götter an, denkt er: Brahma – Vishnu – Shiva, aber wen beten denn nun die Götter an?

Narada ist nichts unmöglich, also befragt er die Götter. Die verhalten sich reserviert und erwidern:

«Großer Weiser, aus welchem Grund mußt du das erfahren? Wir sind deine Götter, und wenn du uns anbetest, werden dir die vortrefflichsten Lebensbedingungen zuteil.

Für dich besteht keinerlei Notwendigkeit, die Gottheit zu kennen, die wir verehren. Im übrigen, o großer Weiser, ist das, was du zu wissen begehrst, die höchste und unbegreiflichste aller Wahrheiten; wie könnten wir dir diese fundamentale Wahrheit darlegen, die unmöglich zu offenbaren ist?»

Narada ist hartnäckig, er schmeichelt, zieht alle Register und erhält schließlich die gewünschte Antwort.

«Die Gottheit, die wir verehren, o Weiser, ist die ewige Wurzel der Materie, die das absolute Sein ist. Das gesamte Universum wurde von dieser großen Göttin erschaffen; durch sie besteht es, durch sie wird es zerstört, und solange die Welt existiert, wird sie durch ihren Zauber beherrscht.

Wisse, o Weiser, daß wir Götter auf Shakti angewiesen sind, daß wir nur durch sie existieren, daß sie der Ursprung aller Erscheinungen ist, daß sie wie zum Spaß alle Formen annimmt.

Durch Shakti ist Brahma Schöpfer, Vishnu Erhalter und Shiva Zerstörer: Sie sind reglos wie Leichen. Aktiv ist nur die Energie (Shakti).»

Die gleiche Erklärung, auf eine knappe Formel gebracht, haben mir Kenner der Vedanta gegeben: «Parabrahman (das absolute Sein im pantheistischen Sinne) ist nichts, Shakti (die Energie) ist alles.»

Es wäre falsch, daraus nun den Schluß zu ziehen, daß es sich bei Shakti-Energie um einen materialistischen wissenschaftlichen Begriff handelt. Das ist keineswegs der Fall. Eher ließe sie sich als mystische Vorstellung einordnen. Da nun das Wesen von Shakti als unergründlich gilt, dürfte es sich wohl erübrigen, weiter darüber zu spekulieren.

Es versteht sich von selbst, daß der Masse der gläubigen Hindus diese Vorstellung von Shakti, der personifizierten Energie, fremd ist. Sie sehen sie als eine mächtige Frauengestalt, die vielfältige Formen annimmt und an die man sich mit Hunderten von verschiedenen Namen wendet.

Im Rahmen der sehr breitgefächerten orthodoxen Entwicklungen des Hinduismus sind die wichtigsten Bewegungen der Gottesverehrung der Vaishnavismus, der Shaivismus und der Shaktismus; daneben gibt es noch die kleine Sekte der Ganapatyas, die Ganesha, Gott der Weisheit und Beseitiger aller Hindernisse, dargestellt mit einem Elefantenkopf und vier Händen, verehren.

Zu den letzten Spuren aus altvedischer Zeit gehört der von den Brahmanen praktizierte Sonnenkult. Bei der Upanayana wird der Sohn eines Brahmanen durch Bekleidung mit der heiligen Schnur endgültig in die Brahmanenkaste aufgenommen. Er legt ein Gelübde ab, Reinheit, Wahrhaftigkeit und Selbstbeherrschung zu üben, und wird in das Gayatri-Mantra eingeweiht, einen der heiligsten Verse des Rigveda. Die Gayatri wendet sich an die Sonne. Es gibt verschiedene Übersetzungen, die heute gebräuchlichste lautet:

«Mögen wir über das leuchtende Licht dessen meditieren, der anbetungswürdig ist und alle Welten geschaffen hat! Möge er unsere Intelligenz ganz auf die Wahrheit lenken!»

Der Ganges wird seit jeher als heiliger Strom von den Hindus verehrt. Wenn es darum geht, seine Bedeutung zu würdigen, geraten auch gebildete Inder ins Schwärmen. In einer solchen Abhandlung, die sich zunächst mit der Rolle befaßt, die der Ganges für die Totenbestattung und für rituelle Waschungen spielt, heißt es dann weiter:

«Es gibt auf der ganzen Welt keinen Fluß mit solch heilkräftigem Wasser, das jede Verunreinigung beseitigt. Was die Fruchtbarmachung des Bodens betrifft, so ist der Ganges unerreicht. Europäischen Chemikern zufolge ist dies das einzige Wasser, das keine Vermehrung gesundheitsschädlicher Bakterien zuläßt.»

Worauf sich die letzte Behauptung gründet, weiß ich zwar nicht, aber jedenfalls ist sie reichlich übertrieben. In Benares, wo die Wasserversorgung aus dem Ganges bezogen wird, erfolgt die Weiterleitung erst nach dem Passieren mehrerer Becken einer großen Kläranlage und nach Desinfektion. Aber die «Gläubigen» lassen es sich trotzdem nicht nehmen, direkt aus dem Fluß zu trinken und in ihm zu baden.

Zu den erwähnten Gottheiten kommen noch zahllose weitere, wobei es sich in Wirklichkeit um dieselben handelt, nur unter verschiedenen Namen. Jeder Gott, jede Göttin werden in fast jedem ihnen geweihten Tempel unter einem speziellen Namen verehrt, was seltsame Folgen hat. So kann es zu erbitterten Auseinandersetzungen kommen, weil keine der streitenden Parteien ahnt, daß es beiden um denselben Gott, nur unter anderem Namen, geht.

Von solchen Querelen bleibt Shakti unangefochten. Niemand macht ihr den Rang streitig, und die Anhänger aller Götter verehren auch sie unter irgendeinem ihrer zahlreichen Namen.

Im Grunde ihres Herzens sind die Hindus eigentlich Shaktas, das heißt, ihre Verehrung gilt Shakti, auch wenn sie dem Vaishnavismus, dem Shaivismus oder irgendeiner kleinen Sekte angehören.

Doch lassen sich weder die Kultrituale noch die gefühlsmäßigen Reaktionen ihrer Anhänger auf einen Nenner bringen. Um beides in sämtlichen Aspekten zu erfassen, müßte man ein dickes Buch schreiben. Ich muß mich also auf eine summarische Darstellung beschränken.

Zu dem eingangs erwähnten philosophisch-wissenschaftlichen Aspekt der Ur-Energie kommen noch andere symbolische mit esoterischer Bedeutung sowie exoterische, für die Allgemeinheit bestimmte.

In den Puranas, den Legenden über die Götter, heißt es, bei einer Gelegenheit sei Shakti ihrem Gemahl Shiva in zehn verschiedenen Gestalten erschienen.

Zuerst kam sie als Kali und wird so beschrieben:

> Ihr Körper war so tiefblau wie die dunkelsten Wolken; sie war nackt und furchterregend. Die lange schwarze Mähne hing ihr bis auf den Rücken; sie trug einen Gürtel aus abgeschlagenen Armen, eine Halskette aus Schädeln, und von ihren vier Armen hielt die untere linke Hand den blutenden Kopf eines Dämons, die obere linke ein Schwert. Mit der oberen rechten Hand machte sie ein Zeichen, das Furchtlosigkeit bedeutet, mit der unteren rechten gewährte sie Wohltaten.
>
> Die dunkelrote Zunge hing ihr aus dem offenen Mund, so daß man die großen, scharfen Zähne sehen konnte. Sie hatte drei Augen; das in der Mitte der Stirn sitzende funkelte und strahlte.

Der zweite Auftritt erfolgte in Gestalt von Tara:

> Dunkelblaue Gesichtsfarbe und entsetzenerregende

Haltung, heraushängende Zunge, das wirre Haar auf dem Scheitel zu einem mit einer Schlange befestigten Knoten zusammengenommen, fünf Mondsicheln bildeten über der Stirn ein Diadem. Sie hatte drei Augen und vier Arme. In ihren vier Händen hielt sie eine Lotosblüte, ein Schwert, einen Dolch und einen Krug Wein. Um die Lenden hatte sie ein Tigerfell gewickelt.

Als dritte erschien Shodashi:

Rote Gesichtsfarbe, drei Augen, ein funkelnder Mond über der Stirn, mit prächtigen Juwelen geschmückt. In den vier Händen hielt sie ein Lasso, einen Stachel, einen Bogen und einen Pfeil. Sie saß auf einem Thron, den Brahma, Vishnu, Rudra, Ishana und Maheshvara auf den Köpfen trugen. Diese Allegorie soll bedeuten, daß Shakti alle Götter beherrscht.

Die vierte war Bhuvaneshvari:

Karmesinroter Teint, prachtvoll gekleidet und geschmückt. In zwei Händen hielt sie das Lasso und den Stachel, die beiden anderen machten segnende Gesten. Drei Augen, über der Stirn ein strahlender Halbmond.

Als fünfte kam Bharavi:

Auf einer Lotosblüte sitzend; rotes Gesicht, reich gekleidet und geschmückt, eine Halskette aus Menschenschädeln, die üblichen drei Augen und ein Halbmond über der Stirn. In zwei Händen hielt sie eine Blumengirlande und ein Buch, mit den beiden anderen machte sie aufmunternde und segnende Gesten.

Und nun erscheint Chinnamasta, die fürchterlichste von allen.

Sie ist mir besonders vertraut, weil mir vor langer Zeit ein hinduistischer Asket ein altes Aquarell von ihr geschenkt hat. Diese Bilder haben Seltenheitswert, und kein indisches Familienoberhaupt würde es wagen, eines bei sich zu Hause aufzubewahren, denn Chinnamasta ist die mystische Göttin, die alles zerstört, was zu dieser Welt gehört. Nur die Sannyasins, die nicht allein unserer Welt, sondern auch allen anderen Welten entsagt haben, eingeschlossen den paradiesischen Gefilden der Götter, hängen manchmal ein Bild von Chinnamasta an die Wand. Das gleiche habe ich mit meinem Aquarell gemacht:

> Chinnamasta wird mal mit scharlachroter, mal mit rötlichgrauer Gesichtsfarbe dargestellt (wie auf meinem Aquarell). Sie ist nackt, schlank und vollendet gewachsen. Um den Hals trägt sie eine Girlande aus menschlichen Schädeln, die bis zu den Knien reicht. Sie hat nur zwei Arme. Mit dem Schwert, das sie noch in der rechten Hand schwingt, hat sie sich den Kopf abgeschlagen, und den hält sie nun an der lang herabhängenden schwarzen Mähne in der Linken. Aus dem Halsstumpf schießen drei Blutstrahlen in hohem Bogen hervor, der eine landet im Mund des Kopfes, den sie in der Hand hat, die beiden anderen trinken zwei weibliche Gottheiten von viel kleinerer Statur als Chinnamasta, die eine schwarz, die andere weiß; sie stehen säbelschwingend zu beiden Seiten.
>
> Die drei Augen der Göttin leuchten jeweils im Schein der Sonne, des Mondes und des Feuers (Agni).
>
> Chinnamasta steht stolz aufgerichtet auf einem den Geschlechtsakt vollziehenden Paar, das sie unter ihren Fü-

ßen zertritt. Das Paar ist in einem dunkelfarbenen Dreieck abgebildet, das sich in der Mitte einer voll entfalteten weißen Lotosblüte befindet und dessen Spitze nach unten gerichtet ist (Hinweis auf den tantrischen Charakter des Symbols).
Neben anderen esoterischen Bedeutungen symbolisiert Chinnamasta den Sieg über die animalischen Instinkte und die Erlösung vom Samsara, dem Kreislauf von Geburt, Tod und Wiedergeburt, die Rückkehr in den Urgrund.

Dhumavati, die siebte Erscheinung:

Fahle Gesichtsfarbe, abscheuliches, dürres Klappergestell. Sie trägt einen Korb, in dem Korn ausgesiebt wird. Ihr Wagen ist mit einem Banner geschmückt, auf das ein Rabe gemalt ist (das Banner des Todesgottes).

Achte Erscheinung, Vagala:

Gelber Teint, gelbe Kleider und goldener Schmuck. Ihre drei Augen funkeln hell; sie trägt einen Halbmond als Diadem. Sie sitzt auf einem goldenen Thron in einem Raum mit goldenen Wänden. Thron und Wände sind mit Edelsteinen besetzt.

Matangi, neunte Erscheinung:

Schwarz, auf einer roten Lotosblüte sitzend, rote Kleider. Sie hat die üblichen drei Augen und vier Arme. In den Händen hält sie ein Lasso, einen Stachel, ein Schwert und einen Schild.

Lakshmi, zehnte Erscheinung:

Sie wird meist als junge, hübsche Frau mit rosigem Teint dargestellt, auf einer roten Lotosblüte sitzend. Sie hat vier Arme; in zwei Händen hält sie Lotosblüten, mit den beiden anderen gibt sie den Gläubigen ermutigende Zeichen und segnet sie. Vier weiße Elefanten heben mit den Rüsseln Gefäße empor, in die Edelsteine eingelassen sind, und übergießen die Göttin mit dem Wasser der Unsterblichkeit.
(In dieser Gestalt ist Shakti die Göttin des Reichtums.)

Ich habe mich so ausführlich über die Ikonographie verbreitet, um eine Vorstellung von den Bildern zu vermitteln, auf die sich die mystischen Meditationen der Shaktas richten.

Von diesen zehn Personifizierungen sind nur zwei Gegenstand eines öffentlichen Kultes: Kali und Lakshmi. Eine weitere Erscheinungsform von Shakti wird als Sarasvati verehrt, Göttin des «Redeflusses», der Beredsamkeit, Gelehrsamkeit und Intuition, des göttlichen Wortes, Schutzgöttin der Künste, insbesondere der Musik. Eine weitere ist Durga, die Kämpferische, Zerstörerin der Dämonen, auf einem Löwen stehend dargestellt.

Die in Legenden berichteten Episoden über Durga und Kali sind nahezu identisch und beziehen sich offensichtlich auf eine einzige symbolische Persönlichkeit. Auch der Kult ihrer Anhänger weist ganz ähnliche Züge auf. Beide erfreuen sich an Schlachtopfern.

Vor den zahlreichen der Kali geweihten Altären in Indien werden täglich Tausende von Ziegen geopfert. Manche Tempel, wie etwa in Kalighat bei Kalkutta, sind wahre Schlachthäuser. Die Ziegen werden von den Anhängern hingeführt und von einem mit dieser Aufgabe betrauten Priester enthauptet. Der Überbringer darf den Tierkörper wieder mitnehmen und das Fleisch zu Hause verzehren. Metzgereien finden sich überall in der Umgebung des Tempels; dort kann man Fleisch von den geopferten Tieren in kleinen Mengen kaufen.

Die Göttin begnügt sich offenbar mit dem Anblick und dem Geruch des geflossenen Blutes.

Die Annahme, daß die Opfer stets vor einem Abbild der Kali stattfinden, ist irrig. In einer Legende wird berichtet, daß Shakti, die Gattin Shivas – in dieser Inkarnation trug sie den Namen Sati –, vor Schmerz über die öffentliche Demütigung ihres Gemahls starb, woraufhin Shiva den Leichnam auf die Schultern nahm und gramgebeugt durch die Welt irrte. Da er mit seinem ziellosen Umherwandern das Universum ins Wanken zu bringen drohte, wollte Vishnu ihn von seiner Bürde befreien, um ihn innerlich wieder zur Ruhe kommen zu lassen. Er folgte Shiva unbemerkt und zerstückelte den Leichnam. Die einzelnen Teile fielen unterwegs an verschiedenen Stellen zu Boden. Daraus entstanden insgesamt zweiundfünfzig Wallfahrtsstätten, die den jeweils dort niedergefallenen Körperteilen Shaktis geweiht sind.

In Kalighat sollen es vier Zehen des rechten Fußes gewesen sein. Eine Nachbildung wird sorgfältig verborgen im Tempel aufbewahrt, ihr widmen die zelebrierenden Brahmanen die Rituale der Gottesverehrung. Selbst den Hindus ist davon wenig bekannt.

Im gleichen Tempel an einer Stele eine weitere Nachbildung, die den Platz der Göttin ersatzweise einnimmt. Es handelt sich um einen Kopf aus Gold, an dem vier ebenfalls goldene Hände befestigt sind. Den Besuchern wird dieser Anblick durch einen Vorhang entzogen.

Auf Kali geht wiederum die geheime Mord- und Raubbande der Thugs zurück. Ihre Mitglieder waren Anhänger der furchterregenden Göttin, sie mordeten ihr zu Ehren, indem sie ihre Opfer erwürgten. Es dauerte Jahrzehnte, bis die Bande um die Mitte des vorigen Jahrhunderts endgültig ausgeschaltet wurde.

Um sie ist eine Legende entstanden, die mir ein Inder erzählt hat. Er war felsenfest davon überzeugt, daß sie hundertprozentig der Wahrheit entsprach:

> Anfangs wurden die Leichen der Opfer nie entdeckt, und so entgingen die Mörder der Strafe. Die Göttin hatte ihnen nachdrücklich eingeschärft, keinesfalls zurückzublicken, wenn sie sich nach dem Verbrechen vom Tatort entfernten.
>
> Doch eines Tages plagte ein Mitglied der Bande die Neugier, er drehte sich um, da er sehen wollte, was mit der Leiche des Opfers geschah. Und er erblickte Kali, die sie verschlang. Sie entschwand unverzüglich und betätigte sich von Stund an nicht mehr als Schutzpatronin. Die Leichen der Ermordeten wurden entdeckt, was auf die Spur der Verbrecher führte und schließlich der Bande ein Ende setzte.

Ähnliches Unwesen wurde in der Sekte der Kapalas getrieben, Anhänger Shivas, die ihn als den Schrecklichen verehrten. Nach Meinung dieser Fanatiker war ihrem Gott ein Menschenschädel als Opfer am meisten willkommen, freilich nicht irgendein beliebiger. Er mußte einem Brahmanen gehören, am liebsten einem bedeutenden Gelehrten oder Heiligen. Häufig waren die Verbrecher selbst Brahmanen.

Zur Zeit von Shankaracharya (788–820), einem der

größten Heiligen und Philosophen Indiens, soll es unter den Marathen eine Brahmanen-Gruppierung gegeben haben, die sogenannten Kanadis; sie pflegten Pilger unter irgendeinem Vorwand auf Abwege zu locken und ihnen dann an einem einsamen Ort den Kopf abzuschlagen. Es heißt, daß Shankaracharya auf seinen Wanderungen einem von ihnen um ein Haar zum Opfer gefallen wäre und nur durch die unverhoffte Ankunft eines seiner Schüler gerettet wurde, der den Kanadi tötete.

Erstaunlicherweise wird Shakti, in der Gestalt von Kali eine blutdürstige Göttin und Anstifterin grausamer Kulthandlungen, von anderen Anhängern als liebevolle Mutter betrachtet und mit einem Gefühlsüberschwang verehrt, wie er bei Krishna üblich ist; der Unterschied besteht darin, daß die Anhänger Krishnas ihn wie einen Geliebten verehren, während sie Kali gegenüber eher Kindesliebe empfinden. Davon abgesehen findet man bei letzteren alle Kultmerkmale der Vaishnavas – Visionen, Exaltationen, Tanzen, Schreie, Tränen etc.

Zahlreiche Geschichten berichten von Visionen. Die folgende wird über den Philosophen Shankaracharya erzählt:

> Eines Tages hatte er sich, von Hitze und Müdigkeit übermannt, auf den Steinplatten eines schmalen Gäßchens ausgestreckt, das in Stufen zum Ganges hinunterführte. Während er erschöpft vor sich hin döste, kam ein junges Mädchen mit einem Krug auf der Schulter vorbei, um darin Wasser aus dem Fluß zu schöpfen. Shankaras ausgestreckte Beine versperrten ihr den Weg, so daß sie stehenblieb. «Bitte, zieht Eure Beine weg», sagte sie, «ich möchte vorbei, und es schickt sich nicht, daß ich über die Beine eines Brahmanen hinwegsteige.» Der

Philosoph entgegnete: «Das macht doch nichts, mir fehlt die Kraft dazu, ich habe keinen Funken Energie mehr.» Da sah Shankara anstelle des jungen Mädchens die Göttin Shakti. Die wandte sich streng an ihn: «Begreifst du, der du dich weigerst, mich zu verehren, daß du ohne mich nichts vermagst?» Und damit verschwand sie. Shankara sprang auf und lief zum nahe gelegenen Annapurna-Tempel, wo er die Göttin anbetete, zur großen Verblüffung der anwesenden Gläubigen, denen die skeptische Einstellung des berühmten Philosophen bekannt war.

Dieses Märchen wurde mir auf den Stufen des Annapurna-Tempels erzählt, und man zeigte mir obendrein auch noch das Gäßchen, wo Shankara sich quer auf der Treppe ausgestreckt hatte, als ihm die Göttin erschien. Der Glaube richtet in schlichten Seelen überall die gleiche Verwirrung an.

Berichte über Visionen von Shakti in einer ihrer Erscheinungsformen gibt es unzählige. In unserer Zeit hat Ramakrishna nicht nur Rambala, wie erwähnt, gesehen, sondern auch Kali, deren Statue im Tempel von Dakshineshvara, seinem Domizil, verehrt wurde.

Nachts hörte er leise Schritte wie die eines jungen Mädchens die Treppe zum oberen Stockwerk des Tempels hinaufsteigen. Er vernahm das Klirren der Reifen an ihren Fesseln, folgte ihr und entdeckte sie auf einem Balkon. «Das lange schwarze Haar flatterte ihr wirr über den Rükken, die dunkle Gestalt zeichnete sich am Nachthimmel ab, sie blickte auf den Ganges, der vor dem Tempel dahinströmte, oder auf die fernen Lichter von Kalkutta.»

Wenn wir nun auf die verborgene Seite des Shakti-Kultes zu sprechen kommen, wie sie in verschiedenen Werken der tantrischen Literatur dargestellt wird, so werden wir sofort in einen fast unentwirrbaren Wust von divergierenden Theorien und Bräuchen verstrickt, unter denen man sich nur schwer zurechtfindet.

Die Anhänger des Geheimkults verwenden eine Klassifizierung, die nichts mit dem herkömmlichen Kastensystem der Hindus zu tun hat, wenngleich sie ihm im öffentlichen Leben Rechnung tragen. Ihre Klassifizierung ist spiritueller Natur und nur an den Merkmalen ausgerichtet, die zur Teilnahme an den Riten und deren Ausübung in den jeweils zugebilligten unterschiedlichen Formen qualifizieren.

Den Tantras zufolge gibt es drei Klassen von Individuen, die verschiedenen Veranlagungen oder Einstellungen entsprechen (Bhava). Die unterste Stufe ist die des Pashu (Tier); dazu gehören Personen von mittelmäßiger Intelligenz und primitiver Triebhaftigkeit. Dennoch kann es sich um einen anständigen, gutmütigen Menschen handeln, einen braven Dummkopf. Die nächsthöhere Stufe bezeichnet man als Virya, was einem «heldenhaften» Charakter entspricht, in dem die Kraft der Energie, gepaart mit größerer Intelligenz, dominiert. Ganz oben rangiert der Divya, der in seiner Wesensart den Göttern vergleichbar ist. Frei von niederen Instinkten, wird er ausschließlich durch seine intellektuellen und spirituellen Fähigkeiten geleitet.

Jede dieser drei Stufen umfaßt zahlreiche Unterabteilungen, die freilich nur unscharf gegeneinander abgegrenzt sind. Selten läßt sich ein Individuum voll und ganz einer Kategorie zuordnen. Fast immer vermischen sich in ihm Elemente der beiden anderen zu ungleichen Teilen.

Nun enthält Pashu denselben Wortstamm wie Pasha, und das bedeutet Schlinge, Fessel. Die Shaktas, die okkulte

Riten praktizieren, bestehen auf dieser Definition, wodurch sie den spirituell Unterlegenen eine Abqualifizierung ersparen.

Die Antwort auf die Frage, was denn dem Pashu diese Fesseln anlegt, offenbart das geistige Lebenselement des Tantrismus. Er wird gefesselt von Mitleid, Unwissenheit, Illusion, Angst, Furcht vor der Meinung anderer, Schamgefühlen, Aversionen, Familienbanden, Vorurteilen hinsichtlich Kasten und althergebrachten Gewohnheiten. Kurz gesagt, gehen die Tantras mit dem Durchschnittsmenschen ins Gericht. Der Tantrismus empfindet Geringschätzung gegenüber dem Konformisten, der sich widerspruchslos den Sitten und Gebräuchen seines sozialen Umfelds anpaßt und ebenso alle daher stammenden Gedanken akzeptiert.

Außerdem werden dem Pashu noch alle möglichen Defizite angekreidet. So zelebriert er den Kult nicht während der Nacht, er ißt kein Fleisch und trinkt keinen Wein. Er befolgt die religiösen Vorschriften der Hindus und hat nur einmal im Monat Geschlechtsverkehr. Lauter Vorwürfe, die zeigen, daß die Shaktas die nicht zu ihrer Kaste Gehörenden größtenteils den Pashus zurechnen.

Der geheime Kult besteht in Übungen, den sogenannten Sadhanas, das heißt «Mittel zur Vollendung». Zwei tantrische Schulen haben sich herausgebildet: einmal der ungeläuterte, gefahrvolle Weg des Vamachara («Linke-Hand-Weg»), der sich ungezügelten Riten und sexuellen Ausschweifungen hingibt; und zum anderen der Dakshinachara («Rechte-Hand-Weg») mit einem läuternden Ritual und strenger spiritueller Disziplin, die absolute Hingabe an die Göttliche Mutter in ihren mannigfachen Formen fordert.

Der Vamachara ist, den Shaktas zufolge, so zu verstehen,

daß hier die Frauen ein Element des Rituals darstellen. Sie begründen das damit, daß *vama* nicht nur links, sondern auch «Frau» bedeutet. Das Hauptritual ist das Panchatattva, gemeinhin «die fünf M» genannt, nach den Anfangsbuchstaben der dafür benötigten fünf Dinge: 1. Madya, Wein; 2. Mansa, Fleisch; 3. Matsya, Fisch; 4. Mudra, geröstetes Getreide und mystische Gesten; 5. Maithuna, Geschlechtsverkehr.

Es läßt sich unschwer vorstellen, daß gegen den letzten Punkt heftigste Bedenken erhoben wurden und man die Shaktas der Unmoral bezichtigte. Diese haben sich zwar vehement dagegen verwahrt, mußten aber einräumen, daß es mitunter zu Verstößen gegen die strikten Regeln gekommen ist.

Im Volksmund heißt es dazu:

«Manche trinken Wein, um das Ritual zu vollziehen; andere vollziehen das Ritual, um Wein zu trinken. Manche praktizieren den Geschlechtsverkehr, um das Ritual zu vollziehen; andere nehmen das Ritual zum Vorwand, um sich der Ausschweifung hinzugeben.»

Zu den Vorschriften ist zunächst zu bemerken, daß es keineswegs allen Anhängern erlaubt ist, die Riten vollständig zu praktizieren. Für den Pashu gelten folgende Ausnahmen: Er darf keine alkoholischen Getränke zu sich nehmen, wie es auch im religiösen Gesetz des Hinduismus verankert ist. Der rituelle Geschlechtsverkehr wird ihm ebenfalls verwehrt, auch wenn er verheiratet ist. Seiner Kastenzugehörigkeit entsprechend hat er den vorgeschriebenen Wein durch Milch, geschmolzene Butter oder Honig zu ersetzen sowie Fleisch und Fisch durch verschiedene Gemüse.

Der Virya ist befugt, das vollständige Ritual zu zelebrieren, mit der Einschränkung, daß er den Geschlechtsverkehr nur mit seiner Ehefrau praktizieren darf. Falls diese jedoch seine spirituelle Entwicklungsstufe (noch) nicht erreicht hat, darf er sich eine andere Partnerin wählen.

Für den Divya, der einen hohen Grad spiritueller Erleuchtung erreicht hat, nehmen die fünf für die Riten benötigten Dinge symbolischen Charakter an, und Maithuna wird zur Vereinigung mit dem Höchsten. Wenn er es indes aus ganz persönlichen Gründen für geboten hält, das Ritual mit einer Frau zu vollziehen, in der er die Göttliche Mutter selbst sieht, wird ihm eine völlig freie Wahl zugestanden, ohne Rücksicht auf soziale Regeln. Mitunter heißt es sogar: «Egal welche, bloß nicht die eigene Ehefrau.»

Das Ritual des Panchatattva – «die fünf M» – wird meist im Chakra, einem Kreis von Gottesverehrern, zelebriert. Die Zusammensetzung variiert; wenn Männer und Frauen in gleicher Anzahl daran teilnehmen, sitzt jeder Mann neben seiner Shakti, die als Stellvertreterin der Göttin fungiert. Bei anderen Versammlungen sind doppelt so viele Frauen anwesend, so daß jeder Shakta rechts und links von einer Shakti flankiert wird. Der zu seiner Rechten gilt die Verehrung, vor ihr werden die Opfergaben aufgestellt und die üblichen Rituale vollzogen. Mit der zu seiner Linken führt er später den Geschlechtsakt aus, nach einer Art von Abendmahl in Gestalt von Wein, geröstetem Korn, Fleisch und Fisch, an dem alle Anwesenden teilnehmen, und nach langem Psalmodieren, was sehr wohl geeignet ist, dem Maithuna auch den letzten Rest von Sinnlichkeit zu nehmen.

Ein Bekannter von mir, ein hochgebildeter Europäer aus der oberen Gesellschaftsschicht, war Shakta. Auf meine Frage, wonach er da suche, gestand er, in dem Ritual eine Art Magie zu sehen, durch die er materielle Vorteile erzielen zu können meinte. Er nahm an mystischen Chakras teil, die von makelloser Lauterkeit waren. Seine Frau, in die er sehr verliebt war, betrachtete er als Verkörperung der Göttin; ehe sie den Geschlechtsakt vollzogen, betete er sie an wie ein Bildnis der Shakti im Tempel, schwenkte Blumen und vielflammige Leuchter vor ihr hin und her, wobei er Hymnen in Sanskrit psalmodierte.

Nachdem er mir das in aller Unbefangenheit mit feierlichem Ernst anvertraut hatte, konnte ich nicht umhin, mich darüber zu wundern, weshalb er nach einem solchen Auftakt nicht lieber auf fleischliche Genüsse verzichtete. Doch er schien sich durch die Zeremonie in keiner Weise gestört zu fühlen. Zu spiritueller Vollkommenheit hat es dieses reizende Ehepaar zwar nicht gebracht, dafür aber zu drei Kindern.

Auch Shri Ramakrishna hatte sich zwölf Jahre lang spirituellen Übungen der verschiedensten Religionssysteme und -richtungen unterzogen, wozu auch der Kult von Krishna und Rama gehörte. Dabei identifizierte er sich schließlich mit dem Affenkönig Hanumat, der Rama entscheidend unterstützt hatte. Zu jener Zeit glichen sich seine Verhaltensweisen immer mehr denen eines Affen an, er bewegte sich in Sprüngen anstatt mit Schritten vorwärts und drapierte sein Lendentuch wie einen Schwanz. Als er seine spirituellen Übungen dem Christentum widmete, hatte er eine Vision – im Garten des Tempels sah er Christus auf sich zukommen.

In diesem Zusammenhang konnte es nicht ausbleiben, daß Ramakrishna auch die Riten des Vamachara praktizierte. Der Überlieferung zufolge soll er an einem Festtag der Göttin seine damals achtzehnjährige Frau Sarada Devi auf den Altar gestellt haben, wo eigentlich ein Bildnis der

Kali hätte Platz finden sollen. Es heißt, daß beide in eine etliche Stunden andauernde Ekstase verfielen, in der sich die Ehegatten spirituell vereinigten. Ein Ziel, das auch die Teilnehmer bestimmter mystischer Chakras anstreben, wovon später noch die Rede sein wird.

Bemerkenswert unter den zahlreichen verschiedenen Chakras ist jenes, bei dem fünzig Männer und ebenso viele Frauen zusammenkommen. Beim Betreten des Raumes entledigt sich jede von ihnen eines Kleidungsstücks und wirft es auf einen Haufen. Die danach erscheinenden Männer greifen sich daraus willkürlich eines, und der Besitzerin des entsprechenden Kleidungsstücks kommt im Laufe des Rituals der weibliche Part zu, bei dem, der es an sich genommen hat.

Bei anderen Zusammenkünften herrscht vollständige Promiskuität, die Anhänger paaren sich nach Belieben. Bei wieder anderen werden der Shakta und seine Shakti zusammengebunden oder gleich sämtliche Teilnehmer der Runde durch eine Schnur verknüpft.

Manche Praktiken des Vamachara erinnern vage an Rituale bei schwarzen Messen in früheren Zeiten. Eine nackte, ausgestreckt daliegende Frau stellt die Göttin dar und nimmt die Anbetung der Gläubigen entgegen; ihr Geschlecht wird als Yantra betrachtet.

Im wörtlichen Sinne bedeutet Yantra «Stütze, Instrument». Im übertragenen Sinne ist es ein mystisches Diagramm, das als Symbol des Göttlichen sowie seiner Kräfte und Aspekte benutzt wird und vor allem im Tantra Anwendung findet als «Stütze» der Meditation.

Die Yantras stellen zudem aus geometrischen Formen aufgebaute Kultbilder dar und sind Vorlagen für «Visualisierungen», bei denen der Meditierende sich Aspekte und

Kräfte des Göttlichen in einer inneren Schau vergegenwärtigt.

Gräßliche magische Praktiken berufen sich ebenfalls auf den Shaktismus, zum Beispiel diese: Der Sadhaka, der Sadhana (Mittel zur Vollendung) übt, streckt sich auf einem Leichnam aus und verharrt dort in Meditation. Schließlich beginnt der Tote zu sprechen, oder man glaubt vielmehr, daß die Göttin durch seinen Mund Orakel verkündet.

Von den Orten, wo der Legende nach die Leichenteile von Sati-Shakti herabgefallen sind, war bereits die Rede. Einer der bedeutendsten befindet sich in Assam bei Gauhati, einer am Brahmaputra gelegenen Stadt, wo das Geschlechtsorgan der Göttin auf dem Boden gelandet sein soll. Dort wurde ein Tempel namens Kamakhya (Kamatcha) errichtet. Ebenso wie in Kalighat wird auch hier in einem geheimen Sanktuarium ein symbolisches Kultbild der weiblichen Geschlechtsorgane (Yoni) von den Shaktas angebetet.

Der Tempel von Kamakhya gilt seit Urzeiten als Zentrum des Okkultismus und der Magie. Den dort als Dienerinnen der Göttin beheimateten Kumaris (Jungfrauen) wurden ähnliche Zauberkräfte zugeschrieben, wie es die Griechen bei Circe taten. Sie übten diese allerdings liebenswürdiger aus, indem sie die Männer nicht in Schweine, sondern in Lämmer verwandelten. Im übrigen handelte es sich keineswegs um eine körperliche, sondern um eine rein geistige Verwandlung, ein Indiz für den Zustand der Unterwerfung, den die Kumaris durch ihre Reize und Zauberkräfte den männlichen Pilgern, die sich in ihre Nähe wagten, aufzwangen. Diese menschlichen «Lämmer» wurden so in quasi glückseliger Versklavung gehalten und kehrten niemals in ihre Heimat zurück.

Was ist von all dem geblieben? Wenig genug, abgesehen

von den herrlichen Landschaften, die den Reisenden verlocken, sich in der Gegend niederzulassen. Die Zahl der Kumaris, die einst in die Hunderte ging, hat sich drastisch verringert. Sie sind inzwischen, unter dem Deckmantel geheimnisvoller Riten, nichts weiter als Prostituierte, genau wie die Devadasis, die man in den Tempeln Südindiens antrifft.

Die Pilger verwandeln sich wohl auch nicht mehr in «Lämmer», ebensowenig wie die Eingesessenen. Kurz vor der Unabhängigkeitserklärung war Assam Schauplatz furchtbarer Massaker, bei denen Tausende von Muslimen durch Hindus hingemetzelt wurden. Kurz darauf bereiteten Muslime in anderen Teilen Indiens den Hindus dasselbe Schicksal.

Die Gepflogenheit der Inder, hochkarätige philosophische Theorien durch reale Gegenstände zu symbolisieren, hat mich mehr als einmal in Verlegenheit gebracht.

Beim Besuch von zwei liebenswürdigen ausländischen Missionarinnen, die eine bereits betagt, die andere jung und beide unverheiratet, entdeckte die jüngere unter den Figuren auf einem Regal einen Linga, ein Phallussymbol. Sie nahm es herunter und fragte mich:

«Was ist denn das?»

«Das kann ich Ihnen wirklich nicht erklären», antwortete ich.

Sie riskierte noch einen raschen Blick und stellte das Ding schleunigst wieder an seinen Platz.

«Ich habe es erraten», verkündete sie mit deutlichem Stolz auf ihren Scharfsinn.

Dem konnte ich nichts hinzufügen. Ich beeilte mich, die Aufmerksamkeit meiner Gäste auf einen Flöte spielenden Krishna zu lenken.

Der Shaktismus mit seinen vielfältigen Aspekten läßt sich in einem kurzen Abriß nicht einmal andeutungsweise darstellen. Um sich wirklich ein Bild machen zu können, muß man die verschiedenen Tantras studieren und sich vor allem durch Gespräche mit Eingeweihten Informationen verschaffen. Viele der in den Schriften der Shaktas erwähnten alten Praktiken sind mittlerweile außer Gebrauch. Eine Untersuchung darüber, was davon sich erhalten hat, erfordert Geduld und gründliche Recherchen in Indien, Nepal und sogar in Tibet, denn manchen einigermaßen glaubwürdig erscheinenden Überlieferungen zufolge hat der Shaktismus gar nicht in Indien seinen Ursprung, sondern wurde aus Zentralasien übernommen.

Fragt man nun in diesem Zusammenhang, ob ich selbst irgendwelche persönlichen Erfahrungen mit den Riten des Panchatattva gesammelt habe, so kann ich das bejahen. Ich habe es stets vorgezogen, mir durch eigene Anschauung Klarheit zu verschaffen und mich nicht auf Lektüre oder Berichte aus zweiter Hand zu verlassen. So konnte ich auch insgesamt dreimal Zeugin des gesamten Rituals werden.

In einem Fall erlebte ich eine Form des Shaktismus, in der die Vereinigung auf geistiger und nicht mehr auf körperlicher Ebene vollzogen wurde. In den beiden anderen konnte ich das Ritual heimlich von einem Versteck aus beobachten, zu dem mir Komplizen verholfen hatten.

Die Begleitumstände einer dieser Erkundungen zählen zu den abenteuerlichsten meines Lebens. In einer stockfinsteren Nacht lag ich, als junger Tibeter verkleidet, in einem Heuboden auf dem Bauch, von wo aus ich die in einem darunter gelegenen Raum versammelten Shaktas beobachten konnte. Sie gehörten durchweg der untersten Schicht an und gaben sich einer wüsten Orgie hin.

Die «mystische Gelegenheit» verdankte ich einem Guru,

einem Anhänger des Shaktismus. Der gute Mann verkannte offenbar die wahren Gründe für mein Interesse an den Lehren, die er mir darlegte. Er vermißte bei mir den objektiven Standpunkt des Orientalisten und glaubte, statt dessen eine starke emotionale Aufnahmebereitschaft zu verspüren. Er erbot sich, mir die Diksha zukommen zu lassen, die Einweihung in das spirituelle Leben, wobei der Schüler vom Guru ein Mantra erhält und in die letzten spirituellen Wahrheiten eingeführt wird. Ich nahm dieses Angebot an.

Einige Monate später forderte mich ein Schüler dieses Gurus zur Teilnahme an einem Panchatattva auf. Es handelte sich bei ihm um einen gebildeten Mann aus guter Familie; bevor ich noch meine Antwort formulieren konnte, nahm er mögliche Einwände vorweg und erklärte, in der Sekte, der er angehöre, werde das Ritual auf rein mystischer Ebene vollzogen, jeder Mann erscheine in Begleitung seiner Ehefrau und einer zweiten Shakti. Mich habe er zu seiner zweiten Shakti erkoren, eine Rolle, die ich leicht ausfüllen könnte. Am festgesetzten Abend fuhren Mr. N., seine Frau und ich im Wagen zum Versammlungsort.

Der Raum, in den man uns führte, wurde von zahlreichen, an den Wänden aufgereihten kleinen Lampen in gedämpftes Licht getaucht. Die Kleidung der anwesenden zehn Männer und zwanzig Frauen ließ ebenso wie die Umgebung, in der wir uns befanden, auf beträchtlichen Wohlstand schließen.

Die Sitzgelegenheiten – kleine, niedrige Bänke, dazwischen jeweils ein höherer Stuhl – waren kreisförmig angeordnet. Die Bänke waren für den Sadhaka und seine Shakti bestimmt, in dem Fall seine Ehefrau, die links von ihm plaziert wurde. Auf den einzelnen Stühlen sollten die Pujya-

Shaktis sitzen, zu denen ich gehörte. Mit etwas Abstand von den übrigen waren eine Bank und ein kleiner Thron für den Vorsitzenden des Chakras und seine beiden Shaktis reserviert.

In dem Raum befand sich kein einziges Götterbild.

Die Teilnehmer begrüßten sich auf indische Art mit zusammengelegten Handflächen und begaben sich dann auf ihre Plätze. Das Ganze ging langsam und still vor sich; der Geruch von Räucherstäbchen vermischte sich mit dem Duft der Blumen auf einem Tisch außerhalb des Kreises.

Auf einem weiteren Tisch inmitten des Kreises war das Yantra aufgezeichnet, in dessen Umrahmung ein kleiner Krug, winzige silberne Schälchen und Miniaturtellerchen, ebenfalls aus Silber, mit den fünf für die Riten benötigten Dingen standen.

Mir war mitgeteilt worden, daß es sich um ein Divya-Chakra (himmlischer Kreis) handle, und ich kannte theoretisch die dafür geltenden Vorschriften. Das fand ich zwar einerseits beruhigend, wußte jedoch andererseits, daß sich aus den ordnungsgemäß durchgeführten verschiedenen Chakras zahlreiche Mischformen sowie individuelle Varianten ergeben hatten, so daß ich unmöglich voraussehen konnte, wie genau das Ritual an diesem Abend praktiziert würde.

Meine gespannte Neugier, in die sich eine bange Vorahnung mischte, versetzte mich während des Wartens in einen Zustand leichter Erregung, und der war keineswegs unangenehm. Durch den von lieblichen Wohlgerüchen erfüllten Raum wehte ein Hauch von Abenteuer, für mich die einzige Existenzberechtigung. Dennoch hatte ich instinktiv eine Tür ausgemacht, durch die ich notfalls entwischen könnte.

Vor dem Platz, den Mr. N. mir zuwies, lagen Blumen

und Opfergaben, umgeben von kleinen Lampen; dieser Lichtrahmen bildete das genaue Gegenstück zum Yantra der Göttin. Das gleiche galt für sämtliche den Pujya-Shaktis zugedachten Sitze. Der Gedanke, wie ein Götterbild über einem solchen Altar zu thronen, reizte mich zum Lachen, das mir allerdings in dieser Atmosphäre tiefernster Religiosität sofort wieder verging.

Alle Sadhakas nebst Shaktis hatten ihre Plätze eingenommen, das Rezitieren von Hymnen und Mantras begann, während der leitende Sadhaka von Zeit zu Zeit um das auf dem Tisch aufgezeichnete Yantra und den Teilnehmerkreis durch Gesten mystische Symbole andeutete. Das anhaltende Geleier, dem das wunderbare Sanskrit Glokkenklang verlieh, wirkte betörend und machte die materielle Welt ringsum vergessen. Die winzigen Flammen der vielen kleinen Lampen blinkten wie Augen von Schattengestalten, heimlichen Beobachtern der reglosen Andächtigen, die irgendwelchen Träumen nachhingen ...

Auch ich war etwas entrückt in nebelhafte Regionen, als mich der Leiter der Riten in die Wirklichkeit zurückholte; er stand auf einmal vor mir und reichte mir ein Schälchen und den winzigen Teller, auf dem drei mutmaßlich eßbare Krümel lagen. Mit einem raschen Blick orientierte ich mich am Verhalten meiner ebenfalls als Shaktis auf Zeit fungierenden Kolleginnen und verzehrte die Speise, ohne einen Fehler zu begehen. Selbst wenn mir wider Erwarten ein Schnitzer unterlaufen wäre, hätten die anderen wahrscheinlich nichts bemerkt, da sie alle mit geschlossenen Augen dasaßen.

Was ich da eigentlich zu mir genommen hatte, könnte ich nicht sagen. Jedenfalls handelte es sich weder um Fleisch noch um Fisch oder Wein. Der Nachgeschmack war süßlich, leicht ölig und erinnerte an indisches Feingebäck.

Der Trank enthielt eine Spur von Alkohol, den paar Tropfen nach zu urteilen etwa wie frisch gepreßter Traubensaft. Alles in allem sehr wohl ein «himmlisches» Chakra, bei dem die materiellen Elemente lediglich symbolischen Wert hatten.

Zweifellos würde dies auch für das fünfte, die Maithuna, gelten. Ich war wieder hellwach und bereit, meinem beruflichen Gewissen zu folgen, das mir befahl, alles genauestens zu registrieren.

Mrs. N. wickelte einen Teil ihres sehr langen und weiten Sari ab. Ihr Mann legte einen Arm um sie, ergriff den losen Stoffrand, um sich und seine eng an ihn gepreßte Frau so darin einzuwickeln, daß sie von Kopf bis Fuß eingehüllt waren. Alle übrigen taten es ihnen gleich. Diese bunten Seidenpakete verharrten in völliger Reglosigkeit. Ich erinnerte mich an die Schriften, die ich gelesen hatte, und begriff, daß die Paare, dicht aneinandergedrängt, in Meditation versunken einer vollständigen spirituellen Vereinigung zustrebten, der Vorstufe zur Vereinigung mit dem Höchsten, mit Shakti, der Göttlichen Mutter, der personifizierten Ur-Energie, der Kraft Brahmans, des ewigen, unvergänglichen Absoluten.

Dieser Vorgang schien bei dem hier praktizierten Chakra den Höhepunkt zu bilden. Dabei kamen mir allerdings Berichte über Shaktas oder Yogis in den Sinn, die anderen Sekten angehören und unter Vermeidung des normalen Geschlechtsverkehrs physisch den gleichen Erregungszustand dadurch erreichen, daß sie ihre Partnerin einfach umschlungen halten. Ziel dieser in Tibet gängigen Praxis ist es, die ausgelöste Energie so umzulenken, daß mit ihrer Hilfe geistige oder spirituelle Fähigkeiten aktiviert werden.

Ich hätte brennend gern gewußt, wie es um die unter

schimmernden Stoffbergen verborgenen Paare stand, enthielt mich aber wohlweislich jeder Nachfrage und blieb brav vor den Opfergaben, Blumen und Lampen zu meinen Füßen sitzen. Die anderen Pujya-Shaktis verharrten ebenfalls reglos. Das Bild, das diese merkwürdige Versammlung bot, war nur in Indien denkbar, ich könnte es mir zumindest nirgendwo sonst vorstellen.

Es dauerte geraume Zeit, bis die «Pakete» wieder zum Leben erwachten; Männer und Frauen krochen wie Puppen aus ihrem Kokon.

Man hatte mir erklärt: «Nach dem Aufstieg zur Wahrnehmung des absoluten Seins (das Eine ohne ein Zweites) heißt es, in die Erscheinungswelt zurückkehren, ohne Zweifel eine Scheinwelt, doch für uns, die wir hineingehören, auf gewisse Art real. In dieser Welt existieren die Götter, und der ihnen gewidmete Kult hat seine Existenzberechtigung.» Die aus ihrer transzendenten Ekstase erwachten Sadhakas wandten sich nun der Anbetung der Göttlichen Mutter zu. In diesem Fall also den Pujya-Shaktis – und damit auch mir.

Die anmutige Zeremonie des Arati, jenes abendlichen Gottesdienstes, den ich so oft beobachtet hatte, galt diesmal mir. Der zelebrierende Sadhaka schwenkte abwechselnd vor mir Blumen, Räucherstäbchen und den Leuchter mit den vielen kleinen Flammen, beschrieb dabei in Höhe meines Gesichts eine überaus lange Ellipse. Glocken erklangen. Hatte ich nun tatsächlich im Olymp der Hindus Platz genommen? Ein leicht berauschendes Gefühl ...

Doch es erging mir genauso wie den Sadhakas, nachdem sie die Höhen ihrer mystischen Vereinigung mit der Göttlichen Mutter verlassen hatten: Auch ich fand mich, klein und unbedeutend, in den Niederungen wieder, sobald ich meinen Sitz als Göttin auf Zeit geräumt hatte.

Mr. und Mrs. N. begleiteten mich schweigend nach Hause. Sie saßen so in sich versunken im Wagen, daß ich es nicht wagte, das Wort an sie zu richten, und mich stumm, auf indische Art, die Handflächen aneinandergelegt, von ihnen verabschiedete.

Geraume Zeit verstrich. Ich widmete mich nicht ausschließlich meiner Untersuchung des Shaktismus und seiner Riten, sondern auch einer Reihe von anderen interessanten Themen.

Da ergab sich rein zufällig eine weitere Gelegenheit, mein Wissen zu vertiefen. Eine hinduistische Inderin, die sich über die Kastenregeln hinweggesetzt und einen Parsen geehelicht hatte, stellte mir ihren jüngeren Bruder vor, der eine Europareise plante. Zuerst wollte er sich in England aufhalten, danach Paris und verschiedene andere Metropolen besuchen. Er fragte mich, ob ich ihm Empfehlungsschreiben an einige meiner europäischen Freunde mitgeben könne, was ich gern versprach und wodurch sich die Beziehungen zu seiner Schwester noch freundschaftlicher gestalteten. Die Abreise des jungen Mannes sollte erst in ein paar Monaten stattfinden; in der Zwischenzeit traf ich ihn häufig bei seiner Schwester und benutzte dies wie üblich dazu, mich mit ihm über das soziale Leben und die religiösen Praktiken Indiens zu unterhalten. So kam ich eines Tages auch auf den Shaktismus zu sprechen und die dazugehörigen Riten, darunter das verrufene Panchatattva.

«Mir ist irgendwo etwas zu Ohren gekommen von Leuten, die diese Art von nächtlichem Kult zelebrieren sollen», erklärte er.

«Kennen Sie diese Leute?» erkundigte ich mich.

«Keineswegs. Ich kenne nur ihren Gärtner. Der gute

Mann hat irgendwoher erfahren, daß ich mich in Bombay einschiffe, und mich gebeten, ihn dorthin mitzunehmen. Als Gegenleistung bot er mir seine Dienste als Boy während der Fahrt und für die Dauer meines Aufenthaltes in Bombay an. Er stammt aus der Gegend, seine Frau ist mit den Kindern dort geblieben. Er leidet unter der Trennung und möchte sie wiedersehen. Ein Gärtner als Boy – eine groteske Vorstellung!»

Er brach in Gelächter aus und fuhr dann fort:

«Und trotzdem bezahl ich ihm die Reise.»

«Damit tun Sie ein gutes Werk», entgegnete ich. «Aber was hat die Geschichte des Gärtners mit den Leuten zu schaffen, die bei Nacht Shakti anbeten?»

«Wie ich Ihnen sagte, behauptet das der Gärtner. Mehr weiß ich nicht darüber. Möchten Sie ihn sehen? Ich werde ihm mitteilen, daß davon seine Gratisreise abhängt.»

Und er lachte von neuem.

Der Gärtner bestätigte mir, daß seine Arbeitgeber in bestimmten mondlosen Nächten tatsächlich die Göttliche Mutter anbeteten. Er gehörte einer Vaishnavimus-Sekte an und verurteilte aufs schärfste, daß während des Kultes, den seine Herrschaft mit den Gästen in einem abgelegenen Gartenpavillon zelebrierte, eine Ziege geopfert wurde.

Mein Informant hatte ja nichts zu verlieren, da er seine Stellung sowieso aufgeben wollte, dafür aber alles zu gewinnen – die kostenlose Heimkehr zu seiner Familie. Ich versprach ihm überdies noch eine kleine Summe, wenn er mich nachts in den Garten führte, selbstverständlich an einen Platz, von dem aus ich in den Pavillon blicken konnte.

Obwohl es in manchen tantrischen Schriften hieß, heutzutage müsse das Panchatattva öffentlich zelebriert werden, wußte ich, daß genau das Gegenteil der Fall war und ich keine Einladung zur Teilnahme an diesem speziellen Ritual erhoffen durfte, zu dem ein Blutopfer und wahrscheinlich Maithuna, also der real vollzogene Geschlechtsverkehr, gehörten.

Der Gärtner beteuerte, es sei ihm ein leichtes, mich nachts durch den neben seiner Hütte gelegenen Lieferanteneingang hereinzulassen.

Der Pavillon, in dem sich die Shaktas versammelten, bestand aus einem mit einer Terrasse überdachten Erdgeschoß, eingefaßt von einer Veranda. Er besaß nur einen einzigen, sehr großen Raum, von dem an allen vier Seiten die üblichen Pendeltüren auf die Veranda hinausgingen. Wie das häufig der Fall ist, reichten sie nicht bis an die Decke; diesen Zwischenraum ließ man zur Erleichterung der Ventilation frei. In einer Ecke der Veranda führte eine Treppe auf die Terrasse. Wenn ich mich dort postierte, müßte ich durch die Lücke alles sehen können, was sich im Innern des Pavillons abspielte. Ich war da nicht so sicher wie der Gärtner, da es ja auf den Abstand zwischen Treppe und Tür ankam, wollte jedoch mein Glück versuchen.

Etwa drei Wochen später erhielt ich die Mitteilung, daß die für den Puja erforderlichen Vorbereitungen getroffen würden, daß man auch eine Ziege gekauft und in einem Winkel des Gartens angepflockt habe.

Am angegebenen Tag legte ich einen dunkelblauen Sari an, wie ihn Frauen der unteren Kaste zu tragen pflegen. So konnte man mich von weitem für die Frau eines der Diener halten, die hinten im Garten wohnten. Zudem fand das Ganze bei Nacht statt, und der Gärtner hatte mir versichert, daß die Teilnehmer für die Dauer des Rituals eingeschlossen blieben. Die Örtlichkeit erwies sich als durchaus geeignet für mein Vorhaben; die Treppe war nicht allzuweit von den Türen entfernt, und ich konnte von meinem

Platz aus zwar nicht den ganzen Saal überblicken, aber zum Glück die Stelle am Fußboden ausmachen, an der sich das Yantra befand.

Mir schienen die Umrisse in Erdreich gezogen zu sein, das man offenbar in dem Rahmen aufgeschüttet hatte. Aus der Entfernung konnte ich die Details nicht genau unterscheiden, doch immerhin die Teller erkennen mit den zu Kügelchen gerollten eßbaren Dingen, freilich in wesentlich größeren Mengen als bei dem zuvor geschilderten Divya-Chakra. Der Weinkrug hatte ebenfalls einen beachtlichen Umfang. Nach dem Fassungsvermögen der Schalen zu schließen, war er randvoll.

Eine kontinuierliche Abfolge von Riten begann: An verschiedenen Stellen wurden Trankopfer über dem Yantra und daneben dargebracht, mystische Gesten – Mudras – mit Händen und Fingern angedeutet, Mantras rezitiert.

Müdigkeit übermannte mich. Die unbequeme Position auf den Treppenstufen, der angespannt zur nächstgelegenen Öffnung ausgestreckte Kopf wurden mir lästig.

In der pechschwarzen Nacht strichen Rudel von Schakalen umher und lieferten mit ihrem Heulen eine makabre Untermalung zu dem Geleier der im Pavillon eingeschlossenen Sadhakas. Die Zeit wurde mir lang, meine Neugier erlahmte.

Unter den Ausübenden entstand plötzlich Bewegung. Das Opfertier wurde geholt – ein jämmerlich meckerndes Zicklein. Der zelebrierende Sadhaka übergoß es mit dem Opfertrank und murmelte ihm ein Mantra ins Ohr. Dann trennte er ihm mit einem einzigen Schnitt, zu dem er das rituelle Messer mit der gebogenen Klinge benutzte, den Kopf ab und legte ihn blutend auf das Yantra, zwischen die Hörner wurde eine kleine Lampe gestellt. Ein jammervolles Schauspiel.

Die Sprechgesänge begannen von neuem, darauf folgte das Mahl, das mir recht reichlich vorkam, vor allem was den Flüssigkeitskonsum betraf. Jeder Bissen wurde mit einem kräftigen Schluck heruntergespült. Dennoch machten sich bei keinem der Teilnehmer, soweit ich es in meinem eingeschränkten Blickfeld beobachten konnte, irgendwelche Anzeichen von Trunkenheit bemerkbar.

Es verstrich noch ein geraume Zeit, ehe jeder der Männer seine Shakti an sich zog. In dieser Versammlung entdeckte ich keine Pujya-Shakti, die als Stellvertreterin fungierte. Alle hatten nur eine Begleiterin, ihre Ehefrau oder eine andere Gefährtin.

Der rituelle Geschlechtsverkehr – Maithuna – wurde mit vollendeter Zurückhaltung vollzogen. Die Vorstellungen über Schicklichkeit und Diskretion unterscheiden sich im Orient wesentlich von den unseren, die Intimsphäre ist tabu. Hier ging es um eine religiöse Handlung, frei von Lüsternheit.

8 Gurus – Lehrer, spirituelle Meister, Verwandlungskünstler

Bis heute hat die Götterwelt, samt allen dazugehörigen abergläubischen Vorstellungen und Praktiken, im Leben der Inder einen bedeutenden Platz inne, doch einen zumindest gleichrangigen nimmt der Guru ein.

Spiritueller Meister – so lautet die gängigste Beschreibung seiner Funktion, doch daneben erfüllt er noch eine Reihe von anderen. Der Guru ist ein Verwandlungskünstler, dem man in vielfältigen Rollen, mit den verschiedensten Arbeiten befaßt, begegnet.

Das Spektrum reicht vom Brahmanen, Inhaber eines erblichen und bezahlten Amtes als Ratgeber und Priester in einer oder mehreren Familien, bis zu den Lehrern, die ausgewählte Schüler in den Praktiken der verschiedenen Yoga-Wege unterweisen oder ihnen den tiefen Sinn indischer Philosophien erläutern. Ferner gehören dazu die Erzieher, Soziologen und Politiker wie Raja Rammohan Roy, Kesbab Chandra Sen, Rabindranath Tagore und Gandhi.

Im Sanskrit beinhaltet der Begriff Guru etwas «Herausragendes», im Sinne von verehrungswürdig, mächtig, wird aber, wie gesagt, vor allem auf einen spirituellen Meister angewendet. Tatsächlich sollte er den Brahmanen bezeichnen, der einen jungen Mann aus einer der drei oberen Kasten einweiht, ihm das heilige Mantra (Gayatri) nahebringt und ihn mit der heiligen Schnur bekleidet. Einst bildete diese Zeremonie den Auftakt zur ersten der vier Lebensstufen der sogenannten Brahmacharya: der Lehrzeit. Während dieser wohnte der junge Mensch – der Brahmachari – bei seinem Guru, diente ihm und wurde von ihm unterwiesen. Er lernte die heiligen Schriften kennen, die Veden, und ebenso die Auslegung, die der Guru ihnen gab, entsprechend der philosophischen Schule, der er angehörte. Damals widmete der junge Mann, vor allem wenn er aus der Brahmanenkaste stammte, zehn, fünfzehn oder sogar zwanzig Jahre seines Lebens dieser Lehrzeit. Das hat sich inzwischen natürlich grundlegend geändert. Söhne wohlhabender Eltern werden aufs College geschickt, die aus unbemittelten Familien stammenden beginnen eine Lehre. Jeder junge Inder verfolgt heutzutage das Ziel, sich nach der Ausbildung seinen Lebensunterhalt zu verdienen.

Die Zeremonie der Upanayana findet freilich nach wie vor statt, beschränkt sich jedoch im allgemeinen auf ein Familienfest, an dem Freunde und Bekannte teilnehmen, ähnlich wie bei einer Kommunion oder Konfirmation.

Upanayana bedeutet wörtlich «Weihe, Aufnahme», wobei der junge Mann ein Gelübde ablegt, Reinheit, Wahrhaftigkeit und Selbstbeherrschung zu üben. Danach ist es ihm gestattet, die rituelle Gottesanbetung (Puja) zu praktizieren. Die Angehörigen der drei oberen Klassen werden auch Dvija (zweifach Geborene) genannt.

In welchem Alter die Zeremonie der Einweihung stattfindet, hängt von der Kastenzugehörigkeit ab: für den jungen Brahmanen gelten sieben bis acht Jahre, für einen Kshatriya elf und für einen Vaishya zwölf. Als angemessener Zeitpunkt ist für die Brahmanen das Frühjahr, für die Kshatriyas der Sommer und für die Vaishyas der Herbst bestimmt, doch an diese Regel hält man sich kaum noch.

Früher mußte ein Junge zur Einweihung einen Umhang tragen, einen Gürtel haben und in der Hand einen Stock halten. Bei Brahmanen war der Umhang aus schwarzem Antilopenleder, bei Kshatriyas aus Reh- und bei Vaishyas aus Ziegenleder. Der Gürtel der Brahmanen war aus Gräsern geflochten, der eines Kshatriya aus Darmsaiten und der eines Vaishya aus Wolle. Dem Brahmanen reichte der Stock bis zum Haaransatz, dem Kshatriya bis an die Stirn und dem Vaishya bis an die Nase. Die jeweils benutzten Holzarten waren ebenfalls unterschiedlich. All diese Vorschriften sind fast völlig in Vergessenheit geraten. In manchen Familien wird der junge Mann in orangegelbe Stoffe gekleidet, die Farbe der Sannyasin.

Unter welchen Aspekten sich in früheren Zeiten die spirituelle Entwicklung des jungen Menschen nach seiner Einweihung vollzog und inwieweit dies im Verhalten der heutigen Gurus Spuren hinterlassen hat, bleibt noch zu erörtern. Zunächst geht es um jene Sorte Guru, die als Familienerbe bei orthodoxen Hindus grassiert und die von vielen als wahre Plage betrachtet wird, ohne daß sie den Mut aufbringen, sich ihrer zu entledigen.

Dieser Guru – stets ein Brahmane – führt den Vorsitz bei allen familiären Ereignissen: Geburt, Einweihung, Eheschließung, Tod; er zelebriert die jeweils vorgeschriebenen Riten und verleiht ihnen dadurch die religiöse Note. In den meisten Fällen haben schon der Vater des derzeitigen Gurus und davor der Großvater und vor diesem der Urgroßvater bei den Vorfahren der Familie die gleiche Funktion innegehabt; ebenso werden sein Sohn und seine Enkel den Nachkommen als Gurus erhalten bleiben. So gibt es unter den Hindus Familien, die seit langer Zeit an eine bestimmte Guru-Familie gebunden sind. Es besteht zwar die Möglichkeit, diese Bindung zu lösen, den Guru zu entlassen und sich einen anderen zu suchen, doch das gilt als eine Art Sünde, die verhängnisvolle Folgen nach sich ziehen kann. Die meisten Familienoberhäupter finden sich also damit ab, die Raffgier ihres bezahlten Brahmanen hinnehmen zu müssen, beklagen sich dann allerdings ungeniert hinter seinem Rücken darüber.

Früher maßten sich diese Gurus Sonderrechte über die Familien an, denen sie eigentlich als spirituelle Führer dienen sollten. Eins davon erinnert an das *ius primae noctis* aus der Zeit des Feudalismus. Der Guru hatte das Recht und sogar die Pflicht, unmittelbar nach der Trauungszeremonie als erster mit der Braut zu koitieren. Zu diesem Zweck wurde eine Ecke des Festsaales oder ein angrenzender Raum durch Vorhänge abgeteilt. Zu einem bestimmten Zeitpunkt trat die Braut, meist ein kleines Mädchen zwischen acht und elf, hinter den Vorhang und fand dort den Guru vor. Die vorgeschriebenen Worte lauteten: «Ich bin Radha, du bist Krishna.» Daraufhin nahm der Guru sie in Besitz, waltete seines Amtes und gab danach den Musikanten ein Zeichen, damit sie lautstark zu spielen begännen.

Ob dieser Brauch gänzlich abgeschafft ist oder ob er nicht hin und wieder doch noch praktiziert wird, vermag niemand mit Sicherheit zu sagen. Den folgenden Bericht verdanke ich einem Augenzeugen; er bezieht sich auf eine Begebenheit, die sich immerhin in der ersten Hälfte dieses Jahrhunderts abgespielt hat.

Es handelte sich um die Hochzeit eines Studenten, der den progressiven Intellektuellen zuzurechnen war. Die Braut hingegen war die Tochter reaktionärer, ultraorthodoxer Hindus. Nach alter Sitte hatte der junge Mann sie noch nie zu Gesicht bekommen, da die Ehe von den beiden Familien arrangiert worden war.

Der Bräutigam akzeptierte es, sich den alten Bräuchen

zu unterwerfen, doch nur bis zu einem bestimmten Punkt: Er duldete nicht, daß der Guru, ein Mann in reiferen Jahren, das Mädchen, das er zu heiraten gedachte, vor ihm in die Geheimnisse des Ehelebens einweihte.

Seine Proteste stießen auf taube Ohren, das jahrhundertealte Ritual sollte vollzogen werden. Er war wütend, weil er gegen diese Sturheit nichts ausrichten konnte, und andererseits fest entschlossen, die Durchführung zu verhindern. Er ließ sich einen originellen Ausweg einfallen. Im Einverständnis mit ein paar Freunden schmuggelte er einen massiven Knüppel in den Saal, in dem die Trauung stattfinden sollte. Als dann die Braut nach der Zeremonie hinter den Vorhängen verschwand und die traditionellen Worte stammelte: «Ich bin Radha, du bist Krishna», stürzte der junge Ehemann hinterher, packte den Guru, als er Hand an sie legen wollte, und verabfolgte ihm eine gehörige Tracht Prügel, bevor die verblüfften Anwesenden eingreifen konnten.

Danach wandte er sich an die Musiker und rief ihnen zu: «Jetzt könnt ihr loslegen! Musik!»

Diese Ausnahme bestätigt die Regel, und die lautet: Was immer der Guru tut, der Schüler hat zu glauben, daß ihn ausgezeichnete Gründe dazu veranlaßt haben und daß selbst seine offenbar schmählichsten Handlungen – sogar Trunksucht und Ausschweifung – seinen makellosen Charakter nicht im mindesten besudeln und den Schüler nicht davon entbinden können, seinem Guru die aufrichtige Verehrung zu zollen, die er ihm schuldet.

«Der Guru ist Brahman, der Guru ist Shiva, der Guru ist Herr des Universums (Ishvara). Der Guru ist selbst das höchste Brahman (Parabrahman). Gegrüßt sei der Herr und Meister», heißt es in einer Lobeshymne auf den Guru.

Aufschlußreicher als diese tradierten Vorstellungen

dürfte sein, wie sich ein Zeitgenosse zum Thema Guru äußert, ein westlich erzogener und in New York lebender Inder, wo er die von Vivekananda vertretene Linie der Vedanta-Philosophie lehrt.

In der Einleitung zu seiner Übersetzung von Shankaras Werk *Atmabodha* («Erkenntnis des Selbst») schreibt Swami Nikhilananda:

«Die hinduistische Tradition stützt sich im wesentlichen auf die Ansicht, daß Erkenntnisse spiritueller Natur, um sich effizient zu entfalten, von einem lebenden Menschen dem anderen lebenden Menschen vermittelt werden sollten. Bücher können Informationen liefern, nicht aber Inspiration bringen. Religion wird nicht vermittelt, sondern einfach, zu intellektuellen Predigten reduziert, verkündet. Die alte Weisheit Indiens ist durch eine kontinuierliche Reihe religiöser Meister zu uns gelangt.»

Andere gehen noch weiter und behaupten, daß alles, was man sich selbst an Religionsphilosophie beibringen kann, «gestohlenes Wissen» sei und daß der «Dieb» sich eines Verbrechens schuldig gemacht habe, für das er bestraft werde.

Aus dem, was ich selbst im modernen Indien feststellen konnte, und aus den Geschichten über die Gurus früherer Jahrhunderte schließe ich, daß die Inder von jeher mit dem verehrungswürdigen Titel Guru verschwenderisch umgegangen sind und ihn wahllos verliehen haben an höchst achtbare Intellektuelle, an halluzinierende Frömmler und an schamlose Betrüger der übelsten Sorte.

Einen Meister zu verehren oder sich als Meister verehren zu lassen, scheint den Indern ein angeborenes Bedürfnis zu sein, und sie haben eine geradezu unglaubliche Fähigkeit, sich über den Charakter und die Verdienste ihrer erkorenen spirituellen Führer Illusionen zu machen. Das gleiche gilt selbstverständlich auch für westliche Länder, aber von denen ist hier ja nicht die Rede. So blind, wie es einem Fremden vorkommen mag, sind die Inder freilich nicht, sie haben vielmehr über den Wert und die Wirkungskraft der Objekte ihrer Verehrung recht spitzfindige Theorien aufgestellt.

Der eigentliche Wert des Gurus, den man verehrt, ist nicht so wichtig, sagen sie. Ebensowenig der des Gottes, den man anbetet. Der Guru kann ein vulgärer Mensch sein oder vom Standpunkt der geltenden Moral aus sogar verwerflich leben. Was nun den Gott betrifft, so sind die ihm zugeschriebenen Taten nicht wichtig, es kommt nicht einmal darauf an, ob er existiert oder nicht existiert. Was zählt, sind die Gefühle, die der Guru oder der Gott in uns erwecken. Beide fungieren als Stimulans und setzen in uns schlummernde Energien frei.

Daher ist es ratsam, das Verhalten seines Gurus nicht unter die Lupe zu nehmen, das Ausmaß seiner Gelehrsamkeit oder seiner Intelligenz nicht zu untersuchen, da ja im Grunde der vom Schüler erstrebte Gewinn nicht unbedingt von ihm abhängt, sondern vielmehr das Ergebnis von dessen eigenen Gefühlen ist.

Diese Theorie enthält unbestreitbar einen wahren Kern, sie basiert auf psychologisch richtigen Beobachtungen, indessen neigen die Inder leider dazu, ihr keine vernünftigen Grenzen zu setzen. Ich habe eine beträchtliche Anzahl von intelligenten, gebildeten Männern erlebt, die sich freiwillig zu unterwürfigen Schülern von vulgären Individuen oder sogar von unverhohlenen Scharlatanen degradierten.

Ich muß gestehen, daß ich mich durch meinen Hang zu Frotzeleien mitunter zu etwas boshaften Scherzen über bestimmte Gurus hinreißen ließ. Zum Beispiel habe ich mir die folgende Begebenheit vorzuwerfen:

Ein europäisch gebildeter indischer Rechtsanwalt hatte mir gegenüber die hohen geistigen Fähigkeiten und die tiefgründige Weisheit seines Gurus vehement gepriesen. Bei seiner Intelligenz und Bildung hatte ich angenommen, daß der von ihm zum spirituellen Führer Erkorene seine Meriten haben mußte. Und so folgte ich bereitwillig der Einladung zu einem Gespräch mit diesem hervorragenden Mann.

Ich fand ihn in einem hübsch inmitten eines Gartens gelegenen kleinen Pavillon. Der Guru, ein Mann in reiferen Jahren, gab sich als Dichter zu erkennen. Er las mir eigene Verse über ein ziemlich abgedroschenes Thema vor, nämlich den Tod, der uns alle erwartet. An diesen Versen war nichts bemerkenswert, aber ihr Verfasser bekundete klar und deutlich, daß er sie erhaben finde. Er bemühte sich, mir ihren Sinn zu erläutern, der auf der Hand lag: Wir müssen alle sterben und dürfen uns dieser Wahrheit nicht verschließen.

Als er merkte, daß sich meine Bewunderung trotz der Komplimente, die ich ihm machte, in Grenzen hielt, er also als Dichter Schiffbruch erlitten hatte, versuchte er, seine kontemplative Spannweite zu demonstrieren.

Samadhi, ein Bewußtseinszustand, der über Wachen, Träumen und Tiefschlaf hinausgeht und in dem das Denken aufhört, wird von den Indern als Zeichen für einen hohen Grad an spiritueller Perfektion gewertet. Das stimmt, aber Samadhi kann auch durch keineswegs spirituelle Vorgänge ausgelöst werden. Die sichtbarsten äußeren Anzeichen für diesen Zustand geistiger Konzentration sind völlige Unbeweglichkeit, deutliche Verringerung der Atemtätigkeit und des Herzschlags.

Nun sitzt der Guru reglos da, gerade aufgerichteter Oberkörper, starre Augen unter halbgeschlossenen Lidern. So verharrt er, einer Statue gleich. Ich errate, daß er auf den Augenblick wartet, in dem ich mich ihm zu Füßen werfe, um ihm zu huldigen, oder schweigend den Raum verlasse.

Wir sind nicht allein, sondern zusammen mit drei Schülern des «heiligen Mannes».

Auch ich bewege mich nicht mehr: Meine Augen blikken starr, ohne das geringste Lidflattern, ich atme langsam, flach, unmerklich. Boshaft, wie ich bin, sagt meine innere Stimme: «Nur zu, Freundchen, du wirst als erster schlappmachen!»

Die Zeit vergeht. Die Schüler sind einigermaßen perplex. Es dunkelt. Der Guru verzichtet schließlich darauf, weiterhin den steinernen Gast zu spielen, vielleicht ist es auch Essenszeit für ihn. Er streckt sich, steht auf und entschwindet. Ich rühre mich immer noch nicht. Eine gute halbe Stunde später strecke auch ich mich, schaue mich um und stehe auf.

«Unser Guru hat Sie in einen Zustand von Samadhi versetzt, während er sich selbst darin befand», teilen mir die Schüler mit.

Der Glaube, daß ein Meister bei den während seiner Versenkung Anwesenden einen völlig absorbierten Bewußtseinszustand herbeiführen kann – absichtlich oder nicht –, ist in Indien weit verbreitet. Er basiert auf wahren und einwandfrei festgestellten Tatsachen, aber so war es in meinem Fall nicht; doch ich hütete mich wohlweislich zu gestehen, daß ich den Guru hinters Licht führen wollte wegen seiner mir zu dick aufgetragenen Effekthascherei. Ich glaube übrigens, daß er auf meine kleine Komödie ebensowenig hereingefallen ist wie ich auf seine.

Bei meinen Erkundigungen erfuhr ich, daß dieser Guru als grundehrlich und in jeder Hinsicht rechtschaffen galt.

Man konnte ihm seine kleinen Eitelkeiten nachsehen und ihn respektieren, aber brauchte ihn deswegen noch lange nicht zu seinem spirituellen Führer zu machen, wie ich fand.

Dieser Guru-Dichter war ein Laie; Sadhus und Sannyasin sind zwar als spirituelle Meister mehr gefragt, aber daneben gibt es auch eine große Anzahl von Laien, denen es keineswegs an Schülern fehlt. Manche von ihnen sind bemerkenswerte Persönlichkeiten, andere von entwaffnender Komik, wofür eine kleine Szene, die ich in Kalkutta erlebte, ein anschauliches Beispiel liefert.

Ich wohnte bei indischen Freunden und beobachtete eines Abends durch das Fenster im Schuppen gegenüber zwei Individuen, die im Schneidersitz auf dem Boden hockten und einander fixierten. Der eine war nur mit einem Kneifer bekleidet und der andere im Adamskostüm.

Der mit dem Kneifer war der Guru, der seinem aufmerksamen Schüler die im Hatha-Yoga praktizierten Atemübungen beibrachte. Ich sah, wie er sich abwechselnd mal das eine, dann das andere Nasenloch zuhielt, heftig oder langsam ausatmete, dann den Atem anhielt und dabei selbstgefällig mit dem Finger auf die durch die Anstrengung angeschwollenen Adern an Hals und Schläfen zeigte.

Nach etlichen akrobatischen Verrenkungen gingen Meister und Schüler in die Hocke, wobei sie nur noch auf den Zehen balancierten, und begannen zu hüpfen, indem sie sich mit den Fersen in den Hintern traten. Der Guru hatte den Kneifer abgenommen und benutzte ihn jetzt als Taktstock, um seinen Schüler anzufeuern.

Die Szene wurde durch eine in den Boden gesteckte Kerze beleuchtet. Die Lektion dauerte so lange, bis sie heruntergebrannt war.

Einige Tage später sah ich aus dem Haus gegenüber einen Inder in korrekter europäischer Kleidung herauskommen. Mein Blick fiel auf den Kneifer, und ich erkannte den nackten Guru wieder. Was für einen Beruf mochte er wohl ausüben, wenn er angezogen war? Meine Nachforschungen ergaben, daß er als Verkäufer in einem großen Modegeschäft arbeitete.

Bei anderer Gelegenheit hörte ich von einem Guru, den seine zahlreichen Schüler besonders schätzten. Diesmal wurde ich sofort über seinen bürgerlichen Beruf informiert. Er war Bankangestellter, aber Brahmane. Zu der Zeit fand gerade das jährliche Anbetungsfest für die Göttin Durga statt, das Durga-Puja, und der Guru lud mich zu sich ein, um an der Zeremonie des Prana-Pratishta teilzunehmen.

Etwa fünfzig Personen waren vor dem Altar versammelt, den man im Garten des Anwesens errichtet hatte. Als Brahmane hielt der Guru selbst den Gottesdienst ab. Man machte mich darauf aufmerksam, daß er die Platzverteilung strikt nach Kastenzugehörigkeit vorgenommen und den Brahmanen unter seinen Schülern die ersten Reihen neben dem Altar zugewiesen hatte. Ich war in Begleitung eines indischen Freundes gekommen, eines hohen Beamten.

Es galt nun einerseits, dessen gesellschaftliche Stellung zu würdigen, und andererseits diesen Nicht-Brahmanen (er gehörte zur Kaste der Vaishyas) in einiger Entfernung vom Altar zu plazieren. Diese Schwierigkeit wurde dadurch gelöst, daß man ihm einen Sessel auf eine kleine Terrasse vor dem Hauseingang hinstellte. Ein weiterer war für mich bestimmt.

Nach Beendigung der Zeremonie berührten die Teilnehmer die Füße des Gurus mit den Fingerspitzen, und ich bemerkte zu meinem nicht geringen Erstaunen, wie sich der würdevolle und hochangesehene Beamte niederbeugte zu der gleichen symbolischen Geste. Meine Überraschung quittierte er mit einem Lächeln. Ich war etwas verlegen und bemüht abzulenken, doch der Gedanke an das offenkundige Mißverhältnis zwischen den Achtungsbezeugungen für unseren Gastgeber und seiner bescheidenen gesellschaftlichen Stellung ließ mich nicht los, und ich kam auf das Thema zurück.

«Heute wird der gute Mann in seinem Hause geradezu überhäuft mit Respekt und Ehrerbietung», begann ich, «und morgen wird er vielleicht von seinem Bürochef zusammengestaucht und mit dem Rausschmiß bedroht, falls ihm irgendein Schnitzer unterläuft.»

«Genauso ist es», entgegnete der Beamte. «Als Hindu habe ich der Kaste, der unser Gastgeber angehört, die schuldige Achtung erwiesen. Sie verstehen mich doch richtig – ich habe mich vor dem Brahmanen verneigt, nicht vor dem Bankangestellten. Daß sein Chef ihn tadelt, wenn er es verdient, ist völlig in Ordnung, ich jedenfalls werde diesen unbedeutenden Kommis nicht in mein Haus einladen; der Umgang mit ihm kommt weder für mich noch für meine Familie in Frage. Das hat alles seine Ordnung, jeder Mensch und jedes Ding auf seinem Platz – Indien hat das erkannt und richtet sich danach, ein wahrer Segen.»

Darauf hatte ich keine Antwort. Überzeugen konnte er mich zwar nicht, aber meiner Liebe zu Indien tat das keinen Abbruch. Aus der Verzauberung, die vor vielen Jahren im Pariser Musée Guimet ihren Anfang genommen hatte, habe ich mich niemals befreit.

Ich hatte mich bereits verabschiedet und verließ den Garten, als ein Student namens Ram Dass sich aus der um den Guru gescharten Gruppe löste und auf mich zulief.

«Ich habe dem Guru mitgeteilt, daß Sie gern mit ihm reden würden», sagte er. «Er ist bereit, Sie morgen um 14 Uhr zu empfangen.»

Vor einer Weile hatte Ram Dass mir von den tiefen Erkenntnissen vorgeschwärmt, die sein Meister über die verschiedenen Zweige der Vedanta-Philosophie gewonnen habe, und ich hatte tatsächlich den Wunsch geäußert, mich mit diesem gelehrten Guru zu unterhalten. Die Puja hatte mich einigermaßen ernüchtert; die hohle Selbstgefälligkeit, die er bei der Zeremonie zur Schau trug, erweckte in mir Zweifel an seinem Auffassungsvermögen für intellektuelle oder spirituelle Inhalte. Trotzdem konnte ich den freundlichen Jungen, der mir einen Gefallen erweisen wollte, nicht vor den Kopf stoßen.

Also kehrte ich zum angegebenen Zeitpunkt in das Haus zurück. Ich durchquerte den Garten, ohne einem Menschen zu begegnen; ich stieg die kleine Freitreppe hoch und konnte mir das Anklopfen ersparen, denn die Haustür stand offen und gab den Blick frei auf eine groteske Szene.

In einem schmalen Korridor lag der Guru der Länge nach ausgestreckt auf einer Matte. Das Kopfkissen war mit Bananenblättern belegt, die einen breiten grünen Heiligenschein bildeten. Unter seine Lenden waren ebenfalls Blätter gebreitet, die seine einzige Bekleidung, einen überaus kurzen Schurz aus dünner, weißer Baumwolle, markant hervorhoben. Die nackten Füße des Gurus schließlich ruhten auf weiteren Blättern, die kunstvoll zu einer Lotosblüte angeordnet waren.

Ein junger Mann kauerte in Kopfhöhe dieses lebenden Götzenbildes, ein anderer neben den Füßen. Beide fächelten mit einem Palmenzweig ihrem Meister Kühlung zu.

Mein erster Gedanke war, es könne sich nur um einen Toten handeln, den man derart dekoriert aufgebahrt hatte. Irrtum, die Brust hob sich leicht; der Guru schlummerte oder tat so. Er hatte den Termin für unser Gespräch festgesetzt, mußte mich also erwarten; hatte er es vergessen? Kaum anzunehmen, die ganze Inszenierung war wohl eigens für mich ersonnen, um mir zu imponieren. In dem Fall hatte sie freilich ihr Zeil verfehlt.

Der Jüngling, der den Füßen des Meisters Kühlung zufächelte, wies auf einen niedrigen Hocker in der Türöffnung und bedeutete mir stumm, mich darauf niederzulassen. Von dort hätte ich den Anblick in aller Ruhe genießen können. Und das natürlich so lange, bis der Meister die Augen zu öffnen und meine Gegenwart zu bemerken geruhte. Als ich mir das ausmalte, begann ich zu prusten und ergriff, von einem Lachkrampf geschüttelt, schleunigst die Flucht.

Die soziale und religiöse Reformbewegung Brahmo-Samaj hat Indien mehrere herausragende Gurus beschert, angefangen mit ihrem Gründer Raja Rammohan Roy (1772–1833).

Rammohan Roy war hochgebildet und beherrschte neben Sanskrit fließend Arabisch, Persisch und Englisch. Bei seiner Reform berief er sich auf die Veden, die das Ewige, Unergründliche und Unwandelbare verkünden, das als Schöpfer und Erhalter hinter diesem Universum steht.

Sein Schüler und Nachfolger, Devendranath Tagore (1817–1905), war der Organisator der Bewegung. Sein durchdringender Intellekt, sein spirituelles Niveau und seine aristokratische Erscheinung machten ihn zum Leitbild der gebildeten Bengalen. Sie redeten ihn respektvoll mit «Maharishi» (großer Seher) an. Er war ein Sanskrit-

Gelehrter und ließ sich von den Upanischaden inspirieren, stieß sich jedoch an den darin enthaltenen pantheistischen Aussagen, wie er freimütig in seinen Memoiren bekannte.

Ein Theismus, wie ihn Devendranath in seiner Lehre vertrat, fand im sehr großzügigen Rahmen des Hinduismus unschwer seinen Platz. Ebensowenig verstieß er mit seiner unerbittlichen Bekämpfung der Bildnisanbetung gegen die Orthodoxie, denn der Hinduismus läßt zwar die Idolatrie zu, ohne sie jedoch ausdrücklich vorzuschreiben.

Mit Keshab Chandra Sen (1838–1884) erhielt der Brahmo-Samaj seine dritte Leitfigur. Keshab war vom Christentum beeinflußt und schlug Devendranath Tagore verschiedene Reformen vor, die dieser rundweg ablehnte. Deshalb kam es 1868 zur Trennung. Keshab glaubte, den göttlichen Auftrag erhalten zu haben, Gottes Gesetz neu zu interpretieren. Er nannte es Navavidhan («Neue Austeilung») und reiste überall in Indien umher, um seine Lehre zu verbreiten. Er hielt in England Vorträge, wo er auch von Königin Victoria empfangen wurde.

Die Spaltung der Bewegung führte zur Gründung des Sadharan-Brahmo-Samaj, dessen Anhänger das Kastensystem strikt ablehnen und ebenso die Herabsetzung der Frauen. In die Lehre sind Elemente eingeflossen, die vom Islam und vom Christentum entliehen wurden. Ihr Kult, an dem ich teilgenommen habe, umfaßt liturgisch feststehende Gebete sowie von den Gläubigen improvisierte, alle extrem lang.

Mit Rabindranath Tagore, Sohn von Devendranath und bedeutendster indischer Dichter der Neuzeit, ist aus der Familie Tagore abermals ein bedeutender Guru hervorgegangen. Wie alle Gurus hatte auch er einen Kreis von Schülern um sich versammelt, doch sein Hauptanliegen war es, seine Lehren unter der Jugend zu verbreiten. Im wesentlichen ging es dabei um die im Brahmacharya enthaltenen Grundsätze, die Rabindranath Tagore modernen Bedingungen anzupassen vermochte.

Auf einem riesigen Gelände gründete Rabindranath Tagore 1901 eine Hochschule, die er Shantiniketan («Wohnstatt des Friedens») nannte. Bedingt durch die Lage fernab von den großen Städten, war sie als Internat konzipiert, und zwar nach der Regel des Brahmacharya: Zusammenleben von Schüler und Lehrer.

In Shantiniketan sollte nicht nur eine moderne Ausbildung vermittelt werden, sondern zugleich eine Generation von Indern heranwachsen, die einerseits umfassende wissenschaftliche Kenntnisse besaß, andererseits aber die spirituelle Tradition des alten Indien bewahrte.

Ich habe in Shantiniketan jene ganz besondere Atmosphäre innerer Sammlung gespürt, in die alles getaucht war. Vorlesungen fanden im Schatten großer Bäume statt, und danach ergingen sich die Studenten, ein Buch in der Hand, im Park. Die Umgebung war wie geschaffen für Studium und Reflexion.

Die Dozenten wohnten in kleinen Häusern auf dem Universitätsgelände oder in unmittelbarer Nähe; ihre Unterkünfte waren ebenso einfach und nüchtern wie alles übrige.

Die Zulassung von Studentinnen stellte einen kühnen Emanzipationsversuch dar in einer Zeit, in der Frauen sich, abgeschirmt von der Öffentlichkeit, zu Hause aufhalten mußten und sich vor keinem Mann zeigen durften, Ehegatte und nahe Verwandte ausgenommen.

Der Tag begann in Shantiniketan mit einer Andacht, die in einem völlig schmucklosen, weiträumigen Saal stattfand. Alle Hochschulinsassen waren dort versammelt, sangen Hymnen oder lauschten einer kurzen Lesung. Ähnliche Versammlungen wurden abends oder gelegentlich zu religiösen Festen abgehalten.

Diese Oase des Friedens, wo junge Einsiedler ernsthaft und sanftmütig ihre geistigen Studien betrieben, amüsierte mich, weil sie aus der Phantasie eines Dichters geboren war. In einem mächtigen Baum hatte sich Rabindranath ein Nest gebaut, eine winzige Hütte, die an den Zweigen aufgehängt war. Sie bestand aus Erdgeschoß und einem Stockwerk. Unten befand sich die Küche, wo die Mahlzeiten für den Meister zubereitet wurden, wenn er sich für Tage in die obere Etage, im Laub verborgen, zurückzog.

Rabindranath Tagore, der mitunter irrtümlich als Renegat eingestuft wurde, war ein überzeugter Hindu und glaubte wie sein Vater Devendranath, der «Heilige» der Familie, an einen Läuterungsprozeß durch Wiederannäherung an die alten Traditionen. Westliche Erziehung, Aufenthalte in England und häufige Besuche von Ausländern bewirkten, daß man sich in Tagores Verwandtenkreis nicht so strikt an religiöse Vorschriften hielt, doch geschah das nur fallweise. Bei einer Abendgesellschaft im Stammsitz der Tagores in Kalkutta sah ich die männlichen Familienmitglieder Wein trinken, ein schwerer Verstoß gegen die hinduistischen Gebote, doch die Damen des Hauses, unter ihnen Intellektuelle von Rang, erschienen nicht, weil Engländer zugegen waren.

Daß Rabindranath Tagore auch malte und zeichnete, ist kaum bekannt. Ich hatte Gelegenheit, eine Ausstellung mit mehr als zweihundert seiner Werke zu besichtigen; sie waren grauenerregend, besser läßt sich der Eindruck, den sie auf mich machten, nicht beschreiben. Auf den Bildern an den Saalwänden hatten die alptraumhaften Vorstellungen seines Unterbewußtseins Gestalt angenommen, zeigten die vertrauten Gegenstände unserer Umwelt wie in einem

Zerrspiegel. Tagore hatte eine diabolische Gegenwelt entworfen, durch die der Mensch nur noch als blasser Schatten geistert, feindselig belauert von vermeintlich leblosen Dingen.

Ich erinnere mich an einen Sessel, aus dessen Arm- und Rückenlehne grinsende Köpfe herausragten und jeden ahnungslosen Anwärter auf einen Sitzplatz erbittert bekämpfen würden. Äste und Zweige erinnerten an Fangarme. Bei einem gewöhnlichen Krug erahnte man unter der normalen Form ein wildes Tier, das auf der Lauer lag. Und die menschlichen Gesichter offenbarten Abgründe, geistige Verirrungen, Folterqualen ...

Das gesamte Werk, das sich den prüfenden Blicken der geladenen Gäste darbot, war von einem Seher, der eine Hölle, weitaus schrecklicher als Dantes Inferno, erschaut hatte.

Es gibt zahllose Gurus, die Hypnose betreiben oder es zumindest versuchen. Eigentlich ist dies den Sadhu-Yogis vorbehalten, trotzdem tummeln sich auch zahlreiche Laien auf diesem Gebiet. Die Prozedur ist denkbar einfach. Der Guru bringt dem Schüler bei, daß eine der wirkungsvollsten Methoden, auf dem spirituellen Weg voranzukommen, darin besteht, in die Augen des Lehrers zu blicken. Der aufmerksame Schüler vermag darin transzendente Visionen zu erschauen, wobei sich gleichzeitig eine vom Guru ausströmende subtile Energie über ihn ergießt, verborgene Kräfte ihn ihm weckt und sein Begriffsvermögen verhundertfacht.

Der an sich sehr schöne Gedanke vom Weisen, der den jungen Menschen in die Ergebnisse seiner langen Meditationen einweiht, ist zum Deckmantel für die fragwürdigsten Individuen und die unsinnigsten Praktiken verkommen. Das heißt keineswegs, daß man nicht auch höchst achtbare Gurus antrifft, ich habe manche kennengelernt, aber sie sind selten geworden und werden kaum beachtet.

Geduld zählt zu den Tugenden, die dem Schüler am dringendsten abverlangt werden. Nach der bewiesenen Ausdauer richtet sich der Wert, den er den Lehren des Meisters beimißt; die Gurus jedoch, die sich am besten mit geistigen Triebfedern auskennen, ziehen die Erwartungsphase des wissensdurstigen Schülers in die Länge, weil sie ein höheres Ziel im Auge haben: Sie versuchen, dem Aspiranten Zeit zu geben, selber die Wahrheiten zu entdecken, die er offenbart haben wollte.

Diese klassische Haltung der großen Gurus hat ihre Wurzel in tausendjährigen Traditionen. Ein vollkommenes Beispiel dafür bietet die *Chandogya-Upanishad,* die «Geheimlehre der Chandoga-Schule». Darin wird ausführlich über Satyakama, seine Herkunft und seinen spirituellen Werdegang berichtet.

Satyakama, der uneheliche Sohn der Magd Jabala, war überaus wahrheitsliebend; er fragte seine Mutter nach seiner Herkunft, als er von dem Weisen Gautama als Schüler aufgenommen werden wollte. Sie wisse nicht, wer sein Vater sei, entgegnete Jabala, denn sie habe in ihrer Jugend an vielen Plätzen gearbeitet.

Gautama lebt zurückgezogen im Wald, wird jedoch keineswegs als Asket geschildert, sondern als Besitzer einer Viehherde. Und so gibt er seinem neuen Schüler Satyakama statt philosophischer Lehren den Auftrag, die Kühe zu hüten. Er sucht vierhundert schwächliche Tiere aus, die er ihm anvertraut.

Satyakama treibt die Herde wortlos in den Wald und faßt unterwegs den Entschluß, erst dann wieder zu seinem

Meister zurückzukehren, wenn aus den vierhundert tausend Rinder geworden sind. Darüber vergehen viele Jahre.

Von diesem Entschluß Satyakamas und dessen Durchführung ist zwar die Rede, nicht aber von dem eigentlichen Ziel, das er verfolgt und das für Inder völlig klar ist. Er will das Nirguna-Brahman erkennen, das «Brahman ohne Eigenschaften», das Eine ohne ein Zweites, das Absolute, das Wesen des eigenen Selbst.

Gautama ist sich durchaus darüber im klaren, was der junge Mann anstrebt, überläßt es jedoch ihm, den Weg zu finden. Und Satyakama lernt in der Einsamkeit und der Stille, die Sprache der Dinge zu verstehen, die einzige Art, Wissen zu erlangen.

Der Text fährt in seiner bildhaften Schilderung fort. Ein Stier ruft Satyakama zu: «Wir sind nun tausend; führe uns jetzt zurück zu deinem Meister. Höre, was ich dir über das Wesen des Seins, über Brahman, zu sagen habe.»

Satyakama lauscht aufmerksam, und der Stier beendet seinen kurzen Vortrag mit dem Hinweis: «Morgen wird Agni (das Feuer) dir mehr sagen.»

Satyakama macht sich auf, die Herde zu Gautama zurückzubringen, und beim ersten Halt ruft eine Stimme aus dem Feuer: «Höre, Satyakama, ich werde dich etwas über des Wesen des Seins lehren.»

Und Satyakama lauscht.

Tags darauf wird er durch einen Schwan und einen Tauchervogel über Brahman belehrt.

Als er dann schließlich bei Gautama ankommt, ruft dieser aus:

«Dein Gesicht leuchtet wie das eines Brahman-Kenners, wer hat dich belehrt?»

«Andere als Menschen», entgegnet Satyakama, «aber

bitte lehrt auch Ihr mich. Nur das Wissen, das vom Lehrer kommt, führt zum höchsten Gut.»

Und der Weise lehrte ihn alles und ließ nichts aus.

Geschichten dieser Art werden in Indien mit der gleichen Ehrfurcht vorgetragen wie die Hymnen der Veden, das heißt, man rezitiert sie mit leiser, monotoner Stimme. Dieser eintönige Singsang des Brahmanen fließt unablässig dahin wie die ruhigen Gewässer eines Stromes, fließt dahin wie das Leben, fließt dahin wie das vielfältige Werden auf der Oberfläche des Seins, des Einen ohne ein Zweites in der Vedanta-Philosophie.

Die Geschichte von Satyakama bietet ein Modell, nach dem sich alle ernst zu nehmenden indischen Gurus mehr oder weniger richten. Wenn sie ihre Schüler nicht mehr zum Viehhüten in den Wald schicken, so liegt das nur daran, daß heutzutage die wenigsten von ihnen Herden besitzen.

Der Guru verspürt nicht den Wunsch, die philosophischen Ansichten, zu denen er gelangt ist, zu verbreiten noch die Methoden zu propagieren, die er zur geistigen Vervollkommnung des einzelnen für geeignet hält. Die einen wie die anderen haben nur für diejenigen Sinn, die echten Hunger nach tiefen Erkenntnissen empfinden. Diesen Hunger müssen sie durch Taten zum Ausdruck bringen.

Ebenso wäre die Annahme irrig, daß die indischen Gurus für ihre Schüler Kurse abhalten. Sie sprechen selten zu ihnen, beschränken sich auf ein paar Hinweise, was die anzuwendenden Methoden und die einzuschlagende Richtung betrifft, damit jeder selber entdecken kann, was zu entdecken ist: das Wesen der äußeren Erscheinungen, das Wesen der Existenz, das Wesen dessen, was wir das «Selbst» nennen.

Ich konnte an einer ganzen Reihe von Beispielen unmittelbar miterleben, wie die heutigen Gurus ihren Vorgängern aus zweieinhalb Jahrtausenden nacheifern, wenn sie den künftigen Schülern Geduld beibringen.

So wollte ein Beamter spirituelle Führung von einem Sannyasin erhalten, der einige Schüler unterwies. Dieser Guru wohnte in der Umgebung von Madras, etwa vier Kilometer von dem Beamten entfernt.

Da es einen unverzeihlichen Mangel an Ehrerbietung bedeutet hätte, mit dem Wagen oder zu Pferd anzukommen, machte sich der Beamte zu Fuß auf den Weg, trotz der sengenden Hitze und der dichten Staubwolken. Als er vor dem Zimmer, in dem der Guru sich aufhielt, angelangt war, warf er sich ihm zunächst zu Füßen und blieb dann aufrecht neben der Tür stehen. Der Lehrer beachtete ihn überhaupt nicht und unterhielt sich weiter mit ein paar Schülern. Der Beamte verharrte stehend lange Zeit auf seinem Platz, vielleicht mehrere Stunden lang. Nun verabschiedete der Guru seine Schüler, zog sich danach in ein anderes Zimmer zurück und machte die Tür hinter sich zu. Der Beamte warf sich abermals zu Boden und begab sich zu Fuß auf den Heimweg.

Am nächsten Tag unternahm er wiederum einen Fußmarsch zur Wohnung des Lehrers, mit dem gleichen Ergebnis wie zuvor.

Sechs Monate hindurch pilgerte er täglich zu dem Sannyasin und stand an seiner Tür, ohne daß dieser ihn wahrzunehmen schien. Nach Ablauf dieser sechs Monate blickte der Meister ihn eines Tages an und befahl: «Setz dich.»

Jetzt begann eine weitere Besuchsreihe. Alles, was der Beamte dabei gewonnen hatte, war, daß er sich setzen durfte, anstatt stehen zu müssen – der Guru richtete nicht das Wort an ihn.

Es verstrichen noch etliche Monate, ehe der Sannyasin, offenbar zufrieden mit der Ausdauer, die der Bittsteller bewiesen hatte, ihm ein paar Ratschläge zu erteilen begann.

Der Aufwand für diese täglichen Besuche, die sich über ein gutes Jahr erstreckt hatten, war nicht umsonst. Der Beamte hatte nicht nur den Beweis dafür erbracht, wie wichtig es ihm war, sich Wissen anzueignen, einen klaren Blick für die Wirklichkeit zu erlangen, sondern auf dem langen Weg durch Hitze und Staub auch Erkenntnisse gewonnen, die er zuvor nicht besaß.

Der Schnellzug, der mich nach Madras gebracht hat, hält. Ich steige erst aus, als sich das schlimmste Gedränge gelegt hat, und sofort eilt ein korrekt gekleideter Engländer auf mich zu, um mich in Empfang zu nehmen.

Daß ich am Bahnhof abgeholt werde, überrascht mich nicht. Vermutlich haben das die mir befreundeten Orientalisten veranlaßt, die auf dem großen Landsitz der Theosophischen Gesellschaft in Adyar, außerhalb von Madras, wohnen. Da es schon spät ist, möchte ich lieber im Bahnhofshotel übernachten und erst am nächsten Morgen nach Adyar weiterfahren. Ich erkläre das dem Unbekannten, der mich ins Hotel begleitet, für ein gutes Zimmer sorgt und Tee bestellt. Ich bin nach wie vor überzeugt davon, daß er das alles im Namen meiner Freunde tut, lächle dankbar und erkundige mich:

«Wohnen Sie auch in Adyar? Sie sind doch sicher Mitglied der Theosophischen Gesellschaft . . .»

Die Frage scheint ihn zu amüsieren, doch er antwortet ausgesucht höflich:

«Nein, ich bin der Polizeichef.»

Übermäßig erstaunt bin ich nicht, denn ich komme geradewegs aus Pondicherry, wo ich mich mit Aurobindo

Ghose unterhalten habe, damals noch politisch aktiv im Kampf um die Befreiung Indiens von der britischen Kolonialherrschaft und auf französisches Territorium geflüchtet, um einer neuerlichen Verhaftung zu entgehen.

«Ich hielt es für angezeigt, persönlich zu kommen, anstatt einen meiner Leute zu schicken», erklärt der Polizeichef.

Ein Verhör erübrige sich wohl, entgegne ich. Er wisse ja, daß ich in Pondicherry gewesen sei und mit wem ich dort gesprochen habe. Ergänzend betone ich noch:

«Man hat mir Aurobindo Ghose als bedeutenden Philosophen geschildert, und eben deswegen wollte ich ihn sehen und sprechen.»

«Er besitzt fraglos höchst bemerkenswerte intellektuelle Fähigkeiten, aber er ist auch ein gefährlicher Mann. Ihm haben wir es zu verdanken, daß Mr. Ash einem Mordanschlag zum Opfer gefallen ist.»

Ich hatte noch nie etwas von Mr. Ash gehört, vermutlich ein britischer Beamter.

Ich antworte lediglich, daß es mir höchst unwahrscheinlich vorkomme, diesen Philosophen als Mörder zu verdächtigen.

«Er hat Mr. Ash mit Sicherheit nicht eigenhändig umgebracht, sondern ihn töten lassen», entgegnet der Polizeichef.

Dazu konnte und wollte ich mich nicht weiter äußern, und so endete unser Gespräch.

Aurobindo Ghose, der revolutionäre Patriot, mystische Philosoph und spirituelles Leitbild für Tausende von Schülern, wurde als Heiliger verehrt und starb, im Alter von 78 Jahren, am 5. Dezember 1950 in Pondicherry.

Unter den verschiedenartigen Gurus, die ich bisher charakterisiert habe, nimmt Shri Aurobindo eine Sonderstellung ein. Er wurde am 15. August 1872 in Kalkutta geboren als Sohn des Arztes Krishna Dhan Ghose, der dem Brahmo-Samaj nahestand und sich ganz am abendländischen Denken orientierte. Im Alter von sieben Jahren wird Aurobindo mit seinen beiden Brüdern nach England geschickt, wo er die renommierte St.-Pauls-Schule besucht und später aufgrund seiner außergewöhnlichen Begabung ein Stipendium am King's College in Cambridge erhält. Hier studiert er Latein, Griechisch, Französisch und Deutsch und erwirbt eine umfassende humanistische Bildung.

Als sein Vater 1893 stirbt, kehrt er nach Indien zurück, wo er Professor für englische Sprache und Literatur am Baroda College und später Leiter des National College wird. Wie schon in England engagiert er sich für die Befreiung Indiens von der britischen Kolonialherrschaft, gründet zur Unterstützung dieses Kampfes eine Zeitschrift und wird schließlich wegen seiner Aktivitäten im Untergrund verhaftet. Nach einjähriger Untersuchungshaft wird er 1909 freigesprochen und entkommt 1910 in die französische Enklave Pondicherry, um sich einer neuerlichen Verhaftung zu entziehen.

Dort habe ich ihn in einem kleinen, an eine Mönchszelle erinnernden Raum der Mission gesehen, wo er zusammen mit einigen befreundeten Schülern lebte.

Seine umfassende Kenntnis indischer und abendländischer Philosophie trat sofort zutage, was mein Interesse jedoch weit mehr erregte, war seine magnetische Persönlichkeit und der hypnotische Einfluß, den er auf seine Gefährten ausübte.

Das Zimmer, in dem wir uns befanden, enthielt lediglich einen Tisch mit zwei Stühlen an den Längsseiten. Shri Aurobindo saß mit dem Rücken zu einem großen, geöffneten Fenster, das Aussicht bot auf den weiten opalgrünen Himmel Indiens. Er bildete den Hintergrund, von dem sich die Gestalt des Gurus abhob – kein Bauwerk, kein Baum beeinträchtigten die Wirkung. Ob es sich hier um eine bewußte Inszenierung handelte, vermag ich nicht zu beurteilen, auch wenn manche Berichte von Besuchern dafür sprechen. Ihnen zufolge zeigte sich Shri Aurobindo zwar in seinen letzten Lebensjahren nur noch vor seinen engsten Vertrauten, ließ sich aber ein- bis zweimal jährlich hinter einem Vorhang nieder, unter dem nur seine Füße hervorschauten. Seine Bewunderer durften dann vorbeidefilieren und sich niederwerfen, um den Füßen des Meisters ihre Verehrung zu bekunden. Diese Darstellung entspräche zumindest dem in Indien Gurus gegenüber gepflogenen Brauch, den ich schon erwähnte. Unterwürfige Gesten dieser Art mögen Außenstehende zwar peinlich berühren, für die meisten, die sie ausführen, sind sie jedoch eine bloße Formsache, etwa dem Hutziehen vergleichbar.

Während sich Shri Aurobindo mit mir unterhielt, standen vier junge Leute an einer Tischecke, anbetend, ekstatisch. Hochgewachsen, stämmig, reglos, die Augen unverwandt auf den Meister gerichtet, glichen sie einer Gruppe von Standbildern.

An einer bestimmten Stelle hätte ich Shri Aurobindo gern ein paar detailliertere Fragen gestellt und wünschte mir im Innern, allein mit ihm zu bleiben. Ob er meinen Gedanken erriet oder den gleichen Wunsch hatte, weiß ich nicht, aber plötzlich, ohne ein Wort oder eine Geste von ihm, marschierten alle vier gleichzeitig ab, stumm, steifbeinig – wie Marionetten.

Eine Kleinigkeit, die man nicht überbewerten sollte;

dennoch haben diese magnetischen Kräfte, die Shri Aurobindo zu besitzen schien, in den darauffolgenden Jahren ihre Wirkung gezeigt und eine regelrechte Gemeinde um ihn versammelt.

Shri Aurobindo hat Pondicherry nicht mehr verlassen, und dort ist auch sein Ashram entstanden, dem einer seiner bedeutenden Schüler, der Franzose Gabriel Monod-Herzen, eine Studie gewidmet hat. Darin erwähnt er, daß Shri Aurobindo sich in Begleitung von vier politischen Kampfgefährten nach Pondicherry zurückgezogen hat, vermutlich die gleichen Männer, die ich gesehen habe.

Inzwischen nimmt der Ashram ein gutes Drittel der Stadt Pondicherry ein. Es gibt ein Theater, ein internationales Universitätszentrum, Sportplätze, eine Turnhalle, Schwimmbassin, eine Papierfabrik, Ambulatorien, Tankstellen etc. Kurz, der Ashram hat sich mit seinen weit über zweitausend Angehörigen zu einem der größten und modernsten Indiens entwickelt.

Unter den Bewohnern finden sich Menschen aus allen Berufen: Landwirte, Schmiede, Mechaniker, Sänger, Dichter und Schriftsteller, Künstler, Buchhalter etc. Der Schüler übt im Ashram nicht unbedingt die erlernte Tätigkeit aus, sondern kann sich frei für eine ihm besser zusagende entscheiden. In der Praxis gilt freilich die Regel von Angebot und Nachfrage, der sich dann persönliche Wünsche unterordnen müssen.

Dem Ashram angeschlossen sind verschiedene mechanische Werkstätten, eine Eisengießerei, eine Zementfabrik und andere fabrikartige Betriebe, dazu eine Bäckerei, eine Druckerei, eine Gärtnerei etc. Zum Personal gehören nicht nur Schüler, sondern auch bezahlte Angestellte von außerhalb, doch die leitenden Posten bleiben Schülern vorbehalten. Auch in der Küche, der Bäckerei und sämtlichen sonstigen Versorgungsbetrieben sind ausschließlich Schüler beschäftigt.

Mit Hilfe einer großzügigen Spende ist das geräumige, in der Bauweise dem Klima angepaßte Gästehaus Golkonda errichtet worden. Seine aus schön geformten Eternitplatten bestehenden Wände sind dem Wetter entsprechend verstellbar. Es ist mit modernen sanitären Anlagen, Warmwasserversorgung sowie Wasch- und Trockenräumen ausgestattet.

Die Entstehung des Ashram ist der Tatkraft von Mira Alfassa zu verdanken, die aus einer türkisch-ägyptischen Familie stammt, in Frankreich aufgewachsen ist und ab 1920 zur ständigen Weggefährtin Shri Aurobindos wurde, von den Schülern nur «Die Mutter» genannt. Ich habe sie während ihrer Pariser Jahre gut gekannt und die gemeinsamen Spaziergänge im Bois de Boulogne, die anregenden Abende in ihrer Wohnung in denkbar bester Erinnerung. Unsere freundschaftlichen Beziehungen sind über die Jahre hinweg erhalten geblieben.

Nach dem Tod von Shri Aurobindo am 5. Dezember 1950 übernimmt die «Mutter» auch die spirituelle Führung der Schüler, die ihr großes Vertrauen und Verehrung entgegenbringen. Manche von ihnen behaupten, der Meister sei nach wie vor spürbar gegenwärtig im Ashram, seine Gegenwart und die der Mutter seien identisch. Diesen Gedanken dokumentiert auch ein von der «Mutter» verfaßtes «Gebet», von dem sie mir ein handschriftliches Exemplar geschickt hat:

«Herr, Du hast an diesem Morgen die Zusicherung gegeben, daß Du bei uns bleiben wirst, bis Dein Werk vollendet ist, nicht nur als wegweisendes und erleuchtendes Bewußtsein, sondern auch als tatkräftig handelnde Gegenwart. Klar und deutlich gesagt – Du hast mir versprochen, mit Deinem ganzen Selbst hier zu bleiben und die Erdatmosphäre erst zu verlassen, wenn die Welt sich verwandelt hat. Gib, daß wir uns dieser wunderbaren Gegenwart stets würdig erweisen und daß wir unsere ganze Willenskraft darauf richten, uns immer besser der Durchführung Deines erhabenen Werkes zu widmen.»

In den Trauerkundgebungen bei Shri Aurobindos Tod offenbaren sich die Gefühle, mit denen man auch im modernen Indien den großen Gurus begegnet: Staatstrauer, überschwengliche Beileidsbekundungen vom Präsidenten der Republik, von Pandit Nehru und vielen hochrangigen Repräsentanten des öffentlichen Lebens.

Schätzungsweise 60000 Menschen kamen aus allen Teilen Indiens nach Pondicherry, um an dem Toten vorbeizudefilieren, der auf einem mit weißem Satin bespannten Bett aufgebahrt lag, mit einem spitzenumsäumten seidenen Überwurf und wegen der Räucherstäbchen ständig erneuertem Blumenschmuck.

Viele Gläubige erwarteten, daß sich um das Totenbett Wunder ereignen würden. Es geschah nichts dergleichen. Lediglich einige Schüler haben behauptet, leuchtende Ausstrahlungen am Leichnam ihres Meisters wahrgenommen zu haben. Viereinhalb Tage lang zeigten sich keinerlei Anzeichen von Verwesung; der Leichnam wurde aufgrund einer besonderen, immer wieder erneuerten polizeilichen Erlaubnis erst einhundertundelf Stunden nach dem Tod beigesetzt. Der «Mutter» zufolge war der Leichnam von Shri Aurobindo «derart mit hochkonzentriertem supramentalem Licht durchtränkt, daß dies seine Verwesung verhinderte».

Einer der bedeutendsten Gäste im Ashram hat in einem Brief an einen Freund den Gedanken geäußert, der ungewöhnliche Erhaltungszustand der Leiche sei darauf zurückzuführen, daß der Guru willentlich einen Teil seines Bewußtseins darin zurückgelassen habe. Manche hofften, das Phänomen werde noch länger andauern, und man überlegte bereits, die sterblichen Überreste in einem Reliquienschrein aus Glas aufzubewahren. Andere gingen noch weiter und hielten sogar eine Wiederauferstehung für möglich. Ein Besucher, der sie dazu befragte, erhielt die Antwort: «Man kann nicht wissen, was geschehen wird.»

Dann traten doch Zerfallserscheinungen auf, so daß der Leichnam von Aurobindo Ghose am 9. Dezember 1950 in einen Sarg aus Rosenholz gebettet wurde, der mit Intarsien aus Silber verziert und von einer goldenen Lotosblüte gekrönt war. Mit einer Sondergenehmigung der französischen Behörden in Pondicherry wurde er in einer Gruft zu Füßen eines gelbblühenden Baumes im Innenhof des Ashrams beigesetzt.

Als Ziel seines Integralen Yoga bezeichnet es Shri Aurobindo, «das Leben zu transformieren, indem ich das Licht, die Kraft und die Seligkeit der göttlichen Wahrheit und ihrer dynamischen Gewißheiten in dasselbe herabbringe ... Der Integrale Yoga setzt an die Stelle der religiösen Frömmigkeit sein vollständigeres spirituelles Suchen nach einer göttlichen Union.»

Voraussetzung für seinen Yoga ist weder ein äußerer Asketizismus noch die Abkehr von der Welt oder dem Leben, aber:

«In dieser Disziplin ist die Inspiration seitens des Meisters und auf schwierigen Stufen seine Kontrolle und Gegenwart ebenso unerläßlich. Ohne viel Stolpern und Irren durch dieselben zu gehen würde sonst unmöglich, das aber würde alle Chancen auf Erfolg vereiteln. Der Meister ist einer, der sich zu einem höheren Bewußtsein und Sein erhoben hat, und er wird oft als die repräsentative Manifestation dieses Seins angesehen. Er hilft nicht nur durch seine Unterweisung und mehr noch durch seinen Einfluß und sein Beispiel, sondern vor allem durch eine Kraft, vermöge welcher er seine eigene Erfahrung anderen mitteilt.»

Die Sätze, in denen die Unentbehrlichkeit des Meisters festgeschrieben wird, stellen die einhellige Meinung aller indischen Gurus dar, und die meisten schmeicheln sich überdies, «sich zu einem höheren Bewußtsein und Sein erhoben» zu haben. Ihre Schüler davon zu überzeugen gelingt ihnen jedenfalls.

Neben den hymnischen Nachrufen waren hier und da auch kritische Stimmen zu hören, die sich mit der Todesursache auseinandersetzten. Nach indischer Tradition sind die großen Yogis gegen Krankheiten gefeit. Sie verlassen diese Welt zu einem von ihnen bestimmten Zeitpunkt und erliegen keinesfalls irgendeinem Leiden, das sie befallen hat. Bei Shri Aurobindo jedoch führte eine Nierenerkrankung zum Tod durch Urämie.

Der berühmte Yogi Ramakrishna starb an Kehlkopfkrebs. Ein anderer Guru, von dem noch die Rede sein wird, hatte einen Tumor am Arm. Tatsachen dieser Art bringen die Überzeugungen der Hindus ins Wanken.

Vivekananda hingegen, dem berühmten Schüler von Ramakrishna, billigt man zu, dem klassichen Ideal entsprochen zu haben, als er nach eigenem Willen in Samadhi seinen Körper aufgab. Faktisch hatte er durch Anhalten des Atems den Erstickungstod herbeigeführt; daneben existieren noch andere Methoden, mit deren Hilfe man den Herzstillstand erreichen kann.

Ramana Maharishi (1879–1950) machte mit 17 Jahren eine spontane Todeserfahrung, in der er erkannte: «Der Körper stirbt, aber das Bewußtsein wird vom Tod nicht berührt.» Danach war seine Todesangst ein für allemal verschwunden, und er blieb fortan völlig im «Selbst» versunken, verlor alles Interesse an weltlichen Dingen und begab sich schließlich zum heiligen Berg Arunachala, verbrachte zunächst in einem unten gelegenen Tempel, später oben in verschiedenen Höhlen einige Jahre in schweigender Versunkenheit. Später brach er sein Schweigen und begann, Fragen nach dem Weg zum Selbst zu beantworten, so daß sich schließlich in Tiruvannamalai ein Ashram um ihn bildete, in dem er 1950 an Krebs starb.

9 Die «berufsmäßigen Heiligen» – Scharlatane, Erleuchtete, tragische Gestalten

Viele Bücher und Berichte über Indien geben den Yogis, Fakiren und den sogenannten Sadhus breiten Raum, jenem absonderlichen Bevölkerungsteil also, der «Heiligkeit» als Gewerbe betreibt. Die meisten Ausländer haben sich in ihren Schilderungen darauf beschränkt, die «heiligen Männer» entweder zu verunglimpfen bzw. lächerlich zu machen oder ihnen gegenüber in naive Bewunderung zu verfallen. Beide Haltungen sind unzureichend begründet. Unter den fünf bis sechs Millionen «Heiligen», die es in Indien gibt, befinden sich Personen von sehr unterschiedlichem Charakter. Hier soll näher untersucht werden, ob sich in dieser Vielfalt ein gemeinsamer Zug entdecken läßt.

Laut Auskunft eines indischen Freundes leben in Indien mehr als fünf Millionen *berufsmäßige Heilige.*

Der Ausdruck mag seltsam erscheinen, aber es gibt keinen besseren, um die Individuen zu definieren, die mein Freund im Auge hat. Er meint damit Männer, deren einziger Beruf, deren Broterwerb es ist, entweder Asket, kontemplativer Mystiker, Kyniker, Dauerpilger zu sein oder sich den Anschein zu geben, es zu sein.

Solche Gestalten trifft man überall in Indien an, sie sind

mit einem Lendenschurz oder mit orange- bzw. lachsfarbenen Gewändern bekleidet, oder sie verzichten auf alle Hüllen und bedecken ihre Blöße durch eine Ascheschicht oder durch bunte Hautbemalung. Die struppige Mähne wird oft zu einem gewaltigen Turban zusammengerollt und dann mit Asche bestreut. Die spezifische Aufmachung des Sadhus ist keineswegs ein Produkt seiner Phantasie, sondern entspricht den traditionellen Regeln, so daß ein Kenner auf den ersten Blick die Sekte ausmachen kann, welcher der betreffende Sadhu angehört.

Als er die mehr als fünf Millionen «berufsmäßigen Heiligen» in Indien erwähnte, fügte mein Freund, ein gebildeter Beamter und frommer Hindu, hinzu: «Von 100 dieser ‹Heiligen› sind 90 richtige Strolche, Betrüger oder Tagediebe, die diesen sogenannten Beruf gewählt haben, um sich ohne Arbeit ernähren zu lassen. Hinzuzuzählen sind ferner noch die überzeugten Landstreicher, die, als Asketen verkleidet, überall umhervagabundieren, in Tempeln übernachten können und von guten Menschen Almosen bekommen.»

Jeder, der das orangefarbene Gewand des Asketen angelegt oder sich für Nacktheit entschieden hat, gilt als Sadhu. Zwischen den Scharlatanen der unteren Kategorie, die an jeder Straßenecke anzutreffen sind, wo sie ihre Taschenspielertricks vorführen, und den fanatischen, aber aufrichtigen Sadhus gibt es eine mittlere Gruppe, die den Respekt der Hindus genießt. Einige davon habe ich kennengelernt.

Zum Beispiel in der Umgebung von Madras. Ich habe die Mitteilung erhalten, daß ein reicher Grundbesitzer in seinem Garten einen bemerkenswerten Sadhu beherbergt und mich einlädt, diesen zu besuchen. Selbstverständlich nehme ich die Einladung an.

In dem weitläufigen Garten hatte man aus gekreuzten

Latten eine Laube errichtet; sie war leer bis auf eine kleine, auf dem gestampften Lehmboden ausgebreitete Matte. Auf dieser Matte sitzt ein nackter Mann mit untergeschlagenen Beinen – der Sadhu. Seine Besonderheit besteht darin, daß er diese Haltung ununterbrochen beibehält, er steht niemals aufrecht, außer wenn er sich entfernen muß, um irgendwo im Garten seine Notdurft zu verrichten oder um in einem nahen Teich zu baden, er legt sich auch nie hin, sondern schläft im Sitzen, den Rücken an das Lattenwerk gelehnt.

So lebt er nun schon seit etlichen Jahren. In seinem luftigen Domizil, in dem nachts eine Lampe brennt, ist er ständig neugierigen Blicken ausgesetzt, was jedes Betrugsmanöver seinerseits wohl ausschließen dürfte.

Dieser Mann soll akademische Grade erworben haben, wie man mir sagt. Das wundert mich nicht. Im Gespräch mit ihm konnte ich mich überzeugen, daß er gebildet ist. Er plappert nicht etwa auswendig gelernte Sanskrit-Texte nach, sondern kommentiert und diskutiert sie ebenso sachkundig wie intelligent. Und er lebt seit Jahren unbeweglich in einer Art großem Vogelkäfig . . .

In Benares wimmelt es am Ufer des Ganges wie immer von Gläubigen. Auf einer der Treppen zum Kai steht ein Mann vor einer Art Pult, das ihm bis zur Taille reicht: ein Sadhu, der sich niemals hinsetzt, niemals hinlegt. Er verharrt aufgerichtet, stützt sich gelegentlich leicht auf die schräge Pultplatte. Damit er im Stehen schlafen kann, wird er am Pult festgebunden; auf diese Weise kann er den Oberkörper auf der Platte ausruhen, während die Beine durchgestreckt bleiben. Die sind im Laufe der Zeit unförmig geworden und durch die Blutstockung ganz schwarz verfärbt.

Ich habe diesen Sadhu etwa drei Monate lang beobachtet und stets auf derselben Stelle stehend vorgefunden. Inder haben mir erzählt, sie hätten versucht, ihn nachts sitzend oder liegend zu überraschen, doch es ist ihnen nicht gelungen; außerdem hielten sich etliche Beobachter ständig in unmittelbarer Nähe auf.

Eines Tages war der Mann verschwunden; ich wollte in Erfahrung bringen, was aus ihm geworden ist, bekam aber keinerlei Auskunft. Als man mir vom Verschwinden des Sadhus, der sich niemals hinsetzte, berichtete, konnte ich mir die Bemerkung nicht verkneifen: «Er wird sich ausruhen wollen und spielt nun woanders den Sadhu, der ständig sitzen bleibt.» Mit meiner unverbesserlichen Ironie brachte ich einige zum Lachen und die Mehrzahl in Wallung.

Wieder ein anderer, der auf dem Boden sitzt; er ist nackt, bis auf ein winziges «Feigenblatt». In seiner unmittelbaren Nähe weisen vier brennende Feuer in alle vier Himmelsrichtungen. Die Sonne sengt seinen kahlgeschorenen, barhäuptigen Schädel, und über dem weißen Sand, auf dem er hockt, bildet sich grell flirrender Widerschein.

Diese Form der Selbstkasteiung nennt man die «fünf Feuer», die Sonne wird also als fünftes gerechnet. Normalerweise sollte es sich um hellodernde, sehr große Feuer handeln, doch die Pseudoasketen, die sich an belebten Plätzen zur Schau stellen, begnügen sich gern mit kleinen, harmlosen. Dennoch werden sie so hautnah zum Härtetest in Gegenden mit Temperaturen an die 50 Grad Celsius, wo die Sonne das Hirn des Yogis zum Schmelzen bringt.

Ich wollte mir über die Gefühle klarwerden, die derlei Prozeduren auslösen. Die Erfahrung bestätigte, daß sie zunächst einmal keineswegs angenehm sind, doch der dann einsetzende schmerzdämpfende Blutandrang kann von leichtgläubigen Mystikern mühelos als Übergang in die Ekstase genommen werden. Ich hielt es für ratsam, das Experiment nicht viel länger als eine Stunde fortzusetzen, doch manche Sadhus stehen diese Feuerprobe tagelang durch. Etliche habe ich aber auch ohnmächtig zusammenbrechen sehen.

Worauf zielen diese Praktiken ab? Kein Gedanke daran, daß jene, die sich ihnen widmen, ihre Sünden abzubüßen oder die der anderen zu sühnen versuchen. Der Begriff der Sünde, wie Christen ihn verstehen, ist hinduistischen Sadhus völlig fremd.

Seit grauer Vorzeit haben die Inder Strenge gegen sich selbst als Mittel zur Erlangung außergewöhnlicher Kräfte betrachtet, ja sogar zur Erhebung eines Menschen in den Rang eines Gottes.

Wenn man die Scharlatane ausklammert, die damit nur der Öffentlichkeit imponieren wollen, so streben die Sadhus mit ihren selbstauferlegten Folterqualen – und davon gibt es noch wesentlich grausamere als die beschriebenen – eines der beiden genannten Ziele an. In den Geschichten der Hindus wird immer wieder von Asketen berichtet, die ihr Tapas mit solcher Kraft übten, daß sie die Götter um ihren Platz zittern ließen. Und diese wiederum stellen ihnen Fallen, damit sie ihre Askese unterbrechen, moralisch abbauen und so die Verwirklichung ihres Zieles in weite Ferne gerückt wird.

Um diese Furcht der Götter, verdrängt zu werden, richtig zu verstehen, muß man wissen, daß nach indischer Lehre kein Gott seinen Platz für immer innehat und daß selbst Ishvara («Herr des Universums») durch einen Würdigeren ersetzt werden kann.

Diese Furcht der Götter vor den Menschen wird in der

Brihadaranyaka-Upanishad angeprangert, aber es ist keineswegs der Asket, den sie fürchten, sondern der aufgeklärte Mensch, der *weiß*, daß der Atman, das wirkliche, unsterbliche Selbst, identisch mit Brahman ist.

Auch in der Genesis drückt sich die Furcht Gottes vor dem Menschen aus:

«Und Gott der Herr sprach: Siehe, der Mensch ist geworden wie unsereiner, daß er weiß, was gut und böse ist. Nun aber, daß er nur nicht seine Hand ausstrecke und auch von dem Baume des Lebens breche und ewig lebe!»

«Ewig leben» heißt Unsterblichkeit erlangen und den Göttern gleichkommen.

Das Auftreten mancher Sadhus in der Öffentlichkeit könnte sie leicht dem allgemeinen Gespött preisgeben, wenn nicht die Menge sie zwar teilweise durchschauen, aber trotzdem davor zurückscheuen würde, sich über sie lustig zu machen. Diese Scheu teile ich nicht.

An einer Straße, wo gerade eine Prozession mit einer Nachbildung des Wagens von Jagannatha, des in Puri verehrten Gottes, entlanggezogen war, lag ein Sadhu ausgestreckt in einer Hütte, die Augen geschlossen, reglos, offenbar in tiefste Meditation versunken und der Umwelt entrückt.

Ich ging mit einer Ausländerin spazieren, die von der hinduistischen Gläubigkeit völlig hingerissen war. Sie bemerkte den Pseudoheiligen.

«Was meinen Sie, befindet er sich wirklich im Samadhi?» fragte sie mich.

«Das bezweifle ich stark», entgegnete ich.

Sie wollte sich ihre Illusionen nicht nehmen lassen. «Aber wie kann man denn wissen ...»

«Das ist gar nicht so schwer.» Beim Anblick der neben dem Sadhu aufgestellten Almosenschale kam mir eine Idee.

Ich führte meine Begleiterin ein Stück weiter weg und rief einen zerlumpten Straßenjungen heran.

«Willst du dir eine Rupie verdienen?» fragte ich.

Seine weitaufgerissenen Augen genügten mir als Antwort.

«Hör zu, du gehst jetzt zu dem Sadhu, den du da drüben liegen siehst. Neben ihm steht eine kleine Schale, in die haben Passanten Geld hineingeworfen. Du nimmst dann etwas heraus und tust so, als ob du mit dem Geld wegrennen willst. Damit wir uns richtig verstehen – ich will nicht, daß du den Sadhu bestiehlst, wir geben ihm das zurück, was du genommen hast. Ich will mir bloß einen Spaß machen. Du kriegst eine Rupie, wenn du dich geschickt anstellst.»

Der kleine Bettler lachte vor Freude über sein unverhofftes Glück und sauste davon.

Der Erfolg seines Unternehmens ließ nicht lange auf sich warten. Er hatte die kleine, schmutzige Hand noch nicht ausgestreckt, als der Sadhu mit einem Satz aufsprang, und ehe noch der «Dieb» die Schale berühren konnte, stieß der ruckartig aus seiner Meditation aufgetauchte «heilige Mann» lästerliche Flüche aus und stürzte sich auf ihn. Der Bengel hatte es nur seiner Behendigkeit zu verdanken, daß er ihm entwischen konnte. Die vielen Schaulustigen lachten herzlich. Ich legte etwas Geld in die Almosenschale des «heiligen Mannes», um seinen Zorn zu besänftigen, und gab dem Jungen, der etwas weiter weg auf mich wartete, die versprochene Rupie. Meine Begleiterin schien sich ihre Enttäuschung ziemlich zu Herzen zu nehmen.

Diese Erfahrung heilte sie aber nicht von ihrer Neugier in bezug auf Yogis. Da wir befreundet waren und ich ihr einen Gefallen tun wollte, ging ich mit ihr in der Stadt auf die Suche nach besonders pittoresken Sadhus.

Sie hatte von den Asketen gehört, die auf einem mit langen, spitzen Nägeln gespickten Bett verharren. Dieses Lager besteht meist aus einem dicken, auf Pfosten ruhenden Brett, auf dem die dicht nebeneinander eingeschlagenen Nägel acht bis zehn Zentimeter herausstehen.

Endlich erfuhr ich, daß ein auf diese Art von Lagerstatt spezialisierter Asket sich auf einem kleinen Platz in der Nähe einer Moschee niedergelassen hatte. Angeblich versammelte er dort ein paar Schüler um sich.

Als meine Freundin das hörte, konnte sie sich nicht mehr halten vor Ungeduld. Wir müßten den Sadhu unbedingt aufsuchen, drängte sie. Ich willigte gern ein. Da ich mich mit dem «heiligen Mann» unterhalten wollte, waren meiner Ansicht nach die Tagesstunden am günstigsten, da würden wir ihn wahrscheinlich allein antreffen; seine Lehren pflegte er abends zu verkünden.

Das Ergebnis übertraf alle Erwartungen. Nicht nur von den Schülern war weit und breit nichts zu sehen, auch ihr Guru glänzte durch Abwesenheit. Ein einsamer Getreuer bewachte das unter einem Schutzdach aufgestellte Marterbrett. Sein Meister werde unverzüglich zurückkommen und seinen Platz wieder einnehmen, informierte er uns.

Die Zeit verstrich, der Asket erschien nicht. Meine Freundin zeigte sich schmerzlich enttäuscht; nun würde sie ihn nicht, auf Nägeln gebettet, sehen ...

Das brachte mich auf einen seltsamen Gedanken.

«Sei nicht traurig», tröstete ich sie, «wenn du wirklich solchen Wert auf diesen Anblick legst, werde ich ihn dir bieten.»

Wenn man viele Jahre in Indien gelebt und sich für die Praktiken des körperlichen Yoga interessiert hat, erlernt man unweigerlich auch einige merkwürdige Übungen.

«Schau her», ersuchte ich meine wißbegierige Freundin.

Ich legte meinen Sari aus Musselin ab und behielt nur einen winzigen Schlüpfer und eine leichte Jacke an, dann streckte ich mich in voller Länge auf den spitzen Nägeln aus und unterhielt mich weiter mit meiner entgeisterten Freundin.

Während ich so munter plauderte, hörten wir aus einem auf den Platz mündenden Gäßchen die Stimme eines Fremdenführers.

«*Ladies and gentlemen*», posaunte er, «Sie sehen jetzt den berühmten Fakir bei Ausübung der schier unglaublichen Askese, auf den scharfen Spitzen eines mit Nägeln beschlagenen Bettes liegenzubleiben.»

Während er noch kräftig die Werbetrommel rührte, stürmte der Touristenpulk zu dem Schutzdach, unter dem ich mich befand. Allgemeine Verblüffung. Fremdenführer und Touristen verstummten wie versteinert.

«*How do you do*», begrüßte ich sie und fuhr auf englisch fort: «Ziemlich heiß hier in Benares, stimmt's? Ich bin nicht der Fakir, wie man sieht. Er kommt wieder; ich hab mich ein bißchen im Schatten ausgeruht, solange sein Platz frei war.»

Darauf erhob ich mich langsam. Einigen von den Fremden hatte es immer noch die Sprache verschlagen, aber sie begannen, die Nägel zu untersuchen, und schürften sich die Finger auf, da es sich ja nicht um Attrappen, sondern um kräftige, spitze Exemplare handelte.

«Sie haben etwas viel Erstaunlicheres gesehen als einen Fakir», erläuterte ich, «nämlich eine Pariserin, die auf einem mit Nägeln gespickten Bett liegt, ein weitaus seltenerer Anblick. Seien Sie also großzügig zu dem Sadhu, und geben Sie seinem Schüler dort etwas Geld, er wird es seinem Meister aushändigen, sobald dieser zurückkommt.»

Ich schlüpfte wieder in meinen Sari und entfernte mich.

Mein Verhalten mag etwas unseriös wirken, aber es ist selbst in Indien einfach nicht möglich, sich ständig in tiefe philosophische Meditationen zu versenken. Im übrigen gehört zu den wunderbaren Dingen, die Indien uns lehrt, nicht zuletzt, daß sich auch in den unsinnigsten Handlungen ein philosophischer Sinn entdecken läßt.

Dennoch fügen sich Spott und Spaß nur schwer in die Atmosphäre düsterer Frömmigkeit ein, die in Benares, der Stadt Shivas, herrscht.

Furchtbare abergläubische Praktiken, die erst seit etwa hundert Jahren der Vergangenheit angehören und von denen manche bis in die Gegenwart fortzubestehen scheinen, verbinden sich in bestimmten Winkeln der Stadt mit finsteren Erinnerungen. Dort werden Lingas gezeigt, die einst als Richtblöcke dienten. Nachdem die Gläubigen zunächst ihre Habe den Brahmanen zum Geschenk gemacht hatten, ließen sie sich den Kopf abschlagen – als Opfer an Shiva und in der Hoffnung, sich dadurch die Wiedergeburt in einem Paradies zu verdienen.

Andere Schwachköpfe wählten, zweifellos aus Angst vor dem Säbel des Opferpriesters, den Tod durch Ertrinken im heiligen Ganges.

Nach der üblichen Schenkung ihrer Besitztümer ließen sich diese Fanatiker einen mit Kies gefüllten Krug um den Hals binden. So beschwert stiegen sie dann in einen Kahn und fuhren bis zur Flußmitte. Dort stürzten sie sich ins Wasser – falls sie in letzter Minute zögerten, stieß man sie vielleicht auch hinein –, und das Gewicht an ihrem Hals zog sie sofort in die Tiefe.

Bei einem meiner Aufenthalte in Benares beging jemand auf diese Weise Selbstmord.

In allen indischen Städten gibt es zahlreiche Tempel, doch

Benares nimmt in dieser Beziehung eine Sonderstellung ein. Außer den großen Heiligtümern, die dem Besucher sofort ins Auge fallen, gibt es unzählige weitere, die man in schmalen Gäßchen oder in den Außenbezirken aufspüren muß, und an jedes knüpft sich eine Legende oder eine Besonderheit des Gottes, dem es geweiht ist.

Ich habe viele davon besichtigt, gelegentlich ganz offen, häufig jedoch abends oder nachts, wie eine Inderin gekleidet und in Begleitung eines jungen Tibeters, der in meinen Diensten stand. Er sprach fließend Hindi und Nepalesisch und besaß eine gewisse Bildung. Entsprechend instruiert, wußte er genau, welche Fragen er zu stellen hatte, um die Antworten zu erhalten, die mich interessierten. Er hatte die heilige Schnur angelegt und ging ohne weiteres als Nepalese durch, der einer der reinen, den Vaishyas gleichgesetzten Kasten angehörte, während ich die bescheidene Rolle seiner auf Pilgerfahrt in die heilige Stadt befindlichen Tante spielte.

Manchmal wurde ich – verkleidet oder gelegentlich sogar ohne Maskerade – von befreundeten Brahmanen begleitet, die sich vorurteilsfrei über das Verbot für Nicht-Hindus, die Tempel zu betreten, hinwegsetzten oder die mir die ausreichende Reinheit zubilligten, mich den Göttern zu nähern.

Die Tatsache, daß ich strenge Vegetarierin war und morgens und abends sowie nach jedem Spaziergang zu baden pflegte, trug mir einen guten Ruf ein, aber dazu kam noch ein aus abendländischer Sicht recht seltsamer weiterer Grund.

Nach hinduistischem Volksglauben sind Kinder, die erst nach langjähriger Ehe der Eltern geboren wurden, ein Geschenk der Götter und unterliegen daher auch ihrer besonderen Fürsorge, da sie Bestimmtes mit ihnen vorhaben.

In den Geschichten der Hindus wird den Helden gern eine solche späte Geburt zugeschrieben. Eine der Legenden, die sich um den berühmten Philosophen Shankara ranken, berichtet, er sei zwölf Jahre nach der Eheschließung seiner Eltern zur Welt gekommen. Irgendwelche historischen Erkenntnisse hierzu gibt es freilich nicht.

Wenn ein Kind, das zwölf Jahre auf sich warten ließ, meinen Freunden schon in einem fast wunderbaren Licht erschien, was mußten sie dann erst von einem halten, das sechzehn Jahre gebraucht hatte, um seine bereits betagten Eltern mit seiner Ankunft zu überraschen? Das war nämlich bei mir der Fall, und obwohl ich mich dafür in keiner Weise verantwortlich fühlte, war ich durchaus gewillt, die kleinen Vorteile, die es mir bot, zu nutzen.

So brachte man mich auch zu einem kleinen Tempel, der Bhairava geweiht war und außerhalb der Stadt in einem dichten Wäldchen lag. Bhairava («furchterregend», «der Schreckliche») – einer der Namen für Shiva – wird mit menschlichem Körper und einem phantastischen Stierkopf, manchmal auch mit mehreren, dargestellt.

Das Bildnis in dem kleinen Tempel war nicht sonderlich eindrucksvoll, der dicke, tiefbraune Körper ließ trotz des Tierkopfes mit den drei Augen und der gefletschten scharfen Zähne den Betrachter gleichgültig. Zudem sah ich keinen einzigen Besucher, nur drei reglose Sadhus meditierten in einiger Entfernung unter den Bäumen.

Weshalb hatte man mich hierhergeführt? Ein eigentümlicher Glaube war der Grund. Derjenige, der die Nacht im Tempel zu Füßen von Bhairava verbrachte, erlangte in diesen Stunden die endgültige Verwirklichung seines spirituellen Strebens (Moksha oder Mukti), oder er starb, und der Tempeldiener fand im Morgengrauen seinen Leichnam vor dem Altar liegend.

Warum sollte ich nicht die Probe aufs Exempel machen? Gab es an der harmlos wirkenden heiligen Stätte irgendwelche finsteren Machenschaften? Wurden im Tempel nächtliche Erscheinungen fingiert, die Gläubige zu Tode erschreckten, oder spielte ihnen ihre Phantasie einen Streich?

Die Erleuchtung wiederum kann meiner Meinung nach plötzlich eintreten, wie es die Zen-Adepten behaupten, einfach weil man unter den vertrauten Gegenständen oder in seinen gewohnten Gedankengängen auf einmal irgend etwas entdeckt, das immer da war und das man bis dahin eben nicht wahrgenommen hat. Und daß mein Scharfblick erwiesenermaßen nichts zu wünschen übrigließ, bestärkte mich in meiner forschen Selbsteinschätzung.

Als ich ihn um Erlaubnis bat, die Nacht bei Bhairava zu verbringen, sah mich der Tempelwärter sonderbar an, erhob aber keinerlei Einwände; er teilte mir lediglich mit, wenn ich einen Diener mitbrächte, müßte dieser draußen bleiben, die Zwiesprache mit dem Gott dulde keinen Zeugen. Das entsprach auch meinem Wunsch.

Eines Abends erschien ich im Tempel, mit einer Matte bewaffnet, in der ich ein Moskitonetz versteckt hatte, eine dringend gebotene Schutzmaßnahme. Der Wärter nahm sichtlich befriedigt, wenngleich zurückhaltend, die paar Rupien entgegen, die ich ihm zusteckte. Wortlos ließ er mich die Stufen emporsteigen und entschwand.

Würde er mich heimlich beobachten? Das fragte ich mich im Gedanken an das profane Moskitonetz, das ich heimlich bei Bhairava eingeschmuggelt hatte und aufhängen mußte. Nichts leichter, als mich zu observieren, durch die kleinen Maueröffnungen konnte man das Innere des Tempels gut überblicken. Sein Pech! Die Moskitos umschwirrten mich schon beängstigend hautnah; sollte mich doch bespitzeln, wer wollte, ich mußte mich dringend unter meinen Tüllschutz flüchten, entdeckte aber weder einen Nagel noch irgendeinen Vorsprung, um ihn daran aufzuhängen.

Am Ende des kleinen Saales, gegenüber vom Altar, stand ein hohes Regal. Ich stellte mir vor, daß es zum vorgeschriebenen Zeitpunkt, mit Lebensmitteln bestückt, näher an das Bildnis herangetragen werden mußte. Die Höhe der obersten, mit einer durchbrochenen Kante versehenen Platte ließ auf die Absicht schließen, Bhairava den Duft der dargebotenen Speisen schnuppern zu lassen.

Für mich erwies es sich auf jeden Fall als nützlich. Ich knotete die Schnüre des Moskitonetzes in dem durchbrochenen Plattenrand zusammen, stopfte den Tüllsaum unter die Matte und schlüpfte in dieses Puppenzelt.

Dann wartete ich ...

Vor mir, respektheischend, der phantastische Stier, von einer auf einem Kupfersockel stehenden Lampe beleuchtet, der mich mit seinen drei weitaufgerissenen Augen zu beobachten und die Zähne immer drohender zu fletschen schien.

Hinter ihm brachte das Flackern der gelblichen Flamme Schatten zum Tanzen, ließ Bhairava ins Riesenhafte wachsen – er tauchte auf, verschwand wieder, zappelte, schien sich manchmal von der Mauer lösen zu wollen, auf mich zuzugehen, um sich diese leichte Beute zu holen.

Vielleicht hatte diese Phantasmagorie genügt, ohne irgendwelche üblen Tricks der Tempelpriester, um die armen Frommen mit ihrem Gehirn voller Aberglauben wahnsinnig zu machen und in den Tod zu treiben ... Möglich war es, der Tanz des Monstrums wurde beängstigend, und ich verspürte den Wunsch, die Augen zu schließen.

Ich mußte eingeschlafen sein; ein heller Lichtschein

strich rasch über meine Lider und weckte mich, ich öffnete die Augen und richtete mich auf: Die Lampe am Altar war verloschen und die Finsternis so tief, daß man das Weiß der Wände nicht mehr wahrnahm.

Im Garten heulten Schakale ... etwas streifte die Falten meines auf den Steinplatten schleifenden Moskitonetzes. Eine Schlange? Der Gedanke ließ mich erschauern, Giftschlangen sind in indischen Gärten nicht gerade selten. Aber weshalb sollte sie mich beißen, wenn ich sie nicht erschreckte? Also würde ich mich nicht rühren und sie in Frieden ihres Weges ziehen lassen, was mich freilich nicht hinderte, hellwach zu bleiben. Ich vergaß Bhairava und flüchtete mich in den Dschungel mit einer Geschichte aus der Majjhima-Nikaya, in der Siddhartha Gautama angeblich eine Episode aus seinem Leben als Asket berichtet:

> Ich wanderte im Wald zwischen den unter den Bäumen verstreuten Gräbern zu den Orten, wo der Schrecken herrscht, und ließ mich nieder, um dort die Nacht zu verbringen. Und als ich da verweilte, sprang ein Reh durch das Dickicht, ein Vogel streifte ein Zweiglein, so daß es zu Boden fiel, Wind kam auf und ließ die Blätter leise rauschen. Und ich dachte: Da sind sie nun, dieser Schrecken, diese Angst. Und ich sagte mir: Warum sollte ich reglos verharren, während ich sie erwarte? Warum sollte ich nicht, sobald dieser Schrecken, diese Angst Gestalt angenommen haben, ihnen entgegengehen und sie bezwingen?
> Und sie kamen, während ich hin und her wanderte, doch ich blieb nicht stehen, ich setzte mich nicht, ehe ich sie bezwungen hatte. Sie kamen, während ich saß, aber ich stand weder auf, noch legte ich mich hin, ehe ich sie bezwungen hatte.

Abermals erfüllte greller Lichtschein den Raum. Zu meinen Füßen befand sich zwar keine Schlange, dafür aber eine fette Ratte, die den Saum des Moskitonetzes zerfetzt hatte und nun geblendet davonflitzte.

Dann wurde es wieder stockfinster, Schakale heulten, Donnergrollen kam immer näher, und schließlich regnete es in Strömen. Der Monsun setzte in diesem Jahr früh ein.

Was wurde aus den Sadhus im Garten? Zweifellos würden sie sich in den Tempel flüchten. Doch es erschien niemand, und ich blieb bis zum Tagesanbruch allein, lauschte den schweren Regenfällen, dem schwächer werdenden Donner, als das Gewitter sich verzog, und dabei vollendete Shiva unerbittlich in mir sein ewiges Zerstörungswerk, wobei jeder Herzschlag eine Etappe meines Zerfalls markierte.

Nun öffnete ich die Tür und schaute in den Garten, wo der Boden schlammig geworden war und die Bäume von Nässe trieften. Die Sadhus? Sie waren immer noch da, am gleichen Platz, an dem ich sie am Vorabend gesehen hatte, immer noch reglos, allem entrückt, wie es schien. Die paar Fetzen orangefarbener Baumwolle, die sie um die Hüften geschlungen hatten und die jetzt völlig durchweicht waren, klebten an ihrer Haut, ihre struppige Mähne war zum Schwamm geworden und tropfte ihnen ins Gesicht. Sie interpretierten die Verhaltensregeln des zukünftigen Buddha auf ihre Weise – sie hatten den Ansturm der Elemente hingenommen, indem sie ihre Impulse bezwangen, und sich nicht erhoben, um irgendwo Schutz zu suchen. Aber hatten sie, in ihre Meditationen versunken, wirklich Impulse gehabt, Gefühle empfunden? Ich bezweifelte es fast, als ich sie da so unbeweglich im Morast sitzen sah, über und über beschmutzt, vom schlammigen Erdreich nicht mehr zu unterscheiden.

Inzwischen hatte es aufgehört zu regnen; kurz darauf erhoben sich die drei Asketen und entfernten sich in Richtung Ganges, um das rituelle Morgenbad zu nehmen. Ich blickte ihnen nach und mußte an die wahnsinnigen Mystiker denken, die, um den Hals einen mit Kieselsteinen gefüllten Krug, zum heiligen Fluß marschierten. Diese Sadhus hatten nicht vor, sich selbst ebenso zu opfern. Sie würden dem schlammigen, Hochwasser führenden Ganges entsteigen, von allen Sünden gereinigt und körperlich kein bißchen sauberer, als sie hineingegangen waren. Sie würden herauskommen ... Dennoch sollte ich später einen ihrer Glaubensbrüder die Geste mit dem steinbeschwerten Krug wiederholen sehen, nur ohne dieses Hilfsmittel, das einen raschen, gnädigen Tod gewährt, sondern langsam, grauenvoll, mit einer erschreckenden Beharrlichkeit, die mich mit dem Entsetzen und der Furcht erfüllte, welche mir der Bhairava nicht einzuflößen vermocht hatte.

Die Ghats (Kais) führen in Benares terrassenförmig von der Stadt bis zum Wasserspiegel des Ganges hinunter, der zwischen dem Niedrigwasser im Winter und dem Hochwasser im Sommer um zehn Meter und mehr variiert. Auf diesen Absätzen von verschiedener Breite erheben sich zahlreiche Sakralbauten; die einen in den Dimensionen eines richtigen kleinen Tempels, andere wiederum reduziert auf einfache Nischen, die das Bildnis eines Gottes oder sein Emblem beherbergen.

Wenn die wolkenbruchartigen Regenfälle und die Schneeschmelze an den Hängen des Himalaja den Ganges anschwellen lassen, überschwemmt er nacheinander alle Stufen mitsamt den sich darauf befindenden Bauwerken.

Kurz bevor das Hochwasser Benares erreichte, quartierte sich ein Sadhu in einer solchen Nische ein, in der ein

Linga aus schwarzem Marmor, ein Symbol für Shiva, stand. Er ließ sich dahinter nieder, mit untergeschlagenen Beinen, und verharrte regungslos in dieser Meditationshaltung.

Das Hochwasser setzte ein, stieg von Tag zu Tag an. Von seiner Nische aus konnte der Sadhu beobachten, wie es einen Absatz nach dem anderen überflutete, immer näher herankam. Er hatte beschlossen, sich davon überschwemmen zu lassen, und rührte sich nicht. Sein Entschluß war bekannt und erregte respektvolle Bewunderung bei der Menge. Die Leute warfen Blumen vor den Eingang und bekränzten ihn mit Girlanden. Der Sadhu blieb unbewegt; er fastete.

Ich befragte einige meiner hinduistischen Freunde, ob man diesen Fanatiker nicht irgendwie wegschaffen und daran hindern könne, Selbstmord zu begehen. Sie schüttelten den Kopf und lächelten anscheinend über meine Naivität. Die überwiegende Mehrheit der Bevölkerung bejahte die Geste des Sadhu, hielt sein Vorhaben für bewunderungswürdig und jedes Einschreiten für ein Sakrileg, gegen das sie lautstark protestiert hätte. Im übrigen handelte der Sadhu aus freien Stücken, nichts und niemand würde ihn daran hindern, seinen Platz zu verlassen, sofern er das wollte, aber er wollte es eben nicht.

Während mehrerer Tage ging ich immer wieder zum Ganges, um den Mann zu beobachten, dessen Tod nahte. Kein Glied bewegte sich, er verharrte mit aufrechtem Oberkörper und Kopf, den steinernen Standbildern gleich, die ringsum in den Kapellen thronten.

Wasser überschwemmte die erste Stufe seiner Klause, dann die zweite, umspülte die Schwelle. Die Leute kamen in Booten, um den Sadhu zu sehen und ihm Blumen zuzuwerfen.

Das Wasser stieg immer weiter, reichte ihm bis zum Gürtel, bis an die Schultern, den Hals, streichelte den Mund und schlug ihm über dem Kopf zusammen, ohne daß er aus seiner Reglosigkeit erwacht wäre.

Die Menge, die sich versammelt hatte, um das Ende des Dramas zu verfolgen, schrie: «*Jai! Jai!*» (Sieg)

Die Tat eines Wahnsinnigen, anders kann man es nicht bezeichnen. Und dennoch liegt in dieser geistigen Einstellung, in diesem unbeugsamen Gleichmut eine schreckliche Größe, deren religiöse Motivation Respekt abverlangt.

Wenn mein Freund, der indische Beamte, aus guten Gründen behauptet, unter den fünf bis sechs Millionen «berufsmäßigen Heiligen» in seinem Land kämen auf 100 gut und gern 90 Betrüger und Taugenichtse, so trifft man darunter doch zweifellos auch einige überzeugte Hindus an, deren absurdeste Handlungen sogar noch einen Beweis für ihre Aufrichtigkeit darstellen.

Die ganz spezifische Geisteshaltung, der man in Indien begegnet, hat sich möglicherweise erst mit dem Eindringen der indo-arischen Völker entwickelt und zu wechselseitiger spiritueller Beeinflussung geführt, an der dann auch die dravidischen Kulturen Anteil hatten, als die Indo-Arier nach Südindien vorstießen. Ihren sozialen Ausdruck findet diese Geisteshaltung in Sannyasa, was soviel wie Entsagung bedeutet.

Zwischen dem Sannyasin und dem zuvor geschilderten Sadhu besteht eine nahe Verwandtschaft, beide haben gemeinsame Ursprünge. Von Anfang an wurde das Leben eines Menschen nach vedischer Auffassung in drei strikt voneinander abgegrenzte Phasen eingeteilt.

Die erste ist die Lehrzeit, die Brahmacharya, die zweite Grihasta, in der geheiratet und eine Familie gegründet wird. Die dritte Lebensphase, in der sich der Mensch, nachdem er die Pflichten des Haushaltsvorstandes erfüllt und der Gemeinschaft gedient hat, in die Waldeinsamkeit zurückzieht, um sich ganz dem Studium der Philosophie und der heiligen Schriften hinzugeben und intensiv zu meditieren, heißt Vanaprastha.

Die beiden ersten Phasen waren obligatorisch, die dritte war es nur bedingt. Häufig fühlte sich der Hausherr zum gegebenen Zeitpunkt noch zu frisch und munter für ein Einsiedlerdasein, und dann durfte er sich auch an einen entlegenen Ort auf dem Land oder am Waldessaum zurückziehen. Dort baute er sich nun einen Wohnsitz, den er nach Belieben bequem ausgestalten konnte, behielt ganz oder teilweise das Verfügungsrecht über sein Vermögen und durfte weiterhin mit seiner Frau zusammenleben.

Andere dagegen verzichteten auf all ihre Besitztümer zugunsten ihres ältesten Sohnes oder teilten sie unter ihren Ehefrauen auf.

Ein berühmtes Beispiel dafür liefert die *Brihadaranyaka-Upanishad:*

«Ich werde mich von meinen Pflichten als Haushaltsvorstand zurückziehen», sprach der Heilige Yajnavalkya zu seiner Frau Maitreyi, «und daher meine Habe zwischen dir und Katyani aufteilen.»

Maitreyi lehnte den angebotenen Reichtum ab.

«Wozu sind diese vergänglichen Dinge nütze», entgegnete sie. Ihr Wunsch ist es, an der Erkenntnis teilzuhaben, die ihr Gatte in ganz besonderem Maße besitzt – über das Selbst, das absolute Sein, über Brahman.

Nachdem er ihr die gewünschte Belehrung erteilt hat, verläßt Yajnavalkya sie, um als Asket zu leben, wobei offenbleibt, ob Maitreyi es ihm nicht gleichtut.

Jedenfalls hat Indien neben denen, die sich einfach an

die sozialen Regeln und Gesetze hielten, immer auch freie Geister hervorgebracht, die gar nicht erst den vorgeschriebenen Zeitpunkt abwarteten, sondern es von vornherein ablehnten, sich der Pflicht zur Eheschließung zu unterwerfen. Statt dessen gehen sie ihre eigenen Wege auf der Suche nach Entdeckungen – über das Wesen der Welt in all ihren Zusammenhängen, über die Natur ihres «Selbst» und über das Wissen, das magische Kräfte verleiht, drei Erkenntnisbereiche, die eng miteinander verknüpft sind.

Um diese «Ausbrecher» handelt es sich, wenn seit vedischen Zeiten die Rede ist von «Männern, die, in gelbe Gewänder gekleidet, mit dem Wind dahinziehen und die Kräfte der Götter besitzen»; oder wie es auch heißt: «langhaarige, schmutzstarrende Männer, die im Windhauch umherstreifen». Ihresgleichen findet man über die Jahrhunderte hinweg, stets am Rande der Gesellschaft, wobei sie sich anmaßen, über den Gesetzen zu stehen, und bei der zahmen Herde der Mitläufer hochangesehen sind, gerade weil sie es für unter ihrer Würde halten, einfach mitzutrotten, und sich außerhalb der ausgetretenen Pfade als Rebellen gebärden.

Selbstverständlich ist hier nicht der politische, sondern der mystische Rebell gemeint, dem die Welt in ihrer Gesamtheit, mit ihren Himmeln und Höllen, in der drastischen Ausdrucksweise mancher Texte «gleich einem Haufen Dreck» erscheint und der es ablehnt, sich darin zu suhlen.

Dieses Niveau erreichen die «berufsmäßigen Heiligen» natürlich selten. Sie begnügen sich damit, von der Tradition zu profitieren, die sich mit der hochmütigen Verweigerung ihrer Vorläufer verbindet. Dennoch ähneln diese Exzentriker, die zerlumpt oder nackt – und meist ziemlich arrogant – umherirren, zumindest äußerlich den in den

Veden beschriebenen «langmähnigen Gestalten in schmutzigen gelben Gewändern» weitaus mehr als die modernen Sannyasin, von denen sich viele für ein ernstes, würdiges, friedfertiges Leben entschieden und manchmal sogar religiöse Orden gegründet haben.

Nach Auffassung der Inder sind die Buddhisten für diesen Wandel verantwortlich.

Vor der Zeit des Buddha gab es in Indien eine Gruppe von Asketen, die Shramanas, die bei einem Meister lebten; bevor Siddharta Gautama seinen eigenen Weg gefunden hatte, schloß er sich verschiedenen Lehrern an, die wichtigsten waren Arada Kalama und Rudraka Ramapura. Doch ihre Lehren befriedigten ihn nicht, und die Schüler bildeten zudem keine Gemeinschaft.

Von den Schülern des Buddha dagegen schlossen sich die sogenannten Bhikshus (Bettler, Mönche) in Klöstern zusammen. In den Anfängen bildeten sie den Kern der buddhistischen Gemeinde, des Sangha, trugen die gleiche vorgeschriebene Kleidung, die aus drei Teilen bestand und aus Lumpen gefertigt war, und hatten eine gemeinsame Ordensregel.

Diese Regel bestand ursprünglich aus zehn Artikeln, wurde im Laufe der Zeit jedoch immer weiter ergänzt, bis es schließlich über zweihundert Artikel waren, von denen einige ausgesprochen albern anmuten und mit der eigentlichen Lehre nicht das mindeste zu tun haben.

Zwischen dem Sangha und den christlichen Orden existiert ein wesentlicher Unterschied. Keuschheit und Armut werden dem Bhikshu ebenfalls abverlangt, während er das Gelübde des Gehorsams nicht ablegt. Es steht ihm sogar frei, auf Wunsch den Sangha wieder zu verlassen. Die Vorstellung von einer unwiderruflichen Verpflichtung war mit der Lehre vom Daseinskreislauf, wie ihn der Buddha verstand, nicht vereinbar. Die Disziplin, die der Mensch heute akzeptiert, weil sie seinen körperlichen und geistigen Bedürfnissen entspricht, kann infolge vielfacher Veränderungen morgen schon unannehmbar sein.

Indische Kritiker machen den Buddhisten zum Vorwurf, das bis dahin absolut unabhängige asketische Leben dadurch eingeschränkt zu haben, daß sie als Rahmenbedingung einen Orden schufen. Dieser Einwand mag wohlbegründet sein, hat aber ihren berühmtesten Philosophen, Shankara, einen erbitterten Gegner des Buddhismus, nicht gehindert, gut dreizehn Jahrhunderte später, seinerseits einen Orden zu gründen, dessen Mitglieder Sannyasin des Shankara genannt werden.

Heutzutage beanspruchen sie die Bezeichnung Sannyasin gern ausschließlich für sich und verweisen alle übrigen Träger des orangefarbenen Gewandes etwas geringschätzig auf einen Platz in der Menge der Sadhus.

Dies war übrigens nicht die einzige Anleihe, die Shankara bei Buddha machte, er nahm mehr als einen Punkt aus dessen Lehre auf, ein geschickter Schachzug, der den Siegeslauf seiner Philosophie nur förderte.

Die zehn Mönchsorden der Shankara-Tradition sind heute noch einflußreich; ihre Namen – Giri – Puri – Bharati – Sarasvati – Tirtha – Ananda – Vana – Aranya – Parvata und Sagara – werden als Beinamen an den jeweiligen Mönchsnamen angehängt.

Gleiche Ursachen, gleiche Wirkungen. Als der Buddhismus in Indien seine Blütezeit erlebte, gelangten seine Gemeinden zu Wohlstand. Den christlichen Orden erging es ebenso, und bei denen der Shankara-Tradition war es nicht anders.

Das von Shankara in Südindien gegründete Hauptkloster Shringeri verfügt über beachtlichen Besitz. Sein Vorstand ist irgendwie für den gesamten Orden verantwortlich und führt den Titel Shankaracharya, ein Hinweis, daß er als derzeitiger Vertreter in der direkten Nachfolge des Meisters steht. Freilich nehmen auch die Vorstände der anderen drei großen Klöster in Puri, Badrinath und Dvaraka diesen Titel häufig in Anspruch.

Ich habe selber gesehen, mit welchem Aufwand eine Reise des Vorstands von Shringeri vonstatten ging. Für einen regierenden Monarchen hätte auch nicht mehr Pracht entfaltet werden können. Das bedeutet jedoch nicht, daß die Sannyasin der Shankara-Tradition oder ihre führenden Vertreter im Luxus leben. Davon kann keine Rede sein. Der Orden ist reich, und seine bedeutendsten Mitglieder werden mit Beweisen der Verehrung überhäuft, aber ihre Lebensweise ist im allgemeinen einfach und bescheiden, und sie tragen nach wie vor das schlichte orangefarbene Baumwollgewand aller hinduistischen Asketen.

Der Anspruch, daß allein die Mitglieder des Shankara-Ordens sich als Sannyasin bezeichnen dürfen, wird keineswegs einhellig anerkannt, und eine große Anzahl von Sannyasin bewahrt völlige Unabhängigkeit. Manche haben sich in Gemeinschaften oder in kleinen Gruppen zusammengeschlossen, andere bleiben für sich.

Die Sannyasin stehen zwar im allgemeinen intellektuell wie spirituell weit über der Masse der gewöhnlichen Sadhus, aber dennoch gebärden sich selbst die ehrwürdigsten Vertreter nicht ständig als Übermenschen; der aufmerksame Beobachter kann da manche Marotten oder einfach menschliche Gefühlsäußerungen entdecken.

Eines der Klöster, zu denen ich Zugang hatte, lag in einem von hohen Mauern umschlossenen Park. Die kleine

Gemeinschaft, die dort wohnte, umfaßte nur etwa zehn Mitglieder, fast alle gebildet, sogar gelehrt und modern erzogen. Sie standen in dem Ruf, sich tantrischen Meditationen zu widmen, und zeigten mir dafür bestimmte Bilder. Auf diesen Bildern waren keine Gegenstände dargestellt, sie bestanden vielmehr aus verschiedenfarbigen Linien, die sich zu komplizierten Mustern und perspektivischen Effekten zusammenfügten.

Der Schüler schloß sich in eine leere Zelle ein, samt dem Bild, das sein Meister für geeignet hielt oder das er sogar eigens für ihn entworfen hatte. Die Übung verlangte, das Bild anzuschauen, ohne sich durch irgendeinen anderen Gedanken ablenken zu lassen. Vor allem durfte der Betrachter nicht angestrengt nach einem Sinn in den verschiedenen Linien- und Farbzusammenstellungen suchen. Hier gab es keinerlei Bilderrätsel zu lösen. Ziel der Darstellung war es, im Geist des Schülers einen «Schock» hervorzurufen und ihm intellektuelle und spirituelle Horizonte zu eröffnen, die ihm bis dahin verborgen geblieben waren.

«Ich möchte, daß Sie Ramashram kennenlernen», sagte mein Freund B., Brahmane, Gutsbesitzer und streng orthodox.

«Ramashram ist ein schrecklicher Mensch», fügte B. hinzu, «ich wage es kaum, ihn zu besuchen, er ist imstande, meine sämtlichen Überzeugungen zunichte zu machen, bis ich nicht mehr aus noch ein weiß und auf allen Seiten nur Trümmer und Leere sehe.»

Diese Beschreibung machte mich in höchstem Maße neugierig auf den schrecklichen Ramashram, und ich bat meinen Freund, mich möglichst umgehend zu ihm zu bringen.

Der angehängte Beiname «Ashram» legte die Vermutung nahe, daß Ramashram vielleicht dem Shankara-Orden angehört hatte, jetzt aber lebte er jedenfalls als unabhängiger Sannyasin. Er wohnte in einem gemauerten Würfel auf dem Land inmitten eines Wäldchens, fernab von einer zum Ganges führenden Straße. Der Würfel stand wie ein Kunstobjekt auf einem Gestell in der Mitte einer Terrasse, zu der sieben Stufen hinaufführten. Eine schmale Tür und ein einziges, mit kräftigen Eisenstäben gesichertes Fenster gingen auf die Terrasse.

Bei meiner Ankunft saßen zwölf Inder vor dem Häuschen, die Hände gefaltet, die Augen gen Himmel gerichtet, tiefes Schweigen. Sie warten auf den Guru, dachte ich, und ließ mich etwas abseits nieder. Doch ihre Blickrichtung gab mir einen Hinweis, ich schaute nach oben und entdeckte Ramashram auf dem Dach seines Domizils, das er sich als Thron erkoren hatte. Von dort hielt er seinen Schülern endlose Vorträge und lieferte ihnen mit diesen ketzerischen Theorien, die meinen Freund, den gläubigen, orthodoxen Brahmanen, so aus der Fassung brachten, Stoff zum Nachdenken.

Die Kulisse war zauberhaft. Blaue Vögel und grüne Papageien flogen kreischend in den Bäumen hin und her, eine ganze Horde Affen sprang fratzenschneidend umher, was dieser Versammlung von Mystikern zu Füßen eines Meisters eine höchst ironische Note verlieh und damit viel heftiger an den Grundfesten des Glaubens rüttelte, als es die kühnsten vom Dach verkündeten Lehrsätze des schrecklichen Ramashram jemals vermocht hätten.

Seine Taktik erinnerte mich an den Beamten, der sechs Monate lang Tag für Tag einen Guru aufgesucht und ihn stumm betrachtet hatte, ohne daß dieser das Wort an ihn richtete. Da ich die Beweggründe des Beamten nicht teilte, erfolgten meine weiteren Besuche in unregelmäßigen Abständen von acht bis zehn Tagen; mir fehlte zwar der Glaube, aber der Guru interessierte mich.

Ich schloß Bekanntschaft mit einigen seiner Schüler, ging mit dem einen oder anderen ein Stück Wegs zusammen oder nahm ihn in meinem Wagen mit zurück in die Stadt, wobei sie mir von seinen Lehren oder seinem Privatleben erzählten. So erfuhr ich bröckchenweise, daß der Svami gebührend als Sannyasin eingeweiht worden war, danach jedoch eine Frau genommen habe; da er beides miteinander vereinbaren wollte, habe er die tantrische Lehre der Shaktas übernommen, die ihren hohen Adepten die Ehe gestattet.

Einer anderen Version zufolge hatte Ramashram in jungen Jahren geheiratet – wie die meisten Hindus –, wollte dann aber Sannyasin werden, ohne sich von seiner Frau zu trennen, und bekannte sich zum Shaktismus, um ihr Zusammenleben zu legitimieren.

Ramashram war Vater eines zwanzigjährigen Sohnes, der eine moderne Erziehung erhalten sollte. Der junge Mann besuchte Vorlesungen an der Universität von Kalkutta, und Ramashram plante, ihn zum Abschluß des Studiums nach England zu schicken. Zwecks Bestreitung der Kosten scheute er sich nicht, seine reichen Schüler auszunehmen, die sich das anscheinend bereitwillig gefallen ließen.

Das war eine ungewöhnliche Geschichte, und die väterliche Liebe des alten Sannyasin hatte sogar etwas Rührendes. Doch man erzählte sich auch noch andere Dinge: Der gemauerte Würfel, der sich in dem Wäldchen mit den grünen Papageien und den mutwilligen Affen wie ein Ausstellungsobjekt ausnahm, sei Schauplatz ungezügelter Riten nahezu orgiastischer Natur. Man zelebriere hier Chakra in unverfälschter Form, gesteigert durch ausgiebige Zechgelage. Stimmte das wirklich?

Eines Tages gab mir der Svami schließlich einen festen Termin. Ich machte mich am Nachmittag auf den Weg; keiner der Schüler war anwesend, der Guru thronte nicht auf dem Dach, sondern rief mich an das vergitterte Fenster. Wir unterhielten uns, er drinnen, ich draußen, wie bei den Karmeliterinnen. Seine Äußerungen zur Philosophie des Advaita-Vedanta lagen auf der Linie der extrem orthodoxen Shaktas, für die nichts existiert als das Spiel der gänzlich unpersönlichen und unbewußten Energie.

Unter Anspielung auf die Erklärung, die der Sannyasin am Tag seines Gelübdes ablegt und in der er die hinduistische Kosmologie der Drei Welten, Triloka, ablehnt, sagte er sarkastisch: «Was gibt es da abzulehnen? Weder diese drei Welten noch sonst eine, die man sich vorstellen könnte, existieren.»

Ich verstand, daß mein Freund B., der gläubige Brahmane, diesen Menschen schrecklich fand.

Ich setzte meine unregelmäßigen Besuche bei dem Shakta-Sannyasin fort und erfuhr zu meiner Überraschung, daß er sich weithin eines hohen Ansehens erfreute, was ich, bei aller Anerkennung seiner philosophischen Meriten, nicht vermutet hatte. Ich hatte einem meiner in Indien ansässigen englischen Freunde geschrieben, daß ich einen sonderbaren Shakta-Sannyasin häufig aufsuchte. In seinem Antwortbrief fragte er mich, ob es sich zufällig um den großen Ramashram handle, dessen überragende intellektuelle und spirituelle Fähigkeiten ihn zu einem wahrhaftigen Siddhi Purusha machten.

Diese Einschätzung des Mannes, der von seinem Dach aus lehrte und mit dem die Affen ihre Possen trieben, verblüffte mich sehr. Wie der Schein in solchen Fällen trügen kann, hatte ich zwar schon erfahren, aber es wäre mir nie in den Sinn gekommen, in Ramashram einen Menschen mit übernatürlichen Fähigkeiten zu sehen, das heißt, ihn als Siddhi Purusha zu betrachten.

Eines Abends nun war ich mit seiner Erlaubnis dabei, als er zu zwei Schülern sprach und dabei auf Tibet anspielte, was mich hellhörig machte.

«Der Buddha befindet sich jetzt in Tibet unter den Dakinis (weibliche Dämonenwesen)», erklärte er.

Ich flüsterte dem neben mir sitzenden Schüler zu:

«Diese Geschichte hat eine esoterische Bedeutung, ich habe sie in Tibet gehört.»

«Was sagt sie?» erkundigte sich Ramashram.

«Sie hat in Tibet davon gehört», erwiderte mein Nachbar. «Sie sagt, es gibt dafür eine esoterische Erklärung.»

Ramashram äußerte sich dazu nicht.

Einige Wochen später suchte mich einer der wichtigsten Schüler des Svami auf.

«Möchten Sie von meinem Guru eingeweiht werden und ein Mantra von ihm empfangen?» fragte er mich. «Er ist dazu bereit.»

Diese Mitteilung überraschte mich. Offen gestanden lag es mir nach meiner inneren Einstellung fern, mich der spirituellen Führung eines Gurus anzuvertrauen: Ahnte das Ramashram nicht? Was mochte er mit seinem Angebot beabsichtigen? So angestrengt ich auch darüber nachgrübelte, ich fand keine Antwort.

Damals erhielt ich einen weiteren Brief von meinem Freund in Kalkutta, der Ramashram so hoch schätzte; wie ich seinem Schreiben entnahm, hatte er den Philosophen indirekt wissen lassen, daß er mich kannte. Wahrscheinlich hatte er diese Information mit ein paar Lobsprüchen garniert, aus denen der Svami schließen konnte, ich sei fähig und würdig, die esoterische Bedeutung der Tantras zu verstehen.

Mein Freund stammte zwar aus der britischen Oberschicht, war aber trotzdem der Faszination Indiens und der Göttin erlegen und Shakta mit Herz und Seele geworden. Sein größter Wunsch war es, die wenig bekannten tantrischen Schriften zu verbreiten; er hatte sein Vermögen und sein enormes Wissen in den Dienst der Sache gestellt und mehrere reich dokumentierte Arbeiten über die Tantras verfaßt.

Dieser Aufgabe widmete er sich mit ungewöhnlichem Eifer, blieb dabei jedoch stets innerhalb der einem Orientalisten erlaubten Grenzen, die er allerdings als praktizierender Shakta überschritt, wie auch aus seinem Brief hervorging.

Ich verspürte nicht die geringste Neigung, ihm auf dem eingeschlagenen Weg zu folgen, hatte aber nichts gegen eine «Einweihung», quasi als Auftakt für einen interessanten Einblick in einen schwer zugänglichen Bereich. Also ließ ich dem Svami förmlich übermitteln, ich sei durchaus empfänglich für die mir gewährte Gunst.

Nun verlief alles in den üblichen Bahnen. Es gab eine kurze Einweihung, die Diksha, in deren Verlauf Ramashram mir ein Mantra ins Ohr flüsterte. Das sollte meine Aufnahmefähigkeit für die spirituellen Wahrheiten stärken.

Die Lehre, die mir der Svami häppchenweise in größeren Abständen vermittelte, brachte mir inhaltlich nichts Neues, während seine persönlichen Interpretationen häufig originell und merkwürdig kühn waren. Was für eine Wirkung übten sie auf seine Schüler aus? Trug er sie ihnen überhaupt vor?

Ramashram war ein eigenartiger Mensch; ich vermutete, daß er allen Lehrmeinungen einen ironischen Skeptizismus entgegenbrachte, während er gleichzeitig von einem unerschütterlichen Glauben an seine eigene intellektuelle Überlegenheit erfüllt war.

Eines Tages fragte er mich:

«Wenn Sie krank sind, hat dann Ihr Geist teil am Leiden Ihres Körpers?»

Als er sicher war, daß ich mein Denken freihielt, auch wenn meinen Körper Beschwerden plagten, fuhr er fort:

«Wenn man schlecht von Ihnen spricht, mißfällt Ihnen das?»

Eigentlich hätte er mich fragen müssen, ob ich für Lob unempfänglich sei, aber da er sich nicht an das Schema hielt, antwortete ich:

«Wenn ein Hund an Ihrem Weg kläfft, berührt Sie das?» Und ich fügte ein geflügeltes Wort hinzu: «Die Hunde bellen, die Karawane zieht weiter.»

Meine Antwort schien nicht nach seinem Geschmack gewesen zu sein. Er setzte das Gespräch nicht fort.

Seine Art, mir die Einweihung anzubieten und mich an den Präliminarien teilnehmen zu lassen, hatte mich erstaunt; im allgemeinen wird der Strebende vorher verschiedenen langwierigen Prüfungen unterzogen. Diese Erfahrung hatte ich in Tibet und ansatzweise auch schon in Indien gemacht.

In Wirklichkeit wartete Ramashram eine Gelegenheit ab, dem alten Brauch Genüge zu tun. Die bot sich auf eine recht harmlose Weise, reichte aber doch, daß mein allzu ungefestigter Glaube und vielleicht auch mein typisch französischer Sinn für Lächerlichkeit mich aufmucken ließen.

Es war Sommer, der Ganges führte Hochwasser und hatte das umliegende Land überschwemmt. Die Straße, die in der Nähe von Ramashrams Haus vorbeiführte, war als Damm gebaut und großenteils trocken geblieben. Sein auf einer Anhöhe errichtetes Domizil wurde ebenfalls nicht überschwemmt, während der Weg von der Straße dorthin eine breite Senke durchquerte, die unter Wasser stand.

Ich schickte den Boy, der mich bis zum Rand begleitet hatte, mit dem Auftrag los, die jungen Leute, die ich auf der Terrasse des Gurus sah, herbeizurufen und sie zu bitten, dem Meister auszurichten, daß ich wegen der überschwemmten Wegstrecke leider nicht zu ihm kommen könne. Kurz darauf sah ich sie aufgeregt winken.

Ich rief meinem Boy von der Straße aus zu:

«Zieh die Schuhe aus, krempele den Dhuti hoch und sag dem Svami, daß ich nicht zu ihm durchkommen kann, weil der Weg unter Wasser steht. Vielleicht ist er nicht draußen gewesen und weiß nicht, wie hoch die Überschwemmung ist. Erklär es ihm, und bestelle ihm meine besten Grüße.»

Der Junge machte sich auf den Weg, sein Gewand bis zur Taille geschürzt. Ich hatte angenommen, er würde höchstens bis zu den Knien naß werden, aber nach einer Weile stieß er einen überraschten Schrei aus, weil ihm das Wasser plötzlich bis an die Schultern reichte. Das dauerte nur einen kurzen Augenblick, das Gelände stieg gleich wieder an, und er mußte nur noch ein bißchen waten, bis er zum Fuß der Anhöhe gelangte.

Ich sah ihn auf der Terrasse zu dem vergitterten Fenster gehen, doch Ramashram zeigte sich nicht, sein Gespräch mit meinem Boten dauerte nur ein paar Sekunden; dann drehte dieser sich wieder um, nahm abermals ein an diesem brütendheißen Nachmittag nicht allzu unwillkommenes Bad und teilte mir halb verblüfft, halb spöttisch mit:

«Er möchte, daß Sie zu seinem Haus gehen.»

«Ist ihm denn nicht klar, wie hoch das Wasser steht, hast du ihm das nicht erklärt?»

«Das weiß er genau, er hat ja gesehen, daß mir das Wasser bis an die Schultern reichte, und Sie sind kleiner als ich.»

«Na und?»

«Er will, daß Sie zu ihm kommen.»

Der Junge sah mich fragend an.

Von weitem erkannte ich, daß ein paar Schüler auf der Terrasse standen und mir unentwegt Zeichen machten.

«Wring deinen Dhuti aus, und setz dich neben den Kutscher. Bei dem warmen Wind wirst du im Nu wieder trokken sein», sagte ich.

Ich stieg in den Wagen, und bei der Abfahrt warf ich einen letzten Blick zu dem würfelförmigen Häuschen hinüber. Auf der Terrasse standen zwei der Schüler immer noch mit erhobenen Armen da, wie gelähmt vor Verblüffung darüber, daß ich mich dem Befehl des Gurus widersetzt hatte und einfach weggefahren war.

Es versteht sich von selbst, daß ich Ramashram nie wiedergesehen habe.

Beim Abendessen grübelte ich immer noch über das Erlebnis vom Nachmittag nach. Was mochten die Schüler von Ramashram denken – daß er keine Macht über mich besaß? Vielleicht machte sich auch der alte Guru, trotz seiner Befreiung von irdischen Fesseln, Gedanken über ihre Empfindungen in dieser Sache; die vor ihnen erlittene Niederlage war demütigend genug.

Die seltsame Prüfung, auf die Ramashram durch die Überschwemmung verfallen war, blieb nicht die einzige, der ich mich entziehen mußte. Unter anderem wurde ich sehr ernsthaft und dringend aufgefordert, mein Verständnis der Urgründe des Vedanta durch ein Zeichen zu manifestieren und zu bekunden, daß ich wahrhaft Moksha-Marga anstrebe, den Weg der spirituellen Befreiung.

Der zu liefernde Beweis war recht eigenartig, selbst vom indischen Standpunkt aus, und aus abendländischer Sicht völlig überspannt. Dennoch waren jene, die mich zu dieser Verrücktheit aufforderten, weder Narren noch Spaßvögel, sondern ehrenwerte Brahmanen, philosophische Naturen in reiferem Alter.

Ich verbrachte damals eine sehr angenehme Zeit in einem kleinen Appartement, das zum Hauptsitz der Theosophischen Gesellschaft in Adyar bei Madras gehörte, ein herrliches Terrain direkt am Meer.

Mein besonderes Interesse galt der Frage, wie die heutigen Adepten der drei Hauptzweige der Vedanta-Philosophie – Advaita-Vedanta (Nicht-Dualismus), Vishishtadvaita-Vedanta (eigenschaftsbehafteter Nicht-Dualismus) und Dvaita-Vedanta (dualistischer Vedanta) – die in den Werken der wichtigsten Vertreter dieser Richtungen dargelegten Lehren begreifen. Diese Untersuchung hatte mich mit etlichen Gelehrten in der Umgebung zusammengeführt, darunter drei, denen ich besonders gern zuhörte, wenn sie über mir manchmal höchst obskur erscheinende Fragen diskutierten; teils kamen sie zu mir, teils trafen wir uns bei einem von ihnen, der von Beruf Notar war.

Nach und nach waren meine Gesprächspartner von der objektiven Betrachtung der reinen Philosophie zu ihrer «praktischen», religiösen Seite abgedriftet. Alle drei waren orthodox und hielten die spirituelle Führung durch einen Guru für unerläßlich auf dem Weg zum Heil; ihre besondere Verehrung galt den mystischen Asketen, deren Geist sich nach ihren Worten außerhalb unserer Welt in einer Sphäre befand, wo er den Göttern begegnete oder sich eins fühlte mit dem ewigen Absoluten, dem «Einen ohne ein Zweites».

Ihnen zufolge manifestierte sich dieser transzendente Zustand äußerlich in vollständiger Gleichgültigkeit gegenüber den Dingen dieser Welt; als Konsequenz ergibt sich die Ablehnung von allem, was damit zusammenhängt: soziale Gepflogenheiten ebenso wie materielle Besitztümer. Den vollkommenen Typ des ganz und gar «befreiten» Individuums verkörperte der Sadhu, der sich sogar der Kleider entäußert hat.

Von diesen hatte ich ja mehr als einen getroffen, durchweg männlichen Geschlechts, und so war ich einigermaßen überrascht, als ich erfuhr, daß einer meiner hochgelehrten Besucher eine Yogini als Guru hatte, die ihren Yoga splitternackt praktizierte und als «Mutter» bezeichnet wurde. Sie bewohnte eine Hütte hinten in einem Garten und verharrte nahezu ununterbrochen in Meditation versunken.

Natürlich brannte ich darauf, diese außergewöhnliche Frau kennenzulernen, und freute mich sehr, als ihr Schüler mir vorschlug, sie aufzusuchen.

Ihre Hütte war aus Astwerk errichtet und mit einem Strohdach versehen. Bei meiner Ankunft saß die Yogini auf einer Matte und ließ eine Gebetsschnur durch die Finger gleiten, wobei sie die verschiedenen Namen Vishnus wiederholte. Sie mußte die Fünfzig erreicht, wenn nicht überschritten haben, doch das Alter hatte mehr Spuren in ihrem Gesicht als am Körper hinterlassen, dessen Haut straff und glatt geblieben war; deren dunkle Tönung dämpfte die Wirkung ihrer hüllenlosen Nacktheit.

Ich glaube, daß diese Nacktheit der Hauptgrund für die Verehrung war, die man ihr entgegenbrachte. In unserem

Gespräch gab es keinerlei Anzeichen, die auf einen überragenden Intellekt schließen ließen; sie war ziemlich ungebildet und mit dem tiefen Sinngehalt der indischen Lehren offenbar nicht vertraut. Sie widmete sich ausschließlich der Anbetung Vishnus, dem Lesen von Berichten über seine verschiedenen Avataras und der Wiederholung seiner mannigfaltigen Namen. Alles Wissen sei unnütz, erklärte sie. Es genüge, seinen Willen und seine persönlichen Wünsche in Gottes Hände zu legen, die Schmerzen und Freuden, die er uns schickt, hinzunehmen, ohne mit ihm zu rechten. Selbst für Höllenqualen müßten wir dankbar sein, denn wenn er sie uns auferlegte, so hatte er Freude daran, und wir sollten glücklich sein, ihm dazu zu verhelfen.

Ich wußte, daß die Mystiker unter den Vaishnavas, wie Chaitanya und andere vom gleichen Kaliber, diese geistige Verfassung erreicht hatten, bezweifelte aber, daß dies bei der nackten Fünfzigjährigen der Fall war. Jedenfalls vermochte ich zwischen dem Glaubensbekenntnis, das ich hörte, und dem Verzicht auf jedes Kleidungsstück, den ich sah, keinen rechten Zusammenhang zu entdecken.

Der Schüler der Yogini hingegen überschlug sich schier vor Begeisterung und glaubte wahrscheinlich, daß ich seinen Enthusiasmus teilte.

Den Beweis für diese Vermutung erhielt ich zwei Tage später, als er in Begleitung seiner beiden Freunde bei mir auftauchte. In ihren Gesichtern spiegelte sich ein sonderbarer Ernst, sogar ihr Gang hatte etwas ungewohnt Feierliches.

Der Schüler der Yogini kürzte den üblichen Austausch von Höflichkeiten ab und fragte mich oder stellte vielmehr fest:

«Die Begegnung mit der verehrungswürdigen Mutter hat Sie zutiefst ergriffen, nicht wahr?»

Meine Wohlerzogenheit machte mir zu schaffen.

«Sie ist eine bemerkenswerte Frau», entgegnete ich ausweichend.

«Sie ist ein Vorbild ... ein Vorbild für Sie ...»

Langes Schweigen. Die beiden Begleiter des Notars beteten leise.

Dieser war nicht nur gelehrt, sondern auch beredt. Je klarer mir der Zweck seiner Rhetorik wurde, desto verblüffter und sprachloser wurde ich. Was ich mir zum Vorbild nehmen sollte, war die Nacktheit der Yogini – eine doppelt schwere Aufgabe, da die gute Frau ja in der Abgeschiedenheit wohnte, während ich unter Europäern lebte, die bei aller Begeisterung für Indologie für solche Launen keinerlei Verständnis aufbringen würden. Zu allem Überfluß hatten die drei vor, mich, nunmehr als gelungene Kopie, zu einem zweiten Besuch bei der Yogini, dem Vorbild, mitzunehmen.

Mir war sogar das Lachen vergangen, die groteske Situation machte mich ganz benommen.

«Entweder würde ich von meinen Nachbarn ins Irrenhaus eingeliefert oder von der Polizei verhaftet, wenn ich nackt nach draußen spazierte», entgegnete ich schließlich. «Und außerdem halte ich es für sinnlos, meinen Körper zur Schau zu stellen zwecks Erleuchtung meines Geistes.»

Nun zogen die drei Fanatiker meine Aufrichtigkeit in Zweifel: Ich machte mir entweder selber etwas vor oder hielte andere zum Narren, wenn ich die heiligen Schriften läse oder mich der Meditation widmete; in Wahrheit suchte ich gar keine spirituelle Befreiung.

Da ich stumm blieb und meinen Besuchern in keiner Weise widersprach, legte sich ihre Heftigkeit allmählich, und sie verließen mich, schmerzlich enttäuscht, mit den Worten:

«Ihnen ist nicht zu helfen ... Sie begreifen gar nichts ... Die Abendländer werden es nie begreifen ...»

Das erschien mir einleuchtend. Damals ahnte ich noch nichts von westlicher Freikörperkultur ...

Meine intensiven Bemühungen, die vielfältigen Aspekte des religiösen Lebens in Indien zu erkunden, brachten mir neben manchen absurden Episoden auch immer wieder Begegnungen mit durchaus seriösen Menschen, mehr oder weniger gelehrt, mehr oder weniger intelligent, doch stets voll innerer Würde und jeder Scharlatanerie abhold.

Einer von ihnen ist mir besonders in Erinnerung geblieben. Er hatte den schönen Namen Satchidananda, der sich aus drei Sanskrit-Begriffen zusammensetzt: Sein, Bewußtsein, Seligkeit. Da sich Brahman, das Absolute, mit Worten nicht beschreiben läßt, wird mit diesen drei «Qualitäten» eine begriffliche Annäherung versucht.

Satchidananda war kein Sannyasin, sondern ein Brahmachari, ein religiös Strebender, der sich spirituellen Übungen unterzieht. Er trug nicht das rötliche Gewand der Asketen, dessen er sich nicht für würdig hielt, oder er zögerte vielmehr aus einem Rest von Aberglauben, es anzulegen und dadurch den förmlichen rigorosen Verzicht auszusprechen; da dem wahren Sannyasin die Zelebrierung sämtlicher Riten untersagt ist, steht ihm somit auch keine der Möglichkeiten offen, die der Hinduismus seinen Adepten bietet, begangene Verfehlungen zu korrigieren, verhängnisvolle Konsequenzen zu verhüten oder sie zu mildern. Dem Sannyasin, der sich selbst von jeder denkbaren Form der Sühne ausgeschlossen hat, bleibt keine Chance, sich wieder zu erheben, wenn er auf dem angestrebten Weg strauchelt; ein Fall, und er stürzt unweigerlich in den Abgrund.

Diesem Risiko wollte sich Satchidananda nicht aussetzen, wie er mir eines Tages gestand, als sich unsere Beziehung bereits zur Freundschaft entwickelt hatte.

Auf Umwegen erfuhr ich, daß der Brahmachari akademische Grade besaß und sich als Mathematiker einen Namen gemacht hatte. Seinen Lehrstuhl hatte er nach einiger Zeit aufgegeben, um einer zwingenden Berufung Folge zu leisten, die in seine frühe Jugend zurückreichte. Seine vermögenden Eltern wollten ihm eine moderne Erziehung angedeihen lassen, während er nur von Askese träumte und davonlief, um als Einsiedler zu leben. Seine Familie suchte über eine Woche nach ihm, bis sie ihn in einem kleinen Wald fand, wo er sich im Dickicht niedergelassen hatte. Sein Vater verabreichte ihm eine ordentliche Tracht Prügel und gab ihn dann in die strenge Obhut eines Internats.

Einer meiner indischen Freunde hatte mit Satchidananda über mich gesprochen, woraufhin dieser einwilligte, mich zu empfangen. Also suchte ich ihn bei 40 Grad im Schatten eines Nachmittags auf. Er führte sein Einsiedlerdasein in einem Gartenpavillon, der aus zwei Räumen bestand: der eine im Parterre war lediglich ein Vorzimmer mit der Eingangstür als einziger Öffnung, so daß völlige Dunkelheit herrschte, wenn diese geschlossen war. Zum Wohnraum Satchidanandas führte eine unwahrscheinlich schmale Treppe hinauf. Im Gegensatz zu den meisten indischen Wohnungen war er durch gründliches Ausfegen selbst in den Ecken makellos sauber. Zwei Stühle und eine Matratze – das war die ganze Einrichtung. Die weiß überzogene Matratze lehnte zusammengerollt an der Wand, obenauf lag eine ordentlich gefaltete weiße Decke. In einer Ecke stapelten sich auf dem nackten Steinfußboden ein paar Bücher, ein Schreibblock sowie ein Tintenfaß.

Die Kleidung des Brahmachari bestand aus einem Lendenschurz und einer Jacke von halbeuropäischem Schnitt, wie sie viele Inder tragen. Beides war aus gewöhnlicher Baumwolle gefertigt und ebenso strahlendweiß wie die Matratze, die ihm, auf dem Fußboden ausgerollt, als spartanisches Lager diente. Wie alt mochte dieser Asket und Mathematiker wohl sein? Ende Dreißig oder Anfang Vierzig, schätzte ich.

Trotz äußerster Kargheit wirkte seine Zelle keineswegs trist, aus dem geöffneten Fenster hatte man einen weiten Blick auf blühende Gärten und Tempel, deren Kuppeln mit vergoldeten Emblemen verziert waren. Hier konnte sich ein Weiser, auch ein angehender, wohl fühlen. Ich jedenfalls tat es.

Inwieweit Satchidanandas Ruf als Mathematiker berechtigt war, konnte ich nicht beurteilen, daß er gebildet und ein Philosoph war, erkannte ich allerdings schnell. Er lehrte den Advaita-Vedanta und gehörte zu den seltenen, geradlinig und mit unerbittlicher Logik argumentierenden Vertretern dieser Richtung, denen ich bereits verschiedentlich begegnet war. Es gibt nicht viele, die sich so weit vorwagen. In seiner Lehre existierte nicht ein Fünkchen herablassenden Erbarmens, nicht das geringste Zugeständnis an die menschliche Schwäche, die Kompromisse erbettelt. Er sei die Verkörperung des vollkommenen Vedanta in all seinem «Horror», erklärte ich ihm lachend.

«Finden Sie mich irrational?» fragte er.

«Gewiß nicht», erwiderte ich; der Brahmachari flößte mir tiefen Respekt ein.

Mit jenem Tag begann eine geistige Beziehung, die sich vorwiegend brieflich abspielte, denn ich bekam ihn nur selten zu sehen. In den langen Perioden völliger Zurückgezogenheit schrieb er mir häufig. Der Inhalt bestand aus Abhandlungen über Aspekte der Vedanta-Philosophie.

«Leiht den Worten der Weisheit das Ohr, kümmert euch nicht um den, der sie ausspricht.» An diesen beherzigenswerten tibetischen Grundsatz hätte ich rechtzeitig denken sollen. Es gab eine philosophische Schwachstelle bei Satchidananda und desgleichen bei mir, dadurch bekam unsere Freundschaft einen Riß.

Satchidananda war Brahmane, und sein angeborener Stolz lauerte in den tiefsten Schichten seines Unterbewußtseins, trotz aller Weisungen der *Bhagavad-Gita*, über die er täglich meditierte.

«Die Weisen sehen das gleiche in einem wissenden, demütigen Brahmanen, in einer Kuh, im Elefanten und auch in einem Hund und einem Paria.»

Diesen Grundsatz der von ihm vertretenen Lehre hatte sich der Asket und Vedanta-Philosoph keineswegs zu eigen gemacht.

Eines Tages nun ging es um eine Bagatelle eher sozialer denn philosophischer Natur, als er plötzlich vehement die Überlegenheit der Brahmanen proklamierte und gleichzeitig den in seinem Herzen schwelenden Haß auf die unreinen, barbarischen Abendländer offenbarte.

Ich konterte ebenso widersinnig: «Wenn die Brahmanen sich in Indien für allen überlegen halten, so betrachten sich die Weißen als die Brahmanen der ganzen Welt.» Ich wollte damit aufzeigen, daß die Ansprüche der einen wie der anderen gleichermaßen lächerlich waren.

Anstatt auf Verständnis zu stoßen, erregte meine Antwort heftigen Zorn, und ich bekam einen Brief, der darauf schließen ließ, daß abergläubische Überlieferungen schlagartig die ganze dank seiner Erziehung erworbene wissenschaftliche und philosophische Bildung ausradiert hatten.

Unser Briefwechsel brach ab, aber durch gemeinsame

Freunde erfuhr ich, wie es ihm weiterhin erging. Der Brahmachari vereinsamte immer mehr und lebte nahezu ununterbrochen in strikter Zurückgezogenheit, versunken in das Studium der *Bhagavad-Gita* und angestrengt bemüht, ihren tiefen Sinn zu ergründen.

Als wir noch freundschaftlich verbunden waren, gehörte Satchidananda zu den engagiertesten Initiatoren einer Veranstaltung, die zu meinen Ehren in Benares stattfand. Die Mitglieder einer Gruppe von laizistischen Intellektuellen und Sannyasin waren auf den Gedanken gekommen, mir einen Ehrentitel zu verleihen. Bei diesem Anlaß sollte ich einen Vortrag über den Buddhismus halten.

Die unmittelbare Umgebung des Saales, in dem die Zeremonie stattfand, war mit Fahnen und zwischen hohen Masten aufgehängten Blumengirlanden geschmückt, und über der Zufahrt hatte man extra zwei grüne Pergolen errichtet, durch die mein Wagen rollte.

Mein Begleiter wies mich darauf hin, daß die Zeichen von Wertschätzung und Freundschaft, mit denen man mich überhäufte, für einen beträchtlichen Meinungswandel sprachen. «Wenn Sie vor zehn Jahren versucht hätten, hier aufzutreten und über den Buddhismus zu reden, hätte man Sie gesteinigt», sagte er. Ich sah das als glückliches Omen an und betrat lächelnd den Saal.

Über das Parkett waren weiße Tücher gebreitet; die zahlreichen Anwesenden hatten ihre Schuhe im Korridor abgestellt und sich in mehreren Reihen vor dem kleinen Rednertisch im Lotossitz niedergelassen. An einen Stuhl für mich hatte man nicht gedacht. Also würde ich meinen Vortrag im Stehen halten und dann wie meine Zuhörer im Lotossitz Platz nehmen.

Rechts vom Tisch hatte sich eine Gruppe von Sannyasin

in einiger Entfernung vom laizistischen Publikum plaziert, die meisten waren Dandins und trugen während ihres ganzen Mönchslebens einen Stab mit sich, der jetzt einen guten Meter über ihre Köpfe hinausragte. Orientalen haben es niemals eilig, sie leben in der Ewigkeit. Nach meinem auf englisch gehaltenen Vortrag und der Übersetzung ins Sanskrit folgte ein langer musikalischer Teil, dann endlose Reden, in denen meine Verdienste reichlich aufgebauscht wurden. Man überschüttete mich geradezu mit Lob, pries insbesondere zahlreiche Eigenschaften, die ich noch nie an mir bemerkt hatte und wohl auch nie besitzen würde.

Nachdem auch das vorbei war, überreichte man mir ein Etui aus Sandelholz. Darin lag ein viereckiges Stück weißer Satin, auf dem die Lobreden und der Titel, den man mir verliehen hatte, in goldenen Lettern gedruckt waren.

Als ich das Etui zu Hause öffnete, stellte ich zu meiner Überraschung fest, daß der hübsche weiße Satin ohne mein Wissen in einen kleinen orangefarbenen Baumwollfetzen vom Gewand der Asketen eingewickelt worden war. Wem war wohl die Idee gekommen, mir diese symbolische Mahnung mitzugeben? Befürchtete der oder die Betreffende tatsächlich, das bißchen rhetorische Beweihräucherung könnte mich so benebeln, daß ich das Wesentliche vergaß? Gewiß nicht ... Ich habe keinen Versuch unternommen, den Urheber zu eruieren, das Stückchen orangefarbene Baumwolle jedoch aufbewahrt.

In einem weiträumigen, außen und innen dunkelrot gestrichenen Haus im Stadtzentrum lebten sechs Sannyasin zusammen. Dem Namen nach bekannten sie sich zum Shaivismus – wie die meisten Asketen –, und in einem dunklen Winkel des Innenhofs stand als Symbol des Gottes ein großer Linga aus schwarzem Marmor in einem nach allen vier

Seiten offenen Pavillon. Vier behauene Säulen trugen das spitze Dach mit der für alle Shiva geweihten Gebäude, ob groß oder klein, typischen Form. Auch diese Kapelle war dunkelrot vom Fundament bis zu der vergoldeten Spitze, die einem gen Himmel abgeschnellten Pfeil glich. In dieser düsteren Umgebung nahm sich der hohe schwarze Linga wie ein lebendiges, furchterregendes Wesen aus.

Zu den vorgeschriebenen Stunden zelebrierte ein bezahlter Brahmane vor dem Wahrzeichen des Mahadeva, des großen Gottes, wie Shiva häufig genannt wird, die rituellen Gesten. Der weiße Lendenschurz, der ihm vom Gürtel bis zu den Füßen reichte, und der Schein des vielflammigen Leuchters, den er trug, brachten dann für Augenblicke etwas Helligkeit in den dunklen Hof.

Die Sannyasin selber praktizierten natürlich keinerlei Riten, sondern ließen den Brahmanen sein Priesteramt ausüben, ohne ihm die geringste Beachtung zu schenken.

Der Guru dieser kleinen Gemeinschaft war ein hochgewachsener Greis. Sein eckiges Gesicht mit der schmalen, geraden Nase, die tiefliegenden, feurigen Augen und der magere, in einen farblich auf die Wände abgestimmten orangeroten Stoff gehüllte Körper machten ihn zu einer eindrucksvollen Erscheinung und ebenso angsteinflößend wie den hohen Linga aus schwarzem Marmor, der kaum sichtbar im Dunkeln thronte. Wenn der Guru sich an kalten Tagen einen Zipfel seines roten Schals über den Kopf zog, hatte er eine merkwürdige Ähnlichkeit mit Dante, der aus der Hölle zurückkehrt. Doch ich verspürte keinerlei Neigung, mich über diese eigentümliche Persönlichkeit zu mokieren. Aus den spärlichen Einzelheiten, die ich über ihn erfahren hatte, ergab sich, daß er größte Hochachtung verdiente.

Ich wage nicht zu behaupten, daß der alte Sannyasin Zuneigung zu mir gefaßt hatte; zu einem solchen Gefühl, das nach unserem Verständnis auch etwas Zärtlichkeit beinhaltet, war er meiner Meinung nach nicht fähig. Man merkte ihm an, wie starr und unbeugsam, wie gelassen und unbeteiligt an allem er war, dennoch hatte er anscheinend Interesse bekundet, als er erfuhr, daß ich jeden Morgen einen Lehrer von einer kleinen Privatschule kommen ließ, um mir bei der Lektüre der Upanischaden zu helfen.

«Bringen Sie ihn doch mit hierher», hatte er vorgeschlagen, «dann lesen wir gemeinsam.»

Ich war dieser Aufforderung mit Freuden nachgekommen.

Die Lektürestunden hatten sich in die Länge gezogen. Inwieweit der Guru als Sanskritist qualifiziert war, konnte ich fachlich nicht beurteilen; möglicherweise war der Lehrer ein besserer Grammatiker als er, während es ihm an Verständnis für den philosophischen Gehalt der Texte fehlte, dagegen waren die Kommentare des alten Sannyasin bewundernswert, und ich wurde nicht müde, ihm zuzuhören.

Mein Lehrer begleitete mich ungern, er fühle sich dort unbehaglich, erklärte er. Seinem Eindruck nach war der Guru ein gefährlicher Magier, und er riet mir dringend, mich vor dessen geheimen Kräften zu hüten.

Der Ärmste war vollgestopft mit abergläubischen Vorstellungen. Trotz der Furcht, die ihm der Svami einflößte, raffte er sich auf und stellte ein absonderliches Ansinnen an ihn; mir schwante einiges, als der Guru mir eines Tages erklärte: «Ihr Lehrer ist verrückt.»

Diese Ansicht erstaunte mich; wie abwegig auch immer manche seiner Anschauungen sein mochten, sie wurden von vielen Leuten geteilt, ohne daß man ihnen unterstellte, irre zu sein. Der Sannyasin zählte zwar keineswegs zu den

Menschen, denen man Fragen stellen durfte, trotzdem riskierte ich es: «Weshalb halten Sie ihn für verrückt?» Ich blieb ohne Antwort und ließ es lieber dabei bewenden.

Ein paar Wochen später bekam ich die Erklärung – so erschien es mir zumindest – für die Beurteilung, die der Svami gegeben hatte.

Der Lehrer mit seiner fixen Idee, Dantes Doppelgänger sei ein Magier und beherrsche auch die abgefeimtesten Tricks der Schwarzen Kunst, hatte diesen um Unterstützung gebeten, ein sonderbares Wunder zu vollbringen; da er sich eine barsche Abfuhr geholt hatte, versuchte er jetzt sein Glück bei mir.

«Einer meiner Freunde ist in einer sehr unglücklichen Lage», teilte er mir eines Morgens mit. «Brahmanenfamilien haben ihm ihre Söhne zur Unterweisung in den heiligen Schriften geschickt, aber die jungen Leute besuchten gleichzeitig die Schule, machten das Abitur oder bereiteten sich darauf vor. Sie interessieren sich nicht mehr für spirituelle Fragen und haben das Studium der Veden aufgegeben. Ihren alten Lehrer respektieren sie nicht mehr, sie bezahlen ihn nicht, er hat kaum genug zum Leben ...»

«Wirklich bedauerlich für Ihren Freund», erwiderte ich.

Ich erwartete jetzt eine Bitte um Geld, aber darum ging es gar nicht.

«Sie haben doch in Tibet gelebt und sicher vielerlei gelernt», wagte er sich vor. «In Tibet gibt es große Magier, mächtiger als der Svami, zu dem wir gehen. Bitte helfen Sie meinem Freund.»

Das Gespräch nahm eine verheißungsvolle Wendung.

«Was wünscht Ihr Freund?» erkundigte ich mich.

«Er möchte Briefe an seine ehemaligen Schüler schikken. Die müßten diese in den Kästen an ihren Haustüren finden.»

«Aber dafür braucht Ihr Freund doch keine Hilfe», entgegnete ich. «Er muß die Briefe nur schreiben, sie auf die Post bringen, und alles übrige erledigt der Briefträger.»

«Aber das genügt nicht!» rief er. «Es muß Magie mit im Spiel sein, um die Schüler zu beeindrucken. Zum Beispiel Lärm, wenn der Brief in den Kasten fällt, kein besonders heftiger, aber dafür um so erschreckender. Oder der Brief bewegt sich von allein im Kasten, fängt an zu leuchten, wer ihn rausholt, verbrennt sich die Finger ... Mein Freund und ich haben ja keine Ahnung, was sich da so alles machen läßt, aber Sie wissen doch Bescheid ... Sie müssen das alles in Tibet gelernt haben ...»

Das war es also. Dieser Idiot hatte dem Svami ein solches Ansinnen gestellt, und damit erklärte sich dessen Urteil: «Ihr Lehrer ist verrückt.»

Indessen starrte mich der Dummkopf erwartungsvoll an. Es war mir zu mühsam, irgendwelche Aufklärungsversuche zu unternehmen. Ich antwortete also aufs Geratewohl:

«Ihr Freund muß einen Ghul opfern.»

Ich weiß nicht, wie ich auf die makabre Idee verfallen bin, ihm einen solchen Dämon vorzuschlagen, der Leichen frißt und Gräber plündert. Falls ich damit gerechnet hatte, er würde diesen Rat mit allen Anzeichen des Entsetzens von sich weisen, so war das ein Irrtum.

«Wenn ich meinem Freund sage, daß Sie ihm das raten, wird er auf den Friedhof gehen, das Hirn eines Toten verzehren, um einen Ghul zu beschwören, er ...»

Mir reichte es, er widerte mich an. Mir begann zu dämmern, daß dieser Freund überhaupt nicht existierte, sondern daß er selbst es war, der in den Briefkästen seiner abgewanderten Schüler irgendwelche Hexenkunststücke ins Werk setzen wollte und dafür auch den Gang auf den Friedhof in Kauf nehmen würde.

Ich verbat mir jedes weitere Gerede energisch und legte den Fall ad acta.

Doch ich blieb auch in Zukunft nicht verschont von ähnlich absurden Erlebnissen, zum Beispiel mit Mr. G. Er war reich, besaß Pachtgüter, Häuser in mehreren Dörfern und in Kalkutta einen riesigen Familiensitz, zu dem mehrere Gebäudekomplexe gehörten. Er trat für den alten Brauch ein, wonach sich alles um das Familienoberhaupt und unter seine Autorität zu scharen hat – seine jüngeren Brüder, seine Söhne, Enkel, Neffen, Vettern samt Ehefrauen und Kindern –, und widersetzte sich hartnäckig allen sozialen Maßnahmen, die an den jahrhundertealten Gepflogenheiten der Hindus rütteln könnten. Wenn man mit ihm über Gandhi, Nehru, Patel oder den Kongreß sprach, schüttelte er stumm den Kopf und gab eindeutig zu erkennen, daß ihm das neue Indien nicht die geringste Sympathie einflößte.

Trotz unserer Meinungsverschiedenheiten unterhielten G. und ich freundschaftliche Beziehungen. Wie bei vielen seiner Landsleute waren seine Gefühle gegenüber Tibet eine Mischung aus Ehrfurcht und Scheu. Nach seiner Vorstellung hatten sich Götter und Übermenschen das Hochland jenseits des Himalaya zur Heimstatt erkoren. Und in diesem geheimnisumwitterten Land hatte ich Jahre verbracht! Kein Zweifel, daß ich von den dort zusammenströmenden okkulten Kräften etwas aufgenommen hatte. Von dieser Ansicht bis zu der Idee, ein Wunder von mir zu verlangen, führte nur ein kleiner Schritt. Das hatte ich bereits mehr als einmal erlebt. Allerdings war das Wunder, das Mr. G. mir abforderte, nicht albern oder unsinnig wie gewöhnlich, sondern düsterer Natur.

«Ich habe da eine scheußliche Geschichte am Hals», vertraute er mir an. «Mein Bruder führt etwas gegen mich im Schilde, er trifft Anstalten, mich zu ruinieren. Das ist eine Schande! Man müßte dieses Unglück verhindern – mich retten. Sie könnten das bestimmt, indem Sie mit Hilfe von Lamas oder von tibetischen Gottheiten magische Kräfte einsetzen. Ich kann Ihnen ein unbewohntes Haus in einem von Mauern umschlossenen Park zur Verfügung stellen, dort könnten Sie die erforderlichen Riten ungestört durchführen.»

Woher kam dieser Streit zwischen den beiden Brüdern? Ich wollte die Motive kennenlernen, dann könnte ich mir die abergläubischen Vorstellungen von G. zunutze machen und vielleicht eine Versöhnung herbeiführen, womit die von ihm befürchtete Gefahr beseitigt wäre.

Mit großer Mühe schaffte ich es schließlich, G. die Wahrheit zu entlocken. Sie war denkbar banal.

Der jüngere Bruder hatte dem älteren eine beträchtliche Summe anvertraut, die dieser vergeudet hatte. Der Jüngere brauchte das Geld jetzt und verlangte es zurück.

Der Ältere empfand das als unglaubliche Zumutung. Wie konnte man sich erdreisten, von ihm, dem Familienoberhaupt, Rechenschaft zu fordern? Schließlich zahlte er seinem Bruder Zinsen, mehr stand diesem nicht zu.

Als ich ihm zu verstehen gab, daß es das gute Recht des Jüngeren sei, mit seinem Kapital zu machen, was er wolle, und daß er, der Ältere, die Pflicht gehabt hätte, es unangetastet zu lassen, war G. höchst erstaunt. Er fühlte sich in keiner Weise schuldig. Schließlich mußte er notwendige Ausgaben bestreiten: die Mitgift für seine Töchter, die Kosten für die Hochzeitsfeiern, für die Ausbildung seines Sohnes etc., alles löbliche Aufwendungen.

Ich konnte ihn beim besten Willen nicht davon überzeugen, daß sein Bruder im Recht und er im Unrecht war.

Er wies alle meine Argumente zurück und beharrte darauf, daß sein Bruder ein Schuft sei ohne jedes religiöse Empfinden. Plante dieser doch sogar, ihn zu verklagen! Und von diesen modernen Richtern konnte man ja kein Verständnis für die guten alten hinduistischen Traditionen erwarten, vielleicht würden sie ihn verurteilen, seinem Bruder die Einlage in voller Höhe zurückzuerstatten. Dazu müßte er einen Teil seines Besitzes verkaufen – unvorstellbar!

Die Aussicht, vor Gericht gestellt zu werden, verursachte G. solche Angst, daß er endlich mit der Sprache herausrückte und ich begriff, was er von den geheimen Kräften erwartete: Sie sollten den Tod seines Bruders herbeiführen. Mit dem Gläubiger wäre auch die Schuld beseitigt, spekulierte G.

Als ihm klar wurde, daß er zur Verwirklichung seiner verbrecherischen Absichten keinerlei Unterstützung von mir erhoffen konnte, fuhr G. nach Hardwar zu einem Sannyasin, den er als seinen Guru betrachtete. Er rechnete nicht etwa damit, daß dieser das erwünschte makabre Wunder vollbringen würde, bildete sich aber wahrscheinlich ein, in dessen Umgebung ein brauchbares Subjekt zu entdecken.

Vidya Tirtha, der Guru von G., erschien nach gängigen Maßstäben als durch und durch redlicher Mensch. Andererseits zählte er zur Clique der «berufsmäßigen Heiligen, die es geschafft haben». Vor gut zwanzig Jahren hatte ich ihn zerlumpt auf den Märkten gesehen, wo er sich sein Essen bei den Obst- und Gemüseständen erbettelte oder, besser gesagt, sich das nahm, was er wollte, und die Händler ihn gewähren ließen, weil er mit den orangefarbenen Stoffetzen des Asketen bekleidet war.

Einige angesehene, gutsituierte Männer hatten Vidya Tirtha nachts entdeckt, als er unter Portalen Schutz suchte, und ihn schließlich wegen seiner Reden über Vedanta-Philosophie schätzen gelernt, in denen er die Lehren der berühmten Meister auf intelligente Weise darlegte. So fand sich der Svami, der äußeren Not enthoben, nach und nach von großzügigen Schülern umgeben, deren Huldigungen er mit unnachahmlicher Gleichgültigkeit entgegennahm.

Als ich ihn eines Tages bei einem seiner Gönner besuchte, war er in ein Gespräch mit seinem Gastgeber und ein paar weiteren Anwesenden vertieft, die mit untergeschlagenen Beinen auf über das Parkett gebreiteten Matten hockten, während er auf einem Diwan vor ihnen thronte. Ein Mann trat ein; man flüsterte mir seinen Namen ins Ohr: ein hochrangiger Inder. Er machte drei Schritte auf Vidya Tirtha zu, warf sich dann jäh der Länge nach nieder, die Arme vorgestreckt. In dieser Geste drückte sich bedingungslose Hingabe aus, an seinen Guru oder seinen Ishta-Deva (Erwähltes Ideal).

Was für Gefühle den europäisch gekleideten Mann veranlaßten, regungslos auf dem Fußboden ausgestreckt zu verharren, ahnte ich natürlich nicht und wollte es auch gar nicht wissen; was mich interessierte und beklommen machte, war das Verhalten von Vidya Tirtha, der weder den Eintritt des Mannes noch die anschließende Geste bemerkt zu haben schien. Er würdigte ihn keines Wortes, keines Blickes, ließ ihn ungerührt zu seinen Füßen liegen und unterhielt sich weiter mit uns. Man servierte Sauermilchkäse, eine Art Yoghurt, auf Blättern. Der Mann auf dem Fußboden würde sich nicht erheben, bevor sein Guru es ihm befahl, das wußte ich, doch es geschah nichts dergleichen.

Als ich nach einer Stunde oder mehr aufbrechen mußte, lag er immer noch da.

Was beabsichtigte Vidya Tirtha damit? Wollte er seinem Schüler eine Lektion in Disziplin erteilen oder aber seine Macht, seinen Einfluß, das hohe Ansehen, das er genoß, demonstrieren? Anscheinend finden viele Gurus Gefallen daran, ihre Schüler zu demütigen – eine ebenso infantile wie abstoßende Einstellung.

Und in der Umgebung eben dieses Vidya Tirtha, inzwischen Wohnungsbesitzer in Hardwar, gedachte nun G. die Unterstützung zu finden, die ich ihm versagt hatte. Sein Versuch scheiterte. Welche Sorte von Leuten er dort antraf, weiß ich nicht, jedenfalls wollte sich keiner zu einem derartigen Verbrechen hergeben, oder, was wahrscheinlicher ist, keiner war fähig, ein solches «Wunder» zu vollbringen. G. mußte ein Haus und ein paar Ländereien verkaufen, um seinen Bruder auszuzahlen.

Die geschilderten Beispiele zeigen das Ausmaß, in welchem das ursprüngliche Leitmotiv indischen Denkens pervertiert ist. Sannyasa, Entsagung, ist die vierte und letzte Lebensstufe, auf der der Hindu alle irdischen Dinge fahren läßt und alle selbstsüchtigen Interessen aufgibt. Sein ganzes Streben ist auf Moksha (Befreiung) gerichtet sowie auf Einswerden mit Gott. Wenn er zur freien Seele geworden ist, durchschaut er das trügerische Spiel materieller Freuden und wandert ungebunden als lebendiger Zeuge der Wirklichkeit Gottes umher, verhilft durch seine Erkenntnis anderen zu spiritueller Erkenntnis.

Die Einweihungszeremonie, bei der der Novize sein Mönchsgelübde ablegt und zum Sannyasin wird, umrahmen die Hindus gern mit verschiedenen symbolischen Handlungen. Bei dem wohl typischsten Ablauf wirft der Novize die heilige Schnur, die ihn als Angehörigen einer der Kasten der «zweifach Geborenen» ausweist, ins Feuer oder ins Wasser. In den meisten Fällen handelte es sich dabei um die Schnur der Brahmanen, die man früher als einzige für befähigt hielt, zum Sannyasin zu werden. Diese durch nichts begründete Auffassung wird von vielen Gurus und von manchen Gruppen abgelehnt, wie etwa von den Mönchen des Ramakrishna-Ordens, die Novizen aus allen Kasten zulassen.

Die Vernichtung der Schnur, die er trug, bedeutet, daß der Sannyasin den endgültigen Bruch mit allen religiösen und sozialen Gesetzen vollzieht. In der *Sannyasa-Upanishad* und anderen Schriften, etwa von Vidyaranya, einem berühmten Philosophen des 14. Jahrhunderts, finden sich Aussagen über die Riten bei der Einweihungszeremonie. Danach ist es unerläßlich, die sogenannte Presha zu sprechen, das heilige Gelöbnis, den drei Welten zu entsagen.

Diese drei Welten, Trioloka, sind nach der hinduistischen Kosmologie:

Bhumi (die Erde);
Svarga (der Himmel);
Patala (die Unterwelt, Hölle).

Hinzu kommt in der Presha noch die Bhuvarloka, die Welt verschiedener Erscheinungen, in der Empfindungen, Gefühle, Leidenschaften und Zuneigungen existieren, die aus Wünschen resultieren. Diese vitale, nervliche Ebene liegt über unserer materiellen Erde, in ihr verkehren die Götter mit den Menschen. Auch die Pitris, die Ahnen, Vorväter, sollen dort weilen. Nach Interpretation der Sannyasin-Philosophen ist darunter das Andenken der Toten im Gedächtnis der Lebenden zu verstehen.

Bei Svarga handelt es sich um die paradiesischen Gefilde, in denen die Götter beheimatet sind sowie all jene, die sich durch ihren makellosen, tugendhaften Lebenswandel das Recht darauf erworben haben. Die überirdische Seligkeit, der das Streben der meisten gilt, erscheint dem Sannyasin ebenfalls als vergeblich und verachtenswert, und er weist sie weit von sich.

Daß ein Mensch sich dem asketischen Leben zuwendet und gleichzeitig den himmlischen Freuden *post mortem* entsagt, dürfte den meisten westlichen Gläubigen merkwürdig erscheinen. Sie betrachten den Verzicht auf die Annehmlichkeiten und Genüsse, die unsere Welt bietet, im allgemeinen nur als Tausch, bei dem ein Gut von geringerem Wert gegen eines von sehr viel höherem hergegeben wird – ein vorteilhaftes Geschäft, wie mir ein Bischof einmal sagte.

An die sogenannte Presha knüpft sich mancher Aberglaube. Sie ist angeblich unwiderruflich. Wer sie auszusprechen wagt, selbst wenn er zu der darin enthaltenen Entsagung eigentlich nicht bereit ist, nimmt diese trotzdem auf sich; er bleibt von den drei Welten ausgeschlossen, was sich in der unseren durch fehlende Nachkommenschaft und den mehr oder minder vollständigen Verlust materieller Güter manifestiert. Daraus folgt, daß die Presha keinesfalls von Laien gesprochen werden darf, auch wenn ihnen der Wortlaut bekannt ist.

Ist es Frauen gestattet, Sannyasin zu werden? Grundsätzlich steht dem nichts entgegen. Vidyaranya untersucht in seinem bedeutenden Werk *Jivanmukti-Viveka* diese Frage und kommt zu dem Schluß, daß Witwen und unverheiratete Frauen den Weg des Sannyasa einschlagen können. Zur Unterstützung seiner Auffassung zieht er verschiedene maßgebliche Werke heran, die sich mit dem Thema beschäftigen und Namen von berühmten Sannyasinis erwähnen. Heutzutage findet man sie jedenfalls lediglich in verschwindend geringer Zahl unter den Adepten der tantrischen Sekten. Eine von diesen Ausnahmen habe ich gekannt, eine hochgebildete Frau, die sich meiner festen Überzeugung nach mit dem Anlegen des orangefarbenen Gewandes die Möglichkeit verschaffen wollte, unabhängig zu leben. Sie war im Kindesalter verheiratet worden und noch ein blutjunges Mädchen, als ihr Mann starb, was für sie ein langes, eintöniges Witwendasein in einer sehr orthodoxen Brahmanenfamilie bedeutete. Man hatte ihr gestattet, Sanskrit und die heiligen Schriften zu studieren. Die erworbenen Kenntnisse sicherten ihr dann eine Einnahmequelle. Als ich sie kennenlernte, gab sie Sanskrit-Unterricht an einer höheren Mädchenschule und lebte mit einem Dienstmädchen in einer Wohnung von spartanischer Einfachheit.

Westliche Freigeister behaupten gern, Religion sei Sache der Frauen, und ich erinnere mich dabei an die Meinungsäußerung eines mit meinem Vater befreundeten Arztes. Wir waren zu Besuch auf seinem kleinen Landsitz im Departement Seine-et-Oise, wo ich ihn eines Sonntagmorgens seine Köchin und Haushälterin fragen hörte:

«Sind Sie morgens in der Messe gewesen, Maria?»

«Nein, Monsieur.»

«Ich wünsche, daß Sie und das Mädchen regelmäßig die Kirche besuchen.»

«Aber Monsieur geht ja auch nicht hin.»

«Das ist etwas anderes. Religion ist notwendig für Frauen, Kinder und Dienstboten.»

Das war kein Scherz. Der durch und durch ungläubige Arzt sprach seine tiefe Überzeugung in bezug auf eine Regel aus, die er zur Aufrechterhaltung der Ordnung innerhalb der Gesellschaft für nützlich hielt.

In der damaligen Zeit wäre er mit seiner apodiktischen Erklärung in Indien oder irgendwo anders in Asien schlecht angekommen. Religion und Philosophie, Askese und Mystik sind im Orient, und speziell in Indien, Angelegenheit der Männer und der Eliten. Weshalb werden Frauen im allgemeinen nicht zum Sannyasa zugelassen?

Den Grund dafür hat man mir ziemlich unverblümt genannt:

«Sannyasa beinhaltet absolute Keuschheit. Männer sind dazu fähig, Frauen dagegen nicht.»

Eine anfechtbare Meinung, auf die Abendländer mit lautem Protest reagieren würden, die jedoch in Indien gang und gäbe ist, daß nämlich Frauen, sich selbst überlassen, ihren sinnlichen Gelüsten nicht widerstehen könnten. Kürzlich sprach sich ein junger Student, stellvertretend für viele, strikt gegen die Freiheit aus, die man Frauen zu gewähren beginne, in seinen Augen ein Frevel, der das Ende Indiens nach sich ziehen würde.

Eine gegenteilige Auffassung vertraten nicht nur Philosophen wie Vidyarana bereits vor Jahrhunderten, sondern auch ein alter Sannyasin, dem ich bei meinen Reisen durch Indien begegnete. Er hieß Bashkarananda und lebte in einem Rosengarten. Die verschwenderische Pracht der duftenden Beete ringsum war der liebevollen Pflege seiner Schüler zu verdanken; er selbst suchte Schutz unter einer Art Vordach aus weißgekalktem Mauerwerk und schlief dort auf einer auf dem nackten Fußboden ausgebreiteten Matte, ohne Decke selbst in den kalten Nächten.

Svami Bashkarananda war vielleicht nicht sonderlich gelehrt, wenngleich er mehrere Abhandlungen über die Vedanta-Philosophie verfaßt hatte, doch er besaß ein scharfes, durchdringendes Verständnis für die Gedankenwelt Indiens, in die er mich als erster einweihte.

Ich hatte ihm damals, als Fünfundzwanzigjährige, das Leben der in Klöstern eingesperrten Mönche und Nonnen im Abendland kurz geschildert. «Warum denn hinter Mauern?» fragte er erstaunt. Das demütigende Mißtrauen, das wir gegenüber der Willenskraft unserer Ordensmitglieder an den Tag legen, war ihm unbegreiflich. Der Sannyasin lebt ungebunden, gänzlich frei von jedem Zwang, von allen Regeln, von jeder Autorität.

Bashkarananda hatte erahnt, welche Faszination das Idealziel Sannyasa auf mich ausübte; als ich ihn verließ, legte er mir einen Schal in der rituellen Farbe um die Schultern und flüsterte mir ein paar Worte ins Ohr, die ich pietätvoll im Gedächtnis bewahrte, deren prophetische Bedeutung mir jedoch erst zehn Jahre später klar wurde. Den alten Svami habe ich nie wiedergesehen.

Als ich sehr viel später nach Benares zurückkehrte, galt mein erster Gedanke dem Rosengarten von Bashkarananda. Es war nicht die richtige Jahreszeit, die Beete zwischen den mit Marmorplatten belegten Pfaden waren abgeblüht und weniger üppig als früher, das staubige, eingefriedete Stück Land wirkte verlassen. Automatisch richtete ich den Blick auf den Platz, wo Bashkarananda für gewöhnlich zu sitzen pflegte. Er ruhte jetzt unter dem prächtigen Grabmal aus weißem Marmor, das ihm seine Schüler errichtet hatten, begraben mit aufrechtem Oberkörper und untergeschlagenen Beinen in Meditationsstellung. Auf dem Marmortisch, der als Altar diente, hatte man über seinem Kopf einen Linga, als Symbol für Shiva, aufgestellt, denn der verstorbene Svami wurde ebenso verehrt wie der Gott. Morgens und abends zelebrierte ein Brahmane unter der Kuppel des Mausoleums ihm zu Ehren die üblichen Riten, und als ich dort verweilte, kam die Stunde des abendlichen Gottesdienstes, Arati. Ein Gehilfe ließ eine Glocke erklingen, der Priester rezitierte Mantras und schwenkte den vielflammigen Leuchter, dann entfernten sie sich wieder. Ich blieb zurück und träumte in der Stille der hereinbrechenden Nacht vor mich hin.

Nach etlichen weiteren Jahren war ich erneut in Benares und ging in den Rosengarten. Er war von Unkraut überwuchert, und in den Marmorsäulen des Grabmals klafften Risse.

Ich hörte Bashkarananda aus der Tiefe des Grabes murmeln:

«Ständiger Wandel ist das allumfassende Gesetz.»

Getreu dem Gelübde, das er als Sannyasin abgelegt hatte, lebte der Svami zu sehr außerhalb der drei Welten, um sich über die spirituelle Nachfolge Gedanken zu machen; auch seine direkten Schüler haben keine Gemeinschaft gegründet, und so gerät das Andenken des Gurus nach und nach in Vergessenheit.

Ein befreundeter Brahmane hängt in meinem Namen Jasminblüten-Girlanden am Grabmal von Bashkarananda in dem verlassenen Garten auf. Das Schicksal geht eben seltsame Wege, wenn es eine Fremde dazu ausersieht, einem indischen Sannyasin diese letzten Zeichen der Ehrerbietung zu erweisen.

10 Probleme und Konflikte nach der Unabhängigkeit

Kurz nach der Landung zogen schwarze Wolken auf, und es begann in Strömen zu regnen, mit einer Vehemenz, wie man sie nur in tropischen Zonen kennt. Kein Mensch erwartete mich. Der Zubringer der Fluggesellschaft setzte mich in der Stadt vor dem Büro ab, wo die Pässe der Passagiere kontrolliert wurden.

Am Vorabend meiner Abreise von China war vereinbart worden, daß man das Französische Konsulat in Kalkutta telegraphisch von meiner Ankunft verständigen und bitten würde, mir eine Unterkunft zu besorgen, da kurz nach Kriegsende die meisten Hotels noch von Militärbehörden beschlagnahmt waren. Zivilreisende wurden in Schlafsälen untergebracht und konnten sich glücklich schätzen, wenn sie dort, zusammen mit zehn oder fünfzehn anderen, ein Bett fanden.

Das Telegramm war entweder nicht abgegangen oder nicht angekommen; es war inzwischen dunkel geworden, die Straßen hatten sich durch die fortgesetzten Regenfälle in Sturzbäche verwandelt. Der Polizeibeamte gab diskret, aber unmißverständlich zu erkennen, daß er das Büro schließen und nach Hause gehen wollte; er rief im Konsulat an, und nach ungefähr drei Stunden erschien ein zuvorkommender Dolmetscher mit der Freudenbotschaft, er habe in einem indischen Hotel ein Zimmer für mich aufgetrieben.

Zwei Taxis beförderten mich und mein Gepäck dorthin. Die Hauptsache war, daß es in meinem Logis nicht regnete, alles übrige kümmerte mich wenig; nachdem ich den Pyjama angezogen und eine Tasse heißen Tee getrunken hatte, breitete ich meine Decken über das Gurtbett, legte mich hin und schlief sofort ein.

Als ich aufwachte, schien die Sonne; durch die Klappläden meines Zimmers blickte ich auf eine belebte Straße hinunter, viele Passanten, geöffnete Läden. Die offenstehenden Fenster der gegenüberliegenden Häuser gewährten Einblick in indische, teilweise westlich möblierte Innenräume; Frauen im Sari, jedoch unverschleiert, stützten sich auf die Balkonbrüstungen – achtbare Ehefrauen oder Verwandte der Ladenbesitzer. Früher zeigten sich nur Prostituierte auf den Balkons. Zahlreiche junge Mädchen trugen Kleider nach europäischer Mode ... Ich begann, Kontakt mit dem neuen Indien aufzunehmen.

Die Entwicklung in den letzten zehn Jahren war mir keineswegs unbekannt, Briefe von meinen Freunden hatten mich auf dem laufenden gehalten, nicht nur über die blutigen Ereignisse, von denen die Zeitungen berichteten, sondern auch über die Bewußtseinsveränderungen bei einem Teil der indischen Bevölkerung. Und dann war ich ja auch bei einem früheren Aufenthalt bereits mit Gandhi, Sardar Patel und anderen weniger im Blickfeld stehenden Persönlichkeiten zusammengetroffen, die an der Schaffung dieses neuen Indien mitgewirkt hatten, von dem ich mir jetzt selbst ein Bild machen wollte.

Die Rückführung der Truppen hatte noch nicht begonnen, viele waren in China, Indien und anderen Teilen Asiens stationiert. Diese lästigen Müßiggänger schafften es spielend, auch noch die letzten Reste des guten Rufs, den die Weißen einst bei den Einheimischen gehabt hatten, zu zerstören. In Kalkutta lagen Engländer und Amerikaner dabei im Wettstreit.

Nach einer Weile gelang es mir, ein Zimmer im Grand Hotel zu ergattern, das an der Hauptverkehrsstraße gegenüber einem großen Park lag. Hier konnte ich alles aus nächster Nähe beobachten – das wüste Treiben der fremden Truppen ebenso wie die Kundgebungen der Inder, die den beschleunigten Abzug der Engländer forderten oder zu inneren Auseinandersetzungen Stellung nahmen.

In den Teil des Hotels, in dem Tanzveranstaltungen stattfanden, stürmten allabendlich scharenweise Soldaten und Prostituierte, meist angloindische Mischlinge, um sich bei einem wilden Gelage und Jitterbug bis in die Nacht hinein zu vergnügen. Das Ganze wurde von trunkenem Gejohle begleitet, und häufig kam es zu Schlägereien. In ihrem benebelten Zustand zerbrachen sie herumstehende Gläser und benutzten die Scherben als Waffe; gelegentlich wurde auch geschossen, was die Mädchen dann laut aufkreischen ließ.

Das einheimische Personal hielt sich wohlweislich abseits, um die tägliche Orgie zu betrachten und später sämtliche Einzelheiten in der Stadt zu verbreiten, was den Indern reichlich Stoff zum Nachdenken lieferte.

Von meinem Balkon aus sah ich auch die nationalistischen Kundgebungen und die weitaus beunruhigenderen, von einem fanatischen Sektierertum getragenen Demonstrationen, die dann zu grauenhaften Massakern führten. Bei einem der plötzlich ausbrechenden Streiks trat das einheimische Hotelpersonal in den Ausstand.

Im Grand Hotel bemühten sich die Ressortchefs, Europäer oder Angloinder, die Verpflegung der Gäste durch eigenen Einsatz zu gewährleisten. Diese zeigten ihren guten Willen und stellten sich mit ihrem Teller an der Theke an, wo das notgedrungen reduzierte Menü ausgegeben wurde. Das Dienstpersonal verhielt sich durchaus friedfertig. Am Vorabend hatte mir das Zimmermädchen lächelnd mitgeteilt, daß am nächsten Tag niemand da wäre, die Betten zu machen, zu putzen, den Morgentee zu servieren etc. Nach drei Tagen hatte man die Lohnerhöhung durchgesetzt, und alle kehrten an ihre Arbeit zurück. Ein für Europa keineswegs erstaunlicher Vorgang, in Indien dagegen, wo noch vor wenigen Jahren die Sahibs und Memsahibs ihre Dienstboten ohne Hemmungen mit der Hundepeitsche schlugen, bedeutete es einen enormen Fortschritt, wenn diese Unterprivilegierten es wagten, sich gegen ihre weißen Herren aufzulehnen und mit ihnen zu diskutieren.

Es kam noch besser: Die Domestiken mancher Maharadschas – rund hundert an der Zahl – traten in den Streik und forderten höhere Löhne, während ihre Väter es sich noch als große Ehre angerechnet hatten, ohne Entgelt dienen zu dürfen.

Aufzüge fanden überall statt: Angestellte der Stadtverwaltung, Arbeiter, Handwerker – selbst die Straßenkehrer stellten ihre Forderungen. Einer dieser Demonstrationszüge wollte vor dem noch vom englischen Gouverneur für Bengalen bewohnten Schloß aufmarschieren, wurde jedoch von der Polizei zurückgedrängt, zuerst mit Schlagstöcken, und als das nichts half, mit ein paar Schüssen. Die auseinandergetriebenen Teilnehmer sammelten sich in der Stadt, versuchten es aufs neue und zogen schließlich, wie geplant, an den Gartentoren des Schlosses vorbei.

Auf dem riesigen freien Platz am Rande das Maidan-Parks fanden spektakuläre Massenversammlungen statt.

Mehrere hunderttausend Menschen wollten Nehru und andere Abgeordnete reden hören, wobei ich zum erstenmal in Indien auch Frauen sah, die sich um die Rednertribüne scharten oder sogar auf ihr Platz nahmen. In den Versammlungen der Muslime hämmerten ihre Führer, manchmal auch Jinnah selbst, ihren Glaubensgenossen den Wunsch nach einen eigenen Staat – Pakistan – ein.

Vor Begeisterung tobende junge Leute fuhren in Autos und Lastwagen durch die Stadt, schwenkten entweder die indische orange-weiß-grüne Fahne oder die grüne mit dem weißen Stern im weißen Halbmond des künftigen Pakistan. Die Hochrufe auf beide Länder überschnitten sich.

Es kam immer häufiger zu tätlichen Auseinandersetzungen mit Schlagstöcken und vorerst noch zaghaftem Schußwaffengebrauch, wobei es Verletzte und auch ein paar Tote gab.

Eines Tages fielen die Aufrührer schließlich über die feinen Stadtviertel her mit den vielen Luxusläden und den Kaufhäusern nach westlichem Standard. Eine Welle von Fremdenhaß brandete plötzlich auf, noch verstärkt durch das Verlangen nach Plünderungen. Die großen Schaufensterscheiben barsten, die Meute stürzte sich auf die Waren, griff sich heraus, was ihr gefiel, und zerstörte noch viel mehr.

Die in den Straßen umherstreifenden Banden befahlen Ausländern, denen sie im Wagen oder in der Rikscha begegneten, sofort auszusteigen, manchmal ließen sie ihnen gar nicht die Zeit dazu, sondern warfen sie einfach zu Boden. Vor allem die Soldaten zogen den Volkszorn auf sich. Etliche wurden zusammengeschlagen und verwundet. Ich sah mit eigenen Augen, wie unter meinem Fenster einem Amerikaner der Hut mit dem Stock heruntergeschlagen wurde und wie er den auf seinen Schädel eindreschenden Knüppeln zu entkommen suchte.

Die Truppen und die ausländischen Zivilisten erhielten Ausgangsverbot. Alle Türen vom Grand Hotel wurden verbarrikadiert, und die Gäste blieben dort mehrere Tage eingeschlossen.

Die Hoteldirektion nahm anscheinend an, wir wünschten uns andere Zerstreuungen, als immer nur den Aufruhr in den Straßen von unseren Fensterplätzen aus zu betrachten, und griff deshalb auf die für das laufende Kabarettprogramm engagierten Artisten zurück.

Ein Zauberkünstler führte uns verblüffende Tricks vor, Frauen sangen und tanzten. Während der Vorstellung brannten auf der Straße, vor unserer Tür, umgestürzte Straßenbahnen und Autos, umringt von der tobenden, johlenden Menge.

Ähnliche Szenen spielten sich in allen Stadtvierteln ab, und auch das Groteske kam dabei wieder einmal zu seinem Recht. Ich verbrachte die meiste Zeit auf meinem Balkon, und da sah ich aufgebrachte Inder auf ihre europäisch gekleideten Landsleute losgehen. Den Hut des einen ließen sie in die Gosse rollen, einem anderen rissen sie die Krawatte herunter, doch vor allem erregte wohl die westliche Mode ihren Zorn, das Hemd *in* der Hose zu tragen, während es die Inder außen flattern lassen. Über Passanten, die derart gegen die nationale Kleiderordnung verstießen, fielen die Aufrührer her, zogen ihnen zum Teil die Hosen aus und ließen sie dann im Hemd auf der Straße stehen.

Es gab zahlreiche Verletzte, einige Tote, und dann kehrte wieder Ruhe ein. Man ging die eingeschlagenen Schaufensterscheiben und die mit Glasscherben übersäten Straßen besichtigen ..., dann dachte man nicht mehr daran.

Die Ausländer, großenteils in Indien ansässige Briten, haben sich stets durch eins ausgezeichnet: Sie waren tapfer. Mochten sie sich leichtfertig und manchmal sogar peinlich aufführen, bei Gefahr waren sie die Ruhe selbst. Diese ersten Unruhen in Kalkutta waren ja lediglich Bagatellen, doch die Kaltblütigkeit derer, die bald darauf in schwerste Massaker hineingerieten, erwies sich als noch unerschütterlicher. Es ist durchaus möglich, daß der Dünkel des «Weißen», die tief eingewurzelte Verachtung der Eingeborenen ihnen geholfen hat, diese Haltung zu bewahren; angesichts der vielen Fehler, die sie begangen haben, sollte man aber trotz allem auch diesen Mut nicht vergessen.

Hindus und Muslime, von der britischen Verwaltung fest an die Kandare genommen, hatten sich seit mehreren Jahren daran gewöhnt, nahezu friedlich zusammenzuleben. Nur nahezu, denn Schlägereien waren keineswegs selten. Mal ging es um eine hinduistische Musikgruppe, die Götterbilder oder einen Hochzeitszug eskortierte und vor einer Moschee, in der die Gläubigen beteten, absichtlich den doppelten Lärm veranstaltete; ein andermal handelte es sich um eine Kuh, die ein muslimischer Fleischer geschlachtet hatte.

Ein feindseliger Akt wie dieser wog besonders schwer, und so stützte sich Jinnah, Pakistan als Ziel vor Augen, gern auf das Argument der unterschiedlichen Einstellung von Hindus und Muslimen Kühen gegenüber, um daraus zu folgern, daß man zwei derart eigenständige Völker nicht unter demselben Gesetz vereinen könne. «Den Hindus sind die Kühe heilig, und wir essen sie», pflegte er zu sagen.

Daß Menschen sich wegen Kühen gegenseitig umbringen, erscheint uns lächerlich, und dieser Meinung waren auch die britischen Kolonialherren. Sie verzehrten seelenruhig ihre Steaks und waren nur darauf bedacht, Ruhe und Ordnung aufrechtzuerhalten. Die Muslime befürchteten indes völlig zu Recht, daß sie nach dem Abzug der Engländer den Fanatismus der Hindus zu spüren bekommen würden, zumal diese ihnen zahlenmäßig weit überlegen waren. Jedenfalls bestärkte man sie in diesen Befürchtungen, und der Haß wurde von beiden Seiten geschürt.

Das gleiche Pack, das ich zuvor am Werk gesehen hatte, machte sich wieder in Kalkutta breit. Den fanatischen Muslimen hatten sich, von der Aussicht auf Plünderung angelockt, zahlreiche fragwürdige Individuen angeschlossen. Dieser zusammengewürfelte Haufen begnügte sich freilich nicht mit Plündern, sondern richtete ein wahres Blutbad an. Das Massaker dauerte vier Tage, bis Panzer auffuhren, mit Maschinengewehren in den rasenden Mob feuerten und dem Gemetzel ein Ende machten.

Wie viele Tote es gegeben hatte, wußte niemand. Die veröffentlichte Gesamtzahl der Opfer beruhte auf groben Schätzungen und entsprach keineswegs der Realität, und die von der Bevölkerung angegebene entbehrte ebenfalls jeder Grundlage. Wahrscheinlich waren Zehntausende ums Leben gekommen. Eine Woche nach Wiederherstellung von Ruhe und Ordnung fand man in entlegenen Gassen immer noch Leichen.

Der Horror beschränkte sich nicht nur auf Kalkutta; ähnliche Gemetzel fanden in verschiedenen Orten statt, insbesondere im Gebiet von Noakhali im Südosten von Bengalen.

Die Hindus zögerten nicht mit dem Gegenschlag und führten ihn ebenso brutal wie die Muslime. Die Sikhs, deren Religion viele Gemeinsamkeiten mit dem Islam aufweist, gingen mit besonderer Grausamkeit gegen die Muslime vor. Das von ihnen und den Hindus veranstaltete Blutbad forderte mehr Opfer als das erste, das die Muslime unter den Hindus angerichtet hatten.

Die Teilung war unvermeidlich geworden. Die Unabhängigkeit Indiens wurde dann am 15. August 1947 ausgerufen. Pakistan war geboren; Jinnah und die Muslim-Liga hatten die Partie gegen Gandhi, Nehru und den Kongreß gewonnen.

Man hätte meinen sollen, daß diese Teilung, die die Muslime zufriedenstellte und mit der die Hindus sich abgefunden hatten, den Frieden im Land wiederherstellen würde. Doch das war ein Trugschluß. So verfiel man auf den Gedanken, die Bevölkerung umzusiedeln – eine in Europa im Laufe der Jahrhunderte bereits mehrmals praktizierte Maßnahme –, und zwar nach religiösen Gesichtspunkten. Daß es Menschen geben könnte, die sich zu keiner Religionsgemeinschaft bekennen, kam den Urhebern dieses Plans gar nicht in den Sinn, obwohl es in Indien Freidenker gibt, die nur durch Familientradition den Hindus oder den Muslimen zuzurechnen sind. Zu diesen kann man zweifellos Pandit Nehru und Jinnah zählen.

Der Exodus begann. Von den Millionen Männern und Frauen, die mit den spärlichen Resten ihrer Habe aufbrachen, gingen Tausende unterwegs zugrunde – an Erschöpfung, an Entbehrungen, an Krankheit oder durch Unfall. Die Cholera, in Indien stets eine latente Gefahr, brach plötzlich aus, dann wurden die Gebiete, durch die der Flüchtlingsstrom zog, von ungewöhnlich heftigen Überschwemmungen heimgesucht, und die Fluten rissen Menschen und Vieh mit sich weg.

Zu allem Unglück begannen auch die Massaker wieder. Die Hindus hatten das Schlimmste zu befürchten, wenn sie von Muslimen bewohnte Gebiete durchquerten, und umgekehrt genauso. Vor allem nachts fielen mit Säbeln und Piken bewaffnete Banden über die Flüchtlinge her, die erschöpft inmitten ihrer Habe schliefen. Das geschah weniger aus Habgier, sondern aus schierer Mordlust.

Das gleiche spielte sich an den Schienenwegen bis in die Bahnhöfe hinein ab. Die Banditen lauerten den Flüchtlingszügen auf und schnitten sämtlichen Insassen die Kehle durch. Die Sikhs taten sich dabei besonders in Amritsar hervor, die Muslime in Lahore und anderswo. Mit den Worten von Nehru: «Greuel häufte sich auf Greuel.» Gandhi betete und fastete in dieser Zeit. Seine Lehre des Nicht-Verletzens, der Gewaltlosigkeit – Ahimsa –, die er ein Vierteljahrhundert hindurch verkündet hatte, war bankrott gegangen.

Nach dem dramatischen Exodus schien eine gewisse Beruhigung einzutreten, die jedoch nicht andauerte. Im Jahre 1950 begannen erneut Massaker im östlichen Bengalen und in Kalkutta, die sich auf andere Gebiete auszubreiten drohten.

Will man sich Klarheit verschaffen über die gegensätzlichen Strömungen und Richtungskämpfe, die nach der Unabhängigkeit in Indien aufbrachen und weit in die Zukunft fortwirkten, muß man sich zunächst eingehend mit der Lehre Gandhis und ihren Folgeerscheinungen befassen, die letztlich auch zur Ermordung des Mahatma führten.

Im Westen ist er zur Legende geworden, aber über seine Person mit all ihren Widersprüchen weiß man herzlich wenig. Im allgemeinen sieht man ihn als fortschrittlichen Anwalt der Ärmsten, der ihren Bildungsstand heben und sie an den Errungenschaften der Zivilisation teilhaben lassen wollte. Solche Ziele schwebten ihm sicherlich auch vor, allerdings in höchst abgeschwächter Form.

So schrieb Gandhi im Jahre 1909:

> Das Wohl Indiens besteht darin zu verlernen, was es in den letzten fünfzig Jahren gelernt hat; Eisenbahnen, Telegraph, Krankenhäuser, Juristen, Ärzte und dergleichen müssen verschwinden. Die Angehörigen der sogenannten oberen sozialen Klassen müssen lernen, das einfache Leben des Bauern zu führen, und begreifen, daß dies das wahre Glück bedeutet.

Die meisten Anhänger Gandhis teilten diese Ansichten keineswegs; sie waren nicht gewillt, auf die materiellen und geistigen Vorteile zu verzichten, die ihnen die moderne Zivilisation gebracht hatte, auf das Niveau der unterprivilegierten Klassen abzusteigen, in Lehmhütten mit Strohdächern zu wohnen, mit den alten Pflügen die Felder zu bestellen und in ihrer kargen Freizeit an einem primitiven Spinnrad zu sitzen.

Dieses Spinnrad war zum Symbol geworden. Lange Zeit hindurch trugen die Anhänger Gandhis Kleider aus in Heimarbeit gefertigtem, grobem Gewebe. In den mit modernen westlichen Möbeln ausgestatteten Räumen hatte ein Spinnrad zu stehen, und die Hausherren gaben vor, es auch zu benutzen.

Diesbezüglich habe ich selbst eine typische Episode erlebt. Ich suchte Gandhi auf und traf ihn im Gespräch mit einem Mitbewohner seines Hauses an. Er hatte Papiere in der Hand, weitere lagen auf dem Tisch vor ihm. Weit und breit kein Spinnrad in Sicht. Doch schon nach wenigen Minuten, wie auf ein geheimes Zeichen, kam ein Diener mit einem Spinnrad, stellte es vor Gandhi hin, der seine Papiere achtlos beiseite schob und zu spinnen begann, wobei er sich weiter angeregt mit mir unterhielt.

Auch über Traktoren hatte Gandhi eine dezidierte Meinung. Er schätze die Arbeitsleistung eines Büffels oder eines Ochsen höher ein als die einer Maschine, beteuerte er oft und gern. Die könne zwar pflügen, aber damit sei ihr Nutzwert auch schon erschöpft; das Tier dagegen liefere wertvollen Dung und eine Kuh obendrein noch Milch, Butter und Urin, der desinfiziert und Heilwirkung besitzt. Einschränkungen machte er jedoch beim Einsatz von heiligen Kühen bei der Feldarbeit; ihnen sollte man besser nur Kälber, Milch, Kuhfladen und Urin abverlangen.

Pandit Nehru schrieb über Gandhis Einstellung zu sozialen Fragen:

> Gandhi hat eine feste Ausgangsbasis für alle seine Ideen, man kann seine Geisteshaltung nicht als offen und aufgeschlossen betrachten. Er hört denen, die ihm neue Vorschläge unterbreiten, mit großer Geduld und Aufmerksamkeit zu, aber man hat trotz seines höflichen Interesses den Eindruck, an eine Wand hinzureden ... Er ist in manchen seiner Ideen so fest verankert, daß ihm alles andere bedeutungslos erscheint ...
> Er hat kein Vertrauen zum Sozialismus, und das insbesondere zu dem marxistischer Prägung, weil der Sozialismus Gewalt zuläßt. Der Terminus «Klassenkampf», der an Konflikt und Gewalt denken läßt, flößt ihm Abscheu ein. Er hat nicht den leisesten Wunsch, die Situation der Massen über ein sehr bescheidenes Niveau hinaus anzuheben, denn ein hohes Niveau und die damit verbundene Freizeit können in seinen Augen zum Müßiggang, zur Willfährigkeit gegenüber Versuchungen und schließlich zur Sünde führen. Es ist schon schlimm genug, sagt er, daß ein paar wohlhabende Leute bereitwillig ihren Neigungen frönen, wenn sich

ihre Zahl erhöhte, würde sich das nur noch verschlimmern ...

Setzt man Gandhi auseinander, daß Wissenschaft und Technik die gesamte Bevölkerung mit Nahrung, Kleidung und Wohnraum versorgen könnten, wenn dem nicht kapitalistische Interessen entgegenstünden, so erhält man von ihm keinerlei Reaktion. Er wünscht nicht, daß Komfort und immer mehr Freizeit dem Volk als Ideal vorschweben. Seiner Meinung nach soll das Leitbild der Massen in einem moralischen Leben bestehen, das heißt, sie sollen schlechte Gewohnheiten ablegen und immer weniger nach Befriedigung suchen.

Wer den Massen dienen will, hat sich laut Gandhi nicht unbedingt um Verbesserung ihrer materiellen Situation zu bemühen, sondern auf ihr Niveau hinabzusteigen.

Das ist die wahre Demokratie.

Diese Art von Demokratie praktizierte Gandhi mit Sicherheit nicht. Kein Inder hat das jemals geglaubt, und niemand hat je dergleichen von ihm verlangt.

Gandhi lebte keineswegs in irgendeinem Elendsquartier, sondern in einer bescheidenen Wohnung, so wie manche Brahmanen, Gutsbesitzer und Professoren aus meinem Bekanntenkreis. Eine solche Einfachheit ist in Indien gang und gäbe, außer bei einem neuen Typus von Geschäftsmann, und Gandhi hielt sich häufig bei bestimmten Industriemagnaten auf, hatte teil am Luxus ihrer fürstlichen Wohnsitze.

Seine vegetarische Ernährungsweise war durchaus nicht karg. Nach Aussagen seiner Tischgenossen waren es sogar reichliche Mahlzeiten, mit Milch im Überfluß, Obst nach Wahl, Gemüsen etc.

Kurz, die durchaus relative Armut, die Gandhi zur

Schau trug, unterschied sich in keiner Weise von der vieler indischer Gurus, die zwar über keinerlei persönlichen Besitz verfügen mögen, aber von ihren Schülern nicht nur mit allem Notwendigen großzügig versehen werden, sondern auch mit dem Überflüssigen, damit sie ihre oft absurden Regeln für das «einfache Leben» einhalten können.

Gandhis Vertraute nahmen die ziemlich schwere Last, die ihnen seine kostspielige Armut aufbürdete, freudig auf sich. Durchdrungen von der indischen Vorstellung, der Meister erweise denjenigen seiner Schüler, von denen er Geschenke und absolute Ergebenheit akzeptiert, eine ganz besondere Gunst, kam es ihnen gar nicht in den Sinn, sich darüber zu beklagen. Außerdem dürfte sie ein weniger mystischer Gedanke erfüllt haben: Gandhi, der sich als so geschickt im Umgang mit der Menge erwiesen hatte, war als Anführer im Kampf um die Unabhängigkeit nützlich.

Gandhi, als gläubiger Hindu, hielt die Kühe heilig und war sogar Präsident einer Gesellschaft, die zu deren Schutz gegründet worden war. Es hieß, daß dieses Gefühl der Achtung ihn auch veranlaßt habe, anstelle von Kuh- nur Ziegenmilch zu trinken. Da er nun große Mengen davon zu sich nahm, und zwar stets ganz frisch, mußte immer eine kleine Herde in greifbarer Nähe zur Verfügung stehen. Wenn er auf einer seiner längeren Reisen mehrere Tage mit der Eisenbahn durch Indien unterwegs war, wurden die Ziegen im Zug mitgenommen.

Trotz seiner Aversion gegenüber der Eisenbahn mußte er sie wohl oder übel benutzen, allerdings mit dem strikten Vorbehalt, daß er nur in der dritten Klasse fuhr, und wenn der Zug keine entsprechenden Waggons mitführte, ließ er eigens welche anhängen. Es soll sogar vorgekommen sein, daß ein Sonderzug aus lauter Dritter-Klasse-Wagen für ihn und seine Begleiter zusammengestellt werden mußte.

Diese angeblich unumstößliche Regel wurde indes durch Ausnahmen bestätigt, wie ich aus eigener Anschauung berichten kann.

Ich nahm nämlich einmal zufällig denselben Zug wie Gandhi und sah ihn in ein Zweiter-Klasse-Abteil einsteigen. Der Zufall wollte es, daß auch mein Adoptivsohn, der Lama Yongden, in einem von Bombay abgehenden Expreß seinen Liegewagenplatz im gleichen Abteil hatte wie Gandhi und einige seiner Freunde, und Liegewagen gehörten grundsätzlich zur zweiten Klasse.

Er habe nicht schlafen können, erzählte mir Yongden später, weil die Gefährten von Gandhi während der ganzen Nacht in Aktion gewesen seinen – sie schälten Apfelsinen, knackten Nüsse, machten dem Meister Milch heiß auf einem Kocher und waren dem Mahatma pausenlos zu Diensten. Die Milch war in Flaschen abgefüllt, Ziegen gab es in dem Zug nicht.

Man kann Gandhi keinerlei Vorwurf daraus machen, daß er das Leben des klassischen indischen Gurus geführt hat, das ergibt sich fast zwangsläufig aus einer jahrhundertealten Tradition.

Mit seinem Fasten erregte der Mahatma jedesmal großes Aufsehen. Millionen von leicht erregbaren Indern wurden davon bis ins Innerste aufgewühlt, und selbst in westlichen Ländern zeigte man sich tief bewegt.

Manche äußerten sich empört über den Reklamerummel, der um jedes Fasten entstand. Sie betrachteten das Getuschel der mit der Überwachung seiner organischen Funktionen betrauten Ärzte, die täglichen Bulletins, die herandrängende Schar seiner Anhänger als geschickt gesteuerte Inszenierung. In diesem Zusammenhang zitierten die Kritiker gern eine Stelle aus der Bergpredigt:

Wenn ihr aber fastet, sollt ihr nicht finster dreinsehen wie die Heuchler; denn sie verstellen ihr Angesicht, um sich mit ihrem Fasten vor den Leuten sehen zu lassen. Wahrlich, ich sage euch: Sie haben ihren Lohn dahin. Du aber salbe, wenn du fastest, dein Haupt und wasche dein Angesicht, damit du mit deinem Fasten dich nicht den Leuten zeigest (Matth. 6, 16–17).

Diejenigen, die einen solchen Vergleich anstellen, zeigen damit nur, daß sie von Gandhis Motiven und von dem Ziel, das er verfolgte, nicht die leiseste Ahnung haben. Als versierter Anwalt, der er ja war, benutzte er eine Taktik ... Er setzte auf die Emotion, die er bei den naiven Massen auslöste, und wollte damit die in den fremden Herren schwelende Furcht vor Volksaufständen schüren. Bei anderen Gelegenheiten operierte er mit dieser sanften Erpressung gegenüber seinen eigenen Adepten, wenn sich Anzeichen dafür ergaben, daß sie von dem Weg, auf dem er sie halten wollte, abzuweichen gedachten. In beiden Fällen verließ er sich auf die gesicherte Erkenntnis, daß die einen wie die anderen nichts so sehr fürchteten, wie ihn sterben zu sehen. Publizität und Inszenierung waren also Mittel zum Zweck, um das gesteckte Ziel zu erreichen, und es besteht kein Grund, ihm daraus einen Vorwurf zu machen. Er hatte damit häufig, wenngleich nicht immer, Erfolg; die schrecklichen Massaker lieferten ihm den Beweis, daß er mit seiner Lehre der Gewaltlosigkeit gescheitert war.

Gandhi war jedoch nicht nur ein geschickter Politiker, sondern von den alten indischen Traditionen der Askese, Kasteiung (Tapas) geprägt. Durch Tapas können die aufs Ego bezogenen Eigenschaften im Menschen umgewandelt werden in eine höhere spirituelle Kraft, die dem Strebenden hilft, durch glühende Hingabe und intensive Konzentration sein spirituelles Ziel zu erlangen.

Die durch diese beiden Pole bedingte Wechselwirkung brachte ihn wohl dazu, sich als erleuchteten Guru zu sehen, der mit untrüglicher Sicherheit wußte, was die Menschen brauchten. Und so klammerte er soziale Fragen aus, weil sie ihn nicht interessierten.

Diese Haltung des unfehlbaren Führers entsprach den ältesten Traditionen Indiens und behagte den Massen, denn sie konnten sich unbesorgt wie seit jeher leiten lassen. Einer seiner Mitstreiter hatte Gandhi bereits in den Anfangszeiten der Bewegung von Satyagraha (Festhalten an der Wahrheit) freundschaftlich als «inniggeliebten Sklavenführer» tituliert, doch spirituelle Versklavung mißfällt den Indern keineswegs, die Mehrheit fügt sich ihr sogar freudig.

Mehrheit ist nicht gleichbedeutend mit Einmütigkeit, Nehru und die Elite der Kongreßabgeordneten wollten nicht, daß die politische Bewegung zur Befreiung Indiens sich zur simplen religiösen Erweckung verkehrte.

Nehru schrieb dazu:

> Manchmal war ich beunruhigt, wenn ich das Anwachsen des religiösen Elementes in unserer Politik feststellte, auf der muslimischen Seite ebenso wie auf der hinduistischen. Das mißfiel mir zutiefst. Was die muslimischen religiösen Führer und die hinduistischen Svamis auf ihren Versammlungen sagten, erschien mir äußerst fatal.
>
> Ihre Art, Geschichte, Soziologie, ökonomische Probleme darzustellen, hielt ich für falsch, und die durch religiöse Tendenzen bewirkte Entstellung von Tatsachen, die überall stattfand, hinderte am klaren Denken.

Manche Äußerungen von Gandhi berührten mich peinlich, zum Beispiel seine häufigen Anspielungen auf Rama und das golde Zeitalter seiner Regierung, das wiederkommen würde. Es war mir unmöglich, da einzugreifen, und ich tröstete mich mit dem Gedanken, daß Gandhi vermutlich diese Worte benutzte, weil sie wohlbekannt waren und die Massen sie begriffen. Gandhi verstand sich wunderbar darauf, die Herzen der Menge zu gewinnen ... Wir sprachen oft unter uns über seine Marotten und meinten gutgelaunt, wenn erst einmal die nationale Regierung da wäre, brauche man dergleichen nicht mehr so zu propagieren.

Zu den Marotten Gandhis gehörte eine religiös inspirierte soziale Konzeption. Danach sollten sich die Reichen nicht als Eigentümer ihres Vermögens betrachten, sondern als von Gott eingesetzte redliche Verwalter mit der Verpflichtung, es zum Wohl der «Besitzlosen» zu verwenden.

Zwar verkündete er, der Reichtum mit seinen Annehmlichkeiten und Vorteilen könne zur Sünde verleiten, doch er dachte weder daran, die großen Vermögen abzuschaffen noch durch geeignete Maßnahmen deren unbegrenztes Wachstum zu verhindern.

Er zeigte nicht das geringste Interesse für die Arbeiter der Großindustriellen, mit denen er freundschaftliche Beziehungen unterhielt. Berichten zufolge hatten Arbeiter nach einer Kundgebung in einer Spinnerei, in deren Verlauf die Polizei von der Schußwaffe Gebrauch gemacht und Teilnehmer verletzt hatte, mehrmals eine Delegation zu Gandhi geschickt, der zu jener Zeit bei dem Besitzer der Spinnerei logierte und es ablehnte, sie zu empfangen.

Der Gegensatz zwischen dem Elend der Proletarier und dem Prunk der Maharadschas und der reichen Geschäftsleute kümmerte Gandhi überhaupt nicht, oder er sah darin vielmehr ein Mittel, bei den einzelnen einen «Sinneswandel» (in der religiösen Bedeutung dieses Begriffes) zu bewirken.

«Gandhi denkt fortgesetzt in Kategorien von persönlichem Heil und Sünde», sagte Nehru, «er befaßt sich nicht mit der Reform von Institutionen oder der Gesellschaftsstruktur, sondern lediglich damit, die Sünde aus dem Leben der Individuen zu verbannen.»

Kurz, Gandhi hatte anscheinend die überholte Idealvorstellung von der Koexistenz des *guten* Reichen und des *guten* Armen.

Auch über Gandhis Kampf für die «Unberührbaren», die er euphemistisch Harijan – «Kinder Gottes» – nannte, wurden falsche Darstellungen verbreitet. Es hieß, daß Gandhi gern mit den «Unberührbaren» zusammenlebte, was in keiner Weise den Tatsachen entspricht.

Die Begleitumstände von Gandhis spektakulärem Aufenthalt im vorwiegend von Straßenkehrern bewohnten Paria-Viertel von Delhi im Jahre 1946 sind außerhalb Indiens kaum bekannt. Er quartierte sich nicht etwa einfach bei einer Paria-Familie ein, sondern man baute eigens für ihn ein Häuschen auf einem sorgfältig gesäuberten Stück Land und evakuierte eine Reihe von zerlumpten, verlausten «Unberührbaren», deren Nachbarschaft man als «störend» empfand.

Es war nicht die materielle Situation der rund 60 Millionen aus dem sozialen Leben Ausgestoßenen, die von jeher zur Verrichtung von niedrigen, gesundheitsschädlichen Arbeiten verurteilt waren, wogegen Gandhi sich auflehnte; an erster Stelle bekümmerte ihn, daß es den Parias verboten war, die Tempel zu betreten und die Götter anzubeten. Wenn man ihnen Zutritt zu den Tempeln gewährte, so schien es ihm, dann zählte der «Rest» überhaupt nicht. Was diesen Rest anging, das heißt alle ihre materiellen Bedürfnisse, sollten sich die Kinder Gottes auf ihren Vater verlassen.

Nehru teilte diese Ansichten keineswegs. Er schrieb:

Hinter dem Wort «der Herr der Armen» (Daridranarayan, ein von Gandhi benutzter Begriff) schien eine Verherrlichung der Armut zu stecken. Gott war besonders der Gott der Armen. Sie waren sein auserwähltes Volk. Ich nehme an, daß dies die überall vertretene religiöse Einstellung ist. Ich billige sie nicht, mir scheint im Gegenteil Armut ein hassenswerter Zustand zu sein, den man bekämpfen und beseitigen muß und in gar keiner Weise aufwerten darf.

Das führt unvermeidlich dazu, ein System anzugreifen, das Armut toleriert und produziert, und diejenigen, die vor dieser Notwendigkeit zurückschrecken, müssen die Existenz von Armut auf die eine oder andere Weise rechtfertigen. Sie können nur mit unzureichenden Denkschablonen argumentieren und sind außerstande, sich eine Welt vorzustellen, die mit allem Lebensnotwendigen reichlich ausgestattet ist. *Reiche und Arme wird es bei uns immer geben*, das ist wahrscheinlich ihr Motto.

Jedesmal, wenn ich Gelegenheit hatte, diese Fragen mit Gandhi zu diskutieren, beharrte er auf dem Prinzip, daß die Reichen sich als Verwalter ihrer Vermögenswerte zugunsten der Armen betrachten müssen. Ein Gesichtspunkt aus grauer Vorzeit; man findet ihn oft in Indien wie auch im mittelalterlichen Europa.

Ich hielt es für unerläßlich, ausführlich auf die Ansichten

Gandhis und seine Meinungsverschiedenheiten mit Pandit Nehru einzugehen, weil die gleichen Auffassungen und andere, ganz ähnliche, sich nach wie vor in Indien gegenüberstehen.

Es erhebt sich die Frage, wie zwei Menschen mit derart entgegengesetzten Überzeugungen so viele Jahre Seite an Seite kämpfen konnten. Daß die Aktivisten der Befreiungsbewegung Gandhi als wertvollen Helfer für ihre Sache schätzten, habe ich bereits erwähnt. Es gab jedoch noch etwas anderes, wie Nehru offen eingestanden hat: Gandhi besaß eine einzigartige Suggestionskraft, es war unmöglich, ihm zu widerstehen, er betörte buchstäblich seine gesamte Umgebung.

Tatsächlich hat der Mahatma Millionen von Indern «betört» – und sogar Ausländer, die nur von ihm gehört hatten. Auf eine nicht geringe Anzahl von Indern hat der Zauber jedoch nicht gewirkt. Dazu gehörten in erster Linie die ultraorthodoxen Reaktionäre der verschiedensten Gruppierungen, die sämtlich von der unerschütterlichen Überzeugung durchdrungen sind, daß der Hinduismus allen Religionen, allen politischen und sozialen Doktrinen haushoch überlegen ist und ihm daher das Recht zusteht, deren restlose Unterordnung zu fordern.

Zu diesen Kreisen gehörte auch Godse, der Mörder Gandhis.

Nathuram Godse war kein fanatischer Einzelgänger, der einer plötzlichen Eingebung gehorchte; auch andere betrachteten Gandhi als einen Feind, den man beseitigen mußte. Die Motive für ihren blindwütigen Haß haben nichts an Aktualität eingebüßt; man findet sie auch heute noch in ganz ähnlicher Form, nur auf andere Ziele und andere Persönlichkeiten gerichtet.

Manche warfen Gandhi einerseits vor, faule Kompromisse geschlossen zu haben, andererseits schien er ihnen nicht strikt genug an der althergebrachten hinduistischen Orthodoxie festzuhalten. Hinzu kam noch ein dritter Vorwurf: Gandhi habe zuviel Sympathie für die Muslime gezeigt und sich der Gründung von Pakistan nicht entschlossen genug widersetzt.

Ein gebildeter Brahmane, mit dem ich mich kurz vor der Befreiung Indiens unterhielt, erklärte mir kategorisch: «Wenn Indien frei wird, so werden wir Gandhi tags darauf Kali zum Opfer bringen.»

Noch ehe man während einer seiner Gebetsversammlungen Bomben auf den Mahatma warf, ertönten in den Straßen von Delhi bereits die Rufe: «Nieder mit Gandhi!» Die Verurteilung des Mahatma und anderer politischer Persönlichkeiten war ganz im Sinne zahlreicher Hindus. Nach der Ermordung Gandhis klebten an den Mauern Plakate mit der Drohung: «Jetzt ist Nehru dran!»

Es handelt sich hierbei nicht um politische Verbrechen im üblichen Sinne, sondern wie bei der Tat von Godse um die Erfüllung einer religiösen Pflicht. Der Verurteilte kann sehr wohl als verehrungswürdig gelten, und sein Mörder wird sich ihm zu Füßen werfen, wie Godse es tat, ehe er ihn niederschoß, doch der «Heilige» ist als Gefahr für die Erhaltung von Glauben und Disziplin im Geist der althergebrachten traditionellen Orthodoxie befunden worden. Folglich muß er verschwinden.

Unter diesen Voraussetzungen gebärdet sich der Mörder als Held, und wenn ihn sein Verbrechen an den Galgen bringt, wird er in den Augen der ultrareaktionären Hindus zum Märtyrer.

Genau diesen Anblick bietet Godse, als er, jung und schön, lächelnd in den Tod geht. Auf seiner Stirn ist das Sektenzeichen des Vaishnavismus aufgemalt, zu dem er sich bekennt. In der Hand hält er die *Bhagavad-Gita*, das heilige Buch, in dem Vishnu durch den Mund seines Avatars Krishna einen seiner Anhänger ermahnt, den Feind nicht zu schonen:

> Erliege dieser Schwäche nicht! Sie ziemt dir nicht. Laß ab von dieser niedrigen Schwachmütigkeit! Erhebe dich! (II, 3) ... Wenn du jedoch dich diesem Kampf nicht stellst, so gibst du deinen guten Ruf und deine eigene Bestimmung auf und wirst Übel erwerben. (II, 33)

Der Mörder hat überdies Gründe, ruhig und ohne Gewissensbisse zu töten: Seine Tat ist nichts als eine Episode der Phantasmagorie, die das Universum darstellt, nichts als die Geste einer Marionette in dem ewigen Spiel, das Brahma mit sich selbst spielt.

> Die Körper aber des Verkörperten, des Ewigen, Unzerstörbaren und Unermeßlichen, sie sind vergänglich, sagt man ...
> Wer Es als Töter ansieht, wer glaubt, Es sei zu töten, beide sind unwissend. Nicht tötet Es, noch wird Es je getötet.
> Geboren ward Es nicht, noch stirbt Es, noch war Es jemals nicht oder wird künftig nicht sein. Der Ungeborene, Unwandelbare, der Ewige, Er, der Uralte, wird nicht in dem erschlagenen Leib erschlagen. (II, 18–20)

Gandhi ist also nicht wirklich tot, er wird wiedergeboren; Godse ebenfalls. Die tragische Affinität, die der Mord zwischen ihnen geschaffen hat, wird sie wahrscheinlich abermals zusammentreffen lassen; vielleicht wird es dann eine Beziehung von Vater und Sohn oder von Meister und

Schüler sein. Wer weiß, womöglich wird Gandhi in dieser neuen Inkarnation den reinkarnierten Godse töten ...

«Ich werde sterben mit dem Namen Rama auf den Lippen», verkündete Godse am Vorabend seiner Hinrichtung. «Ich bin stolz und glücklich, meine Pflicht erfüllt zu haben gegenüber meinen Eltern, der Religion, der Kultur Indiens und meinem Vaterland.»

Seine alten Eltern teilten diese Gefühle. Sie seien stolz auf ihn und glücklich, schrieben sie ihm.

Die Polizei traf Vorkehrungen, um das Gefängnis zu schützen, in dem der Galgen errichtet war. Man befürchtete Demonstrationen von Hindus und von den rund zwanzigtausend aus Pakistan geflüchteten Sikhs in den nahen Lagern. Die meisten von ihnen waren durch die Teilung Indiens von Haus und Hof vertrieben worden und sympathisierten daher mit Godse.

«Möge das vereinte Indien unsterblich sein! Es lebe unser heiliges Mutterland!» schrien Godse und der wegen Mittäterschaft verurteilte Hauptmann Apte, als sich die Todesfalle unter ihren Füßen öffnete.

Für die Akteure war das Drama beendet; ob das gleiche auch für die Ideen galt, die sie zu ihrer Tat bewogen hatten, mag dahingestellt bleiben. Nach der Hinrichtung kam es jedenfalls auf einer Versammlung reaktionärer, orthodoxer Hindus zu lautstarken Kundgebungen: «Nieder mit Nehru! Es lebe Godse!» Porträts von Godse wurden zu Hunderten verkauft.

Gandhi sank tödlich getroffen zu Boden mit den Worten: «O Rama!» Warum hat er den Indern nicht auch eine letzte Botschaft der Gewaltlosigkeit hinterlassen? Ein «Vergebt ihm» ... Die Frage erscheint vermessen.

Ein weniger hochgegriffenes Beispiel bietet die Geschichte eines alten buddhistischen Einsiedlers, der in einer entlegenen Gegend am Himalaja lebte. Einer seiner Schüler teilte die Höhle, in der er hauste, mit ihm. Eines Tages brachte ein Wohltäter dem Klausner eine kleine Summe Geldes, damit er sich Vorrat für den Winter kaufen konnte. Von Habgier getrieben, erschlug der Schüler seinen Meister und flüchtete mit dem Geld.

Der Lama kam zunächst wieder zu sich. Er war schwer verletzt und litt unsäglich. Um sich von seinen Qualen abzulenken, versenkte er sich in Meditation.

Tibetische Mystiker sind imstande, mittels Gedankenkonzentration die Schmerzempfindlichkeit auszuschalten oder sie zumindest erheblich herabzusetzen.

Als ein anderer Schüler des Einsiedlers ihn einige Tage nach dem Verbrechen aufsuchte, fand er seinen Meister, in eine Decke gehüllt, reglos daliegend. Der Eitergeruch und die blutdurchtränkte Decke machten ihn stutzig. Auf seine Fragen berichtete ihm der Meister, was geschehen war. Daraufhin wollte der Schüler unverzüglich zum nächstgelegenen Kloster eilen und einen Arzt holen. Der Eremit verbot es ihm.

«Wenn man von meinem Zustand erfährt, wird man den Schuldigen suchen», erklärte er. «Er kann noch nicht sehr weit sein. Man wird ihn aufspüren und ihn vermutlich zum Tode verurteilen. Das kann ich nicht zulassen. Wird die Nachricht nicht verbreitet, gebe ich ihm mehr Zeit, den Verfolgern zu entkommen. Vielleicht läutert er sich eines Tages, und in jedem Fall werde ich nicht schuld sein an seinem Tode. Geh jetzt, laß mich allein.» Wenige Tage darauf starb der Einsiedler einsam in seiner Höhle.

Gandhi, Symbol der Gewaltlosigkeit, hat nicht zu einer solchen Geste hoher Spiritualität gefunden, die seinem Leben und Wirken einen versöhnlichen Ausklang verliehen hätte.

11 Aufbruch in die Zukunft

Der Westen, durch zwei Weltkriege in seinen Grundfesten erschüttert, hat dem ein Vierteljahrhundert währenden Unabhängigkeitskampf der Inder wenig Beachtung geschenkt. Nur wer in dieser Zeit im Land und in Kontakt mit seiner Bevölkerung gelebt und jene einzigartige Atmosphäre gespürt hat, bekam etwas vermittelt von der geballten Willenskraft, mit der ein ganzes Volk auf ein gemeinsames Ziel lossteuerte: die Briten aus Indien zu verjagen.

Ein fraglos allen gemeinsames Ziel, aber keineswegs das einzige. Der Wunsch, sich von der Fremdherrschaft zu befreien, war auch persönlich motiviert, denn jeder Inder glaubte sich, zu Recht oder zu Unrecht, durch diese an der Verwirklichung seiner eigenen Ziele gehindert. Unterschiedliche Ziele – individuell und vor allem auf die Gesamtbevölkerung bezogen.

Die Unabhängigkeitserklärung und Ausrufung der Republik Indien bildeten den Schlußpunkt des Konflikts, das Ende einer Epoche. Doch nachdem das entscheidende Ziel erreicht war, begann die Gemeinsamkeit zu bröckeln, und Einzelinteressen traten in den Vordergrund. Enttäuschte Hoffnungen, Resignation, Verbitterung, sogar Sehnsucht nach der sogenannten guten alten Zeit unter britischer Herrschaft.

Unter den politisch aktiv Gebliebenen kam es zu heftigen Auseinandersetzungen. Die Reaktionäre forderten die Rückkehr zur Brahmanenherrschaft und zu den Gesellschaftsformen der Vergangenheit, während Sozialisten und Kommunisten für einen laizistischen Staat plädierten, gegen abergläubische Vorstellungen polemisierten und ihren festen Willen bekundeten, das bestehende Kastensystem mit all seinen Ungerechtigkeiten in bezug auf Wohlstand und Bildung zu beseitigen.

Die Kongreßpartei, die als aktives Zentrum des Unabhängigkeitskampfes hohes Ansehen erworben hatte, konnte sich die einmütige Sympathie der Bevölkerung nicht erhalten. Es gab zahlreiche Fälle von Korruption und tiefgreifende Spaltungen auf politischer Ebene.

Bereits im Juli 1949 verabschiedete der Kongreß der Provinz Bihar eine Resolution, in der «die Degeneration, die sich unter den Mitgliedern der Kongreßpartei zeigt», beklagt wurde, verbunden mit dem dringenden Appell an diejenigen unter ihnen, «die dem von Gandhi gepredigten Ideal, sich aus dem Kongreß zurückzuziehen, nicht treu geblieben sind».

Es ließen sich viele ähnliche Zitate beibringen. Doch während prominente Politiker Korruption und Intrigen in ihren Reihen ebenso gezielt wie maßvoll verurteilen, fallen die Äußerungen der mittleren Bevölkerungsschichten wesentlich vehementer aus. Eine Wahl, die im Juni 1949 in Kalkutta stattfand, lieferte den Beweis für den Verruf, in den die Kongreßpartei geraten war.

Die Gesamtzahl der Wahlberechtigten betrug 62 000, darunter 20 000 Frauen. Die Wahlbeteiligung lag bei rund 40 Prozent. Der Kandidat der Kongreßpartei erhielt 5780 Stimmen, der der Opposition dagegen 19 030.

Das Ergebnis wurde von der Bevölkerung mit ungeheurer Begeisterung aufgenommen. In Neu-Delhi bekannte die Kongreßpartei alarmiert, es sei höchste Zeit, die Mißstände gründlichst zu untersuchen, denn ein weiterer Vertrauensschwund könne verheerende Folgen haben.

Daß die Zeichen auf Sturm standen, zeigte sich auch auf einer Massenveranstaltung mit schätzungsweise 500 000 Teilnehmern, die Pandit Nehru in Kalkutta abhielt. Es kam zu Mißfallenskundgebungen und einigen Sprengstoffanschlägen, bei denen ein Polizist getötet und drei weitere verletzt wurden. Im Zuge der tätlichen Auseinandersetzungen zwischen Anhängern und Gegnern Nehrus gab es wiederum rund 50 Verletzte. Die Zeitungen berichteten über Steine und andere Wurfgeschosse, darunter alte Schuhe, verschleierten jedoch so diskret wie möglich die Tatsache, daß Nehru die Zielscheibe war und daß mindestens einer der ominösen Schuhe ihn getroffen hatte.

Außer der politischen Bedeutung besitzt dieser Vorfall noch eine ernste religiöse Komponente: Pandit Nehru war Brahmane, und nach dem religiösen Gesetz ist es eines der größten Vergehen, wenn ein Hindu einen Brahmanen beleidigt oder verletzt. Nach altem Brauch stand darauf die Todesstrafe.

Die indischen Randalierer, die Nehru mit alten Schuhen bombardierten, hatten offenbar die Achtung vor den Brahmanen verloren und sich damit automatisch aus dem Sanatana-Dharma, der ewigen Religion des Hinduismus, ausgeschlossen. Doch der Brahmane Nehru, der mit dem Präsidenten der Vereinigten Staaten, mit ausländischen Ministern und Diplomaten speiste und der Nathuran Godse, einen Brahmanen, hängen ließ, obwohl das religiöse Gesetz dies ausdrücklich verbot, welches Verbrechen ein Brahmane auch immer begangen haben mochte, hatte sich, genau wie sie, aus seiner Kaste und damit aus der hinduistischen Gemeinschaft ausgeschlossen.

In seiner zweistündigen Rede auf der Massenversammlung in Kalkutta behandelte Pandit Nehru zahlreiche Probleme, darunter auch die Korruption innerhalb der Führungsschicht. Man habe sich bei ihm ferner beschwert über den Schußwaffengebrauch der Polizei gegenüber Demonstranten auf den Straßen und in den Gefängnissen, wobei Männer und Frauen getötet worden seien. Desgleichen habe es Klagen gegeben von Hindus, die Pakistan zwangsweise verlassen mußten und die Hilfe für Flüchtlinge unzureichend fanden.

Er sei nicht nach Kalkutta gekommen, um sich oder sonst irgend jemanden zu rechtfertigen. Ohne jeden Zweifel gebe es Korruption in Bengalen und anderen Landesteilen. Wer sich darüber empöre, müsse aber auch einsehen, daß sie sich nicht nur auf Regierungsmitglieder beschränke und daß viele, die dies anprangerten, selber Dreck am Stecken hätten.

«Im Namen der Regierung kann ich Ihnen versichern, daß sie keine Mühe scheuen wird, die Schuldigen zu bestrafen.»

Nehru äußerte sein Bedauern darüber, daß die Polizei mehrere Demonstranten, darunter Frauen, getötet habe, und versprach eine gründliche Untersuchung der Vorfälle. Andererseits könne er freilich nicht zusichern, daß die Polizei gegenüber Demonstranten niemals Gebrauch von der Schußwaffe machen würde.

Während hochrangige Politiker gezwungen sind, Fehler der Führung einzugestehen, bemühen sie sich zugleich, die rebellierende öffentliche Meinung zu besänftigen. Man verspricht Untersuchungsausschüsse, Bestrafung der Schuldigen, Reformen etc., ist sich aber zugleich seiner

Ohnmacht bewußt. Pflichtvergessene leitende Beamte hat es immer gegeben; Profitgier, Skrupellosigkeit sind in ganz Asien an der Tagesordnung und so selbstverständlich, daß sich niemand darüber wundert. Die meisten Betroffenen nehmen es als unvermeidliches Übel hin. Im umgekehrten Fall würden sie genauso handeln, davon sind sie in aller Unbefangenheit überzeugt.

Bereits im Dezember 1948 erklärte Dr. Sitaramaya in seiner Eigenschaft als Vorsitzender der Kongreßpartei es zur vordringlichen Aufgabe, allen, die überspannte, idealistische Forderungen stellten, einen Dämpfer aufzusetzen. «Die Inhaber der Macht können nur eine Kerze in der Hand halten, während das Volk den Mond verlangt», sagte er.

Solche Äußerungen haben noch nie und nirgends die Menschen zufriedengestellt, die ja gar nicht «den Mond» verlangten, sondern die praktische Verwirklichung der Ideale, für die sie gekämpft haben.

Die Opposition dachte nicht daran, sich «einen Dämpfer aufsetzen» zu lassen, und mißbilligte einen eingebrachten Gesetzesvorschlag, mit dem das Gehalt des Generalgouverneurs von der Einkommensteuer befreit werden sollte. Man sah darin einen unerwünschten Präzedenzfall für die nach Konstituierung der Republik anstehende Präsidentenwahl. Ein Abgeordneter erinnerte daran, daß die Kongreßpartei sich verpflichtet hatte, niemals ein Monatsgehalt von mehr als 500 Rupien zu akzeptieren, und nun wolle man dem Generalgouverneur 5000 bewilligen.

Professor K. T. Shak gab ferner zu bedenken, daß der Durchschnittsverdienst eines Inders 14 bis 15 Rupien monatlich betrage, und warnte vor den negativen Kommentaren, die ein derart eklatantes Mißverhältnis in einem Land, das sich als demokratisch bezeichnete, auslösen würde.

Viele Argumente wurden an jenem Tag gegen die 5000 Rupien monatlich vorgebracht, doch die Regierung hielt daran fest. Innenminister Sardar Patel begründete dies unter anderem damit, daß sich die Regierung nun einmal in den von den Briten für den Vizekönig und seine Administration errichteten Prunkbauten etabliert habe, wo sie unmöglich ein einfaches Leben nach dem Ideal Gandhis führen könne. Wenn die Abgeordneten sich an dieses Ideal halten und ihren Lebensstil dem des Volkes angleichen wollten, müßten sie Delhi verlassen und woanders eine neue Hauptstadt bauen.

Bei aller Abwegigkeit enthält dieses Argument doch einen wahren Kern. Mit dem Einzug in die prächtigen, nicht für sie bestimmten Residenzen wurden die neuen Bewohner von einem neuen Lebensgefühl erfüllt. Mit kindlicher Begeisterung schlüpften sie fast unfreiwillig in die Rolle der großen Herren, die sie früher nur von ferne gesehen oder furchtsam angeredet hatten.

Die britische Krone und das königliche Wappen, mit denen die Gebäude und das Inventar dekoriert waren, wurden entfernt und durch das Wappen von König Ashoka ersetzt. Ashoka regierte im dritten vorchristlichen Jahrhundert und gilt als eine der bedeutendsten Gestalten der indischen Geschichte. Er entschloß sich, Buddhist zu werden, und versuchte, Rechtschaffenheit und Tugend im ganzen Land zu festigen. Toleranz, Gewaltlosigkeit, Nicht-Töten waren die Leitbegriffe seiner Regierung.

Sein Wappen mit den drei Löwen befindet sich auf dem Kapitell einer zu Ehren von Ashoka errichteten Säule, die im Museum von Sarnath aufbewahrt wird. Die Löwen bedeuten: Einheit – Gleichheit – Brüderlichkeit. Der von der Republik Indien übernommene Wappenspruch lautet: Gerechtigkeit – Freiheit – Gleichheit – Brüderlichkeit.

Indien als einheitliches Staatsgebilde ist eine von den Engländern geschaffene künstliche Konstruktion. Mit ihrem Abzug begann diese Einheit auseinanderzubrechen, zunächst durch die Abspaltung Pakistans, die weitere Teilungsprozesse nach sich zog. Wobei zu bemerken wäre, daß ein «vereintes Indien» keineswegs alle Inder für erstrebenswert halten. Sri Aurobindo äußerte sich dazu:

> Manche vertreten die Meinung, das einzig wahre Modell einer Union bestehe aus einer einzigen Nation mit einheitlichem Verwaltungs- und Bildungssystem und einer einzigen Sprache. Ob und wie sich dieses Konzept in Zukunft möglicherweise verwirklichen läßt, kann man nicht wissen, im Augenblick jedoch ist es völlig undurchführbar, und es erscheint zweifelhaft, ob es für Indien wünschenswert wäre.

In der Tat hat das riesige Gebiet vom Himalaya bis Kap Comorin seit grauer Vorzeit stets eine Vielzahl von Staaten umfaßt, kleine und große, mit einer aus verschiedenen Rassen- und Sprachgruppen zusammengesetzten Bevölkerung und häufigen kriegerischen Konflikten.

Um dieser Vielfalt nach der Unabhängigkeit einen einheitlichen Rahmen zu geben, orientierte sich Indien an dem von den Engländern hinterlassenen Modell, in etwas abgewandelter Form, was aber auf das Leben der Bevölkerung praktisch keine Auswirkungen hatte.

In der Präambel der Verfassung wird dem Doppelaspekt Rechnung getragen:

«Indien ist eine souveräne demokratische Republik. Indien ist ein Staatenbund.»

Die bisherigen zahlreichen Provinzen und Fürstentümer wurden schließlich in 24 Staaten und neun Unionsterritorien zusammengefaßt. Um das ehemalige Fürstentum Kaschmir kam es wegen der dort vorwiegend muslimischen Bevölkerung immer wieder zu militärischen Auseinandersetzungen, nachdem es 1947 zu 60 Prozent unter indische und zu 40 Prozent unter pakistanische Oberhoheit gestellt worden war. Für den nördlichen Teil, Ladakh, auch Klein-Tibet genannt, wurde zwischen Indien und der Volksrepublik China eine Grenze vereinbart, die jedoch stets umstritten blieb.

Die progressiven Inder, die laut Dr. Sitaramaya «den Mond verlangen», hatten gehofft, die Befreiung des Landes würde zur Errichtung eines demokratischen Regimes führen, in dem kein Platz mehr wäre für eine den Staatshaushalt belastende Aristokratie. Die Fürsten sollten ihrer Meinung nach den Status normaler Bürger erhalten und sich glücklich schätzen, ihren persönlichen Besitzstand wahren zu können; zusätzliche Zivillisten, für die das Volk zahlen müßte, kämen nicht mehr in Frage, da alle Mittel jetzt zur Linderung der allgemeinen Not und für öffentliche Dienstleistungen gebraucht würden.

In der Verfassung wurde indes den Fürsten sowie ihren Erben eine Zivilliste garantiert, ferner das Anrecht auf ihren persönlichen Besitz, ihre alten Privilegien, ihre Ämter und Titel. Die finanzielle Belastung war der Regierung sehr wohl klar, doch das Risiko einer Streichung der Zivilliste wollte sie auch nicht eingehen, und so ersann sie einen kostendämpfenden Ausweg. Die Finanzverwaltung sollte künftig bei der Regierung liegen und nicht mehr bei den Radschas. Die Regierung hoffte, durch die Erhebung von Steuern und andere staatliche Einkünfte die Aufwendungen für die Zivillisten zu kompensieren.

Doch die Zivilliste war keineswegs der einzige Stein des Anstoßes. In der indischen Bevölkerung gärte es nach wie vor an allen Ecken und Enden. In den ländlichen Gebieten rebellierten die Bauern gegen planwirtschaftliche Maßnahmen; unter den Flüchtlingen aus Pakistan herrschte Unruhe; die Arbeiter, erbittert über die niedrigen Löhne und die ständig steigenden Lebenshaltungskosten, traten in Streik, es kam zum Aufruhr, die Polizei knüppelte auf die Demonstranten ein oder schoß auf sie.

Beim «denkenden» Teil der Bevölkerung geriet die Regierung in Mißkredit. Der Sozialist Dr. Lohia sprach von einer durch die Regierung angeheizten «Kommunistenphobie», die Indien ergriffen habe. «Durch Verschärfung ihrer Propaganda gegen die Kommunisten, die in Indien insgesamt noch gar nicht sonderlich stark vertreten sind, beabsichtigt die Regierung, die Bevölkerung in Angst zu versetzen und auf ihre Seite zu ziehen; doch was immer sie auch tut, ihre Tage sind gezählt.»

Es gab zahlreiche Stimmen, die über kurz oder lang die Errichtung eines kommunistischen Regimes in Indien voraussahen. Die Kommunisten wissen genau, was sie wollen, argumentierte man, sie haben ein klares Ziel und verlieren es nicht aus den Augen, während die anderen, in tausenderlei Gruppierungen gespalten, kreuz und quer durcheinanderlaufen. Und da viele Vertreter dieser Auffassung keinerlei Neigung verspürten, unter einem kommunistischen Regime zu leben, erwogen sie die Chancen einer baldigen Emigration.

Das Bild, das Indien in jenen ersten Jahren nach der Unabhängigkeit bot, war zwar ziemlich düster, wies aber trotzdem auch einige interessante Seiten auf.

Dazu gehörte die Situation der Frauen. Die Emanzipation hat sich in Indien schlagartig vollzogen, wo sie eine weitaus bedeutsamere Revolution darstellte, als dies in Frankreich oder England der Fall war; denn die Lage der in ihre vier Wände verbannten und lebenslänglich in Abhängigkeit gehaltenen Inderinnen ließ sich in keiner Weise mit der von Französinnen und Engländerinnen vergleichen, selbst bevor diese das aktive und passive Wahlrecht errungen hatten.

Diese Emanzipation mitsamt ihren bereits vollzogenen und noch zu erwartenden Folgen ist ganz und gar nicht nach dem Geschmack der reaktionären Hindus. Gandhi selbst zählte zu ihren Gegnern. Gewiß wünschte er die Situation der Frauen zu verbessern, doch das sollte seiner Meinung nach ebenso wie bei den unteren Volksschichten nur in einem sehr eng gesteckten Rahmen geschehen.

«Im Indien meiner Träume darf kein Platz sein für ‹Unberührbarkeit›, für alkoholische Getränke und Rauschgift, für die Gleichberechtigung der Frauen», sagte er.

Der Mahatma hat in diesem Punkt, wie in vielen anderen, eine Niederlage erlitten. In reaktionären Kreisen wurde jedoch die Entwicklung abgeblockt, so daß die Emanzipation der Frauen dort für eine gewisse Zeit nicht einmal den von Gandhi gewünschten bescheidenen Standard erreichen wird. Dennoch lassen sich weltweit in Gang gekommene Veränderungsprozesse weder aufhalten noch umkehren.

Zu den ersten Handlungen der indischen Regierung gehörte eine Überprüfung des Eherechts. Unter dem Druck der internationalen Meinung wurde ein Gesetz erlassen, das Kinderehen verbot und das heiratsfähige Alter für Mädchen auf vierzehn – später sogar auf fünfzehn – Jahre festlegte. Früher wurden sieben- bis achtjährige Mädchen erwachsenen Männern ausgeliefert, manchmal sogar Greisen; einige wurden mit neun Jahren Mutter, und dreizehn erschien den Hindus als durchaus passendes Alter für eine erste Mutterschaft.

Nach herkömmlicher Auffassung soll ein Mädchen in der Woche nach dem ersten Auftreten der Geschlechtsreife verheiratet werden. Dieser Brauch wird damit begründet, daß die Frauen – im Gegensatz zu den Männern – unfähig seien, ihre Keuschheit zu bewahren, und sich der Unzucht ergeben würden, sofern man ihnen keinen Ehemann beschaffte.

Ich erinnere mich an Diskussionen über die Frühehe, in denen die Befürworter eines Verbots argumentierten, verfrühte Mutterschaft verschulde nicht nur den Tod zahlreicher kleiner Mädchen, sondern durch die Geburt schwächlicher Kinder auch gravierende Gesundheits- und Erbschäden. Das wurde allgemein akzeptiert, und ich habe in solchen Versammlungen von vielen Indern ehrlich verzweifelte Reaktionen gehört: «Eine furchtbare Alternative! Entweder schädigen wir die Volksgesundheit, oder unsere Frauen werden unmoralisch.» Daß es eine dritte Möglichkeit gab, sahen sie gar nicht.

Zu diesem Thema erzählte mir eine Freundin, Frau eines Ingenieurs in einem der Fürstentümer, von einem Dialog zwischen zwei Bediensteten, den sie belauscht hatte.

«Dein Sahib ist nicht da?» erkundigte sich der eine.

«Nein, er macht gerade eine Inspektionsreise», erwiderte der andere.

«Wer schläft denn dann mit der Memsahib, wenn er nicht da ist?»

«Bis jetzt ist noch niemand gekommen.»

Das «bis jetzt» amüsierte meine Freundin und ihren Mann ungemein.

Mit der Gesetzesnovelle hatte die Regierung das heiratsfähige Alter für Mädchen festgesetzt – Eltern, die dagegen verstießen, drohte Gefängnis und eine Geldstrafe –, aber in der Praxis ergaben sich da einige Schwierigkeiten. Wie soll man das genaue Alter eines jungen Mädchens feststellen in einem Land, in dem die standesamtliche Registrierung von Geburten nicht obligatorisch ist und in dem die Eheschließung zu Hause hinter verschlossenen Türen stattfindet? Der Parlamentspräsident, Dr. Sitaramaya, hat sich übrigens in einer Debatte energisch dagegen ausgesprochen, das Alter von Brautleuten, insbesondere der Mädchen, polizeilich kontrollieren zu lassen. Ein derartiges Vorgehen bezeichnete er als diktatorisch. Die Abgeordneten teilten diese Meinung und lehnten entsprechende Überprüfungsmaßnahmen ab, zugleich mit einem Vorschlag, das heiratsfähige Alter für Männer von derzeit achtzehn auf zwanzig Jahre heraufzusetzen.

Die einzige Maßnahme, durch die sich Gesetzesverstöße hätten wirksam verhindern lassen, wäre die Einführung von Standesamtsregistern nach westlichem Muster gewesen sowie eine standesamtliche Trauung, die vor jeder religiösen Zeremonie zu erfolgen hätte. Und selbst dann gäbe es keine hundertprozentige Erfolgsgarantie. Indien, dieser riesige Subkontinent, bietet zahllose Möglichkeiten, durch die Maschen des Gesetzes zu schlüpfen, wenn dieses in Widerspruch zu einem auf religiösen Vorschriften beruhenden Brauch steht.

Erweiterte Bildungschancen und ökonomische Bedingungen werden in Indien wie anderswo immer mehr Frauen veranlassen, einen Beruf zu ergreifen und so ihre vollständige Emanzipation herbeizuführen. Auf diesem Weg gehen die Inderinnen mit großen Schritten voran, und das in erstaunlicher Weise.

Im September 1949 wurden erstmals Frauen zu Offizieren ernannt. Sie hatten zuvor Lehrgänge absolviert, in denen sie in der Bedienung von Schußwaffen, Militärfahrzeugen etc. unterwiesen wurden. Andere wurden nach Abschluß einer Spezialausbildung zu Verwaltungsoffizieren befördert.

Sie tragen eine olivgrüne Uniform, während man bei der Dienstkleidung für Polizistinnen am traditionellen Sari – weiß, mit schwarzer Kante – festhielt. Manche von ihnen, darunter auch Graduierte, wurden nach bestandener Prüfung zur Inspektorin oder Oberinspektorin ernannt.

Zu ihren speziellen Aufgaben gehört die Vermittlerrolle zugunsten der Delinquentinnen. Andererseits scheut man sich auch nicht, sie bei Frauendemonstrationen im Außendienst einzusetzen. Eine der bemerkenswertesten Veränderungen manifestiert sich nämlich in dem Interesse, das Inderinnen für politische oder ökonomische Forderungen bekunden. Mitunter organisieren sie stürmische Straßendemonstrationen, vor allem in Kalkutta, wo sie zu Hunderten für politische Gefangene Partei ergriffen, die sich im Hungerstreik befanden. Bei einer solchen Kundgebung wurden vier Frauen durch Polizeischüsse getötet.

In friedlicheren Bereichen lassen sich weibliche Geschworene bei Strafprozessen nennen, Abgeordnete, Botschafterinnen – so bekleidete zum Beispiel Nehrus Schwester den wichtigen Botschafterposten in Washington. Doch die Frauen gaben sich keineswegs mit den erzielten Fortschritten zufrieden, sondern spornten ihre Geschlechtsgenossinnen ständig zu weiteren Selbsthilfeaktionen an; so etwa Aruna Asaf Ali, eine Muslimin:

> Die Ausbeutung der Frauen läßt sich nicht durch bloßes Schwadronieren und Agitieren in bezug auf Isolierung, Kinderehen, die menschenunwürdige Behandlung der Witwen usw. beseitigen.

Solange die Frauen sich nicht wirtschaftlich unabhängig machen, werden sie nicht frei sein.
Wenn es ihnen nicht gelingt, sich als Individuen anzusehen, die für ihren Lebensunterhalt arbeiten müssen, und die Ehe nicht mehr als Beruf zu betrachten, können auch immer weitere fortschrittliche Gesetze keine echte Freiheit bringen.

Ein erheblicher Teil der weiblichen Jugend drängt bereits in die freien Berufe, bisher eine typisch männliche Domäne. Die Lage droht insgesamt alarmierend zu werden. Universitäten und Hochschulen sind überfüllt, die Zahl der abgewiesenen Anwärter übersteigt die der Zulassungen bei weitem. Dabei hat das neue Indien dringenden Bedarf an Ärzten, Ingenieuren, Agronomen, Verwaltungsbeamten, und man bemüht sich, durch Erweiterung der Universitäten mehr Studienplätze zu schaffen, die überall weiblichen Studenten ebenso offenstehen sollen wie männlichen. Bei gleicher Befähigung können sie dann auch die gleichen Positionen einnehmen wie die Männer und die gleichen Bezüge erhalten.

Als vordringliche Aufgabe betrachtete es die indische Führung jedoch, nationale Streitkräfte aufzustellen, schlagkräftig, mit modernster Ausrüstung. Im gleichen Zusammenhang wurden auch atomare Forschungszentren errichtet. Hinter all dem stand der Wunsch, die Vormachtstellung in Asien zu erringen.

Das von Gandhi vertretene Prinzip der Gewaltlosigkeit gehörte anscheinend endgültig der Vergangenheit an. Nehru war sich dieser Widersprüchlichkeit durchaus bewußt und empfand es als seltsam, daß «ich mich jetzt in Lobreden über die Armee ergehe, aber es gibt eben Sachzwänge . . .».

Indien bekräftigt also seinen Willen, als unabhängige Nation zu leben; dabei gibt es friedlichen Mitteln den Vorzug, ist aber notfalls bereit, seine Souveränität und seine Eigenständigkeit mit Waffengewalt zu verteidigen.

Unter den Millionen Einwohnern schert sich freilich ein nicht geringer Teil wenig um Patriotismus oder Nationalismus – für ihn ist seine Religion, im engsten Sinne, gleichbedeutend mit Heimat, mit Vaterland. «Ob nun Rama oder Ravana regiert, spielt weiter keine Rolle, wenn er nur die Brahmanen respektiert», sagte mir einer von ihnen – ein Satz, den man als Devise der ultraorthodoxen Hindus betrachten kann.

Rama ist bekanntlich nach hinduistischen Maßstäben der ideale Herrscher, Ravana der Dämonenkönig von Lanka. In dem zitierten Satz fehlt jede Spur von staatsbürgerlicher Gesinnung, von nationalem Zugehörigkeitsgefühl. Das Kriterium für eine gute Regierung besteht darin, daß sie die Brahmanen in Ehren hält und den Hinduismus schützt, mit all seinen Lehren und Bräuchen, und bereit ist, seine Vormachtstellung im Staat zu gewährleisten. Solange sie sich an diese Programmatik hält, spielt es keine Rolle, ob es sich um eine indische oder chinesische oder auch tibetische Regierung handelt.

Doch statt dessen errichteten die befreiten Inder eine laizistische Regierung, die nach dem Wortlaut der Verfassung jegliche auf Religion, Rasse, Kaste oder Geschlecht gegründete Unterscheidung aufhob und verbot; die gleichen Zugang zu öffentlichen Ämtern garantierte, die die Unberührbarkeit der außerhalb des Kastensystems Stehenden abschaffte und Zuwiderhandlungen jeder Art gegen diese Gesetze unter Strafe stellte; die völlige Religionsfreiheit dekretierte und jeden Religionsunterricht an staatlichen Lehranstalten sowie staatlich subventionierten verbot.

Nehru war ein engagierter Verteidiger dieses laizistischen Prinzips und wollte es um jeden Preis erhalten wissen. Das brachte wiederum die Ultraorthodoxen auf den Plan, und es kam zu häufigen Verstößen gegen das Toleranzgebot.

Als die Muslime zu einem ihrer Feste eine Kuh schlachteten, führte das zu blutigen Auseinandersetzungen mit den Hindus und zu Brandschatzungen in den Dörfern. Um solche Zwischenfälle zu vermeiden, griff die Polizei auf eine Verordnung zurück, die «zur öffentlichen Ruhestörung geeignete Handlungen» untersagte. Und so wurde, unter Berufung auf diese Verordnung, in manchen Bezirken mehrfach das Töten von Kühen verboten; Personen, die dagegen verstießen, wurden verhaftet und zu sechs Monaten Gefängnis oder mehr verurteilt – trotz aller Bekenntnisse der Regierung zum laizistischen Prinzip und zur Neutralität, trotz des in der Verfassung verbürgten Rechts auf freie Religionsausübung für jeden Inder.

Die eifrigsten Verteidiger der Kühe begnügen sich nicht mir vehementen Mißfallenskundgebungen, wenn die Tiere tatsächlich geschlachtet werden, sondern geraten bereits bei der bloßen Vermutung, diese Schandtat könnte begangen worden sein, in Rage. Der folgende Zwischenfall ist bezeichnend dafür.

Vier Kühe wurden auf die Kais von Kalkutta gebracht, um auf ein griechisches Schiff verladen zu werden, die «Marial». Als sie die Kühe bemerkten, nahmen die Hafenarbeiter an, die Tiere sollten geschlachtet werden, und schleuderten Steine auf die Männer, die sie führten, und auf die griechische Schiffsbesatzung. Passanten rotteten sich zusammen und unterstützten die Hafenarbeiter. Polizisten versuchten, die aufgebrachte Menge davon zu überzeugen, daß man die Kühe nicht zu töten beabsichtige und daß sie jedenfalls bestimmt nicht geschlachtet würden, solange das Schiff im Hafen lag. Doch die Stimmung wurde immer bedrohlicher, ein Polizeiinspektor gab ein paar Warnschüsse ab, um die Menge auseinanderzutreiben. Inzwischen ließ der Kapitän aus Sorge um seine Matrosen den Anker lichten und machte sich schleunigst davon. Die vier Kühe wiederum, von dem Tumult verschreckt, suchten das Weite; sie blieben unauffindbar.

Bald nach der Unabhängigkeitserklärung bemühte sich die Kongreßpartei, Gesetze durchzubringen, die das Schlachten von Kühen und auch von allem übrigen für die Feldarbeit nützlichen Vieh strikt verboten. Alkoholische Getränke, Rauschgift und Tabak sollten ebenfalls verboten werden.

Man einigte sich jedoch lediglich darauf, das Töten von Kühen zu untersagen; denn die zahlreichen Anhänger eines völligen Verbots von Alkohol und Drogen mußten vor den ausschließlich «religiösen» Argumenten kapitulieren: Wein gehört zum Ritual sowohl der hinduistischen Shaktas als auch nichthinduistischer Sekten und ebenso zum christlichen Ritus. Zudem haben viele Inder Geschmack gefunden an Reisschnaps, Bier, Whisky oder Wein, je nach gesellschaftlicher Stellung, und wollen nicht darauf verzichten. Es ist zu befürchten, daß eine strikte Prohibition in Indien zu ebensolchen Auswüchsen führen würde wie seinerzeit in den USA, vielleicht etwas weniger kraß. Trotzdem können die einzelnen Staaten nach Gutdünken verfahren, und so hat Bombay im April 1950 ein uneingeschränktes Alkoholverbot verfügt.

Auf einem anderen Gebiet bemühen sich die Inder, aufgeschreckt durch die laizistischen Tendenzen der Regierung und deren Toleranz gegenüber allen Kulten, «alle religiösen Kräfte der Nation für einen nationalen Wiederaufbau zu mobilisieren», wie sie sich ausdrücken. Das Programm ist recht vage, wird aber in den Versammlungen der «Union aller Religionen» präzisiert. In einem von dieser Vereinigung veröffentlichten Manifest heißt es, man sehe «mit Sorge die weltweite Verbreitung materialistischer Lehren, die sich im Faschismus und im Kommunismus verhängnisvoll manifestieren und die moralischen Werte, ja sogar die Existenz der Gesellschaft unterminieren». Darauf folgt die Bekräftigung, daß «der Glaube an Gott und an die moralische Ordnung die einzigen Fundamente sind, auf denen eine glückliche, fortschrittliche Gesellschaft aufgebaut und erhalten werden kann».

Doch diese Ausdrucksweise ist von den ehemaligen Lehnsherren Indiens übernommen und enthält keinerlei hinduistische Elemente im orthodoxen Sinne. Daß man sich ihrer im Übermaß bedient hat, war für die strenggläubigen Brahmanen einer der wesentlichen Gründe, Gandhi zu beseitigen.

Einer von ihnen hat einmal sein abfälliges Urteil über die Gebetsversammlungen des Mahatma auf die Formel gebracht: «Ein protestantischer Pfarrer könnte den Vorsitz führen.» Das stimmte, diese Versammlungen fügten sich weder in den Rahmen der Darshana, der sechs Schulen der Hindu-Philosophie, noch in den der eingebürgerten Kulte.

Die Initiatoren der «Union aller Religionen» zielen in eine ähnliche Richtung. Sie wollen neben den Hindus auch Muslime, Christen, Juden, Parsen, Buddhisten, Jainas und Sikhs einbeziehen. Es werden Passagen aus den Veden, dem Koran, dem Adi Granth etc. im Original vorgelesen, aus der Bibel freilich in englischer Sprache.

Ich erinnere mich an eine solche Versammlung, bei der man mich gebeten hatte, einen Abschnitt aus einem buddhistischen Buch vorzulesen. Ich hatte Verse aus dem

Dhammapada gewählt, einem auf Pali geschriebenen Werk. Danach wollte ich den Text übersetzen, doch man erklärte mir, das sei nicht nötig, wir seien hier, um unsere Einheit zu bekunden, es genüge, daß die Vorlesungen aus den verschiedenen Schriften unser Ohr erreicht, daß wir sie andächtig aufgenommen hätten.

Doch die Aussagen, die wir aus den heiligen Büchern zitiert hatten, widersprachen sich, ja sie befehdeten einander sogar. Sie erinnerten daran, daß Menschen sich ihretwegen gegenseitig umgebracht hatten, und wenn man eine Lehre aus ihnen ziehen wollte, so gebot die Vernunft, sie als Ausdruck verschiedener geistiger Aspekte zu begreifen, die man tunlichst mit Toleranz abwägen sollte, ohne jedoch irgendwelche überheblichen Ansprüche auf eine Vorrangstellung zu dulden. Ich stellte fest, daß ich als einzige in meinem Eckchen lächelte. Die anderen blieben ernst, gesammelt, etwas hochmütig, jeder von ihnen überzeugt, es sei natürlich das von seiner eigenen Religion verkündete Ziel, dem alle anderen, wie gerade behauptet, gemeinsam zustrebten.

Aus der aufgeschlagenen Bibel, die ein englischer Missionar noch auf den Knien hatte, muß ein boshafter kleiner Teufel entsprungen sein, um mir zuzuflüstern: «Einst hatte Joseph einen Traum und erzählte ihn seinen Brüdern. Und er sprach zu ihnen: Hört einmal, was mir geträumt hat! Wir waren am Garbenbinden auf dem Felde; da richtete sich auf einmal meine Garbe auf und blieb stehen, eure Garben aber stellten sich ringsherum und verneigten sich vor meiner Garbe» (Gen. 37, 5–7).

Das Gegenstück zu Josephs Traum führte mir ein würdevoller Sannyasin in Benares vor Augen. Er lag auf einem Korbsofa, mehrere Pandits um sich versammelt. Man sprach über den Bund der Religionen. «Er muß kommen», beteuerte der ehrwürdige Sannyasin. «Hier werden wir ihn folgendermaßen begründen: Wir sichern uns ein weitläufiges Grundstück, einen herrlichen Park, von einer breiten Straße gesäumt. An dieser entlang erbaut jede der verschiedenen Religionen einen Tempel, um darin ihren Kult zu zelebrieren. Genau in der Mitte wird dann auf einer kleinen Anhöhe ein großer hinduistischer Tempel errichtet . . .»

Die meisten dieser Ultraorthodoxen hatten sich in der Hoffnung gewiegt, Indien würde nach der Befreiung ein rein hinduistischer Staat nach altem Muster, mit dem Namen Hindustan. Daß Nehru und seine Freunde sich statt dessen für Indien entschieden, hatte sie schmerzlich getroffen. Ein laizistischer, egalitärer Staat, in dem sich auch die Jugenderziehung an diesen Prinzipien orientierte, mußte ja einen allgemeinen Sittenverfall herbeiführen, und den konnte nur ein organisierter Widerstand verhindern.

Auf der anderen Seite formierten sich die progressiven Elemente, Sozialisten und Kommunisten, ebenfalls zum Kampf, all jene, denen die von der indischen Regierung praktizierte religiöse Neutralität und Demokratie lau oder sogar heuchlerisch erschien. Auch sie hatten sich ein befreites Indien anders erträumt als das, wozu es nach der Unabhängigkeitserklärung geworden war.

Ein Tatbestand verdient, festgehalten zu werden: Trotz des enormen Unterschiedes zwischen der religiös inspirierten sozialen Idealvorstellung der Orthodoxen und der laizistischen der diversen progressiven Kräfte streben die einen wie die anderen eine Vormachtstellung Indiens in der Welt an; die einen meinen, ihr Land habe ein Recht darauf, die anderen sind überzeugt davon, es ihm sichern zu können. Was das anbelangt, sind ihre Gefühle durchaus mystischer Natur, auch wenn manche der Betroffenen durch und durch materialistisch sein mögen. Eine solche fast unentwirrbare Verflechtung von materialistischen und spiritualistischen Elementen ist typisch für die indische Denkweise. Dazu fällt mir eine Begegnung ein, die ich vor langer Zeit in Brüssel hatte. Damals fand ein sozialistischer Kongreß statt, zu dessen Teilnehmern ein Inder namens Krishna gehörte. Er galt als revolutionärer Führer, was zu jener Zeit vor allem hieß, daß er aktiv für die Unabhängigkeit kämpfte. Wenn die Engländer seiner habhaft werden könnten, erzählte man sich, würden sie ihn hängen oder im Bagno auf den Andamanen internieren. Ich war damals noch sehr jung und weiß nicht, inwieweit diese Gerüchte auf Wahrheit beruhten.

Nach einer Sitzung, in der er auf englisch eine leidenschaftliche revolutionäre Rede gehalten hatte, sprach ich ihn an: «Sie heißen genauso wie der Gott.»

«Ich *bin* der Gott», entgegnete er in einem Ton, der keinen Widerspruch duldete.

Seither habe ich in Indien oft gehört, wie völlig entgegengesetzte Aussagen mit der gleichen apodiktischen Sicherheit vorgebracht wurden. Welches Ideal er hochhalten, welches Ziel er verfolgen mag, der Inder fühlt sich, ob bewußt oder unbewußt, stets nicht nur als Wortführer eines Gottes, sondern als Gott selbst im Besitz der Wahrheit.

Indien hat bereits eine beachtliche internationale Stellung inne, und diese wird ständig an Bedeutung gewinnen. Wahrscheinlich wird Indien dereinst zu einem der maßgeblichen Staaten, deren Stimme das stärkste Gewicht hat und deren Aktivität und Direktiven die Zukunft der Welt bestimmen.

Diese Aussage war in einer Botschaft enthalten, die Sri Aurobindo an die Universität von Andhra gerichtet hat. Er äußerte darin nicht etwa seine individuelle Überzeugung, sondern die von Millionen Indern, die anstelle seiner vorsichtigen Formulierung ohne Zögern erklären: «Indien wird *der* maßgebliche Staat.»

Ein wenig von dieser Weltsicht ist auch in den Worten Nehrus zu erkennen, mit denen er seinen Zuhörern in New York zu verstehen gab, daß die durch Erziehung und angeborene Höflichkeit bedingte respektvolle Haltung der Inder von Ausländern nicht als naive Bewunderung und Neigung, sich gängeln zu lassen, verstanden werden darf.

Auf die Frage, ob Indien nicht bald völlig von den Kapitalisten abhängig sein würde, entgegnete Nehru:

> Nach den Lehren Gandhis sind wir stets höflich zu unseren Widersachern. Die Höflichkeit wird oft fälschlicherweise als Zeichen von Gefügigkeit gewertet ...
> Die Leute, die meinen, in Indien eine ähnliche Lage wie in Amerika schaffen zu können, irren sich. Alles, was wir lernen, muß den in Indien vorhandenen Bedingungen angeglichen und in unserem Denken und unserer Kultur verankert werden.

Ein anderer Gesprächspartner wollte von Nehru wissen, ob man seinem Eindruck nach in Amerika die Bedeutung des Kommunismus überschätze. Nehru antwortete, ihm scheine es, daß man in Amerika wie anderswo die Zukunft mit ihren Perspektiven eher als Schreckensbild sehe und daß die Bevölkerung dort von einem «Angstkomplex» geplagt werde.

Aus dieser diplomatisch abgewogenen Äußerung könnte man schließen, daß Indien, Nehru zufolge, der Zukunft frei von Furcht entgegenblicke, mehr noch, mit einem unerschütterlichen Glauben an sein glorreiches Schicksal. Und genauso ist wohl wirklich die geistige Einstellung aller seiner Landsleute.

Die UNO, diese «Erfindung der Abendländer», wie sie einer meiner indischen Briefpartner bezeichnete, habe die Inder tief enttäuscht. Ich würde eher sagen, sie wären enttäuscht worden, wenn sie jemals irgendwelche Hoffnungen in diese Institution gesetzt hätten, was ich stark bezweifle.

Dr. Radhakrishnan formulierte es so:

Zehn Jahre nach Ausbruch des letzten Krieges, vier Jahre nach dem Sieg verflüchtigen sich die Illusionen, die wir uns gemacht hatten, eine nach der anderen.
Wir dachten, der Gemeinschaftsgeist, der während des Krieges existierte, würde die Fragen der Klassenunterschiede lösen. Das war nicht der Fall.
Wir dachten, der Bund der «Vereinten Nationen» würde anders sein als der «Völkerbund», würde dazu beitragen, eine Völkerfamilie zu schaffen, eine Gemeinschaft freier Nationen. Daraus ist nichts geworden.
Während wir beteuern, Vertrauen in die «Vereinten Nationen» zu setzen, verlassen wir uns, zum Schutz unserer Sicherheit, auf unsere eigenen Anstrengungen und auf unsere eigene Militärmacht.
Sich einzubilden, die Welt sei bereits zu einer Einheit zusammengewachsen, wäre ein gewaltiger Trugschluß; sie ist noch nicht einmal als Keimzelle vorhanden.
Es hat den Anschein, als manövrierten wir überall, um Positionen in einem künftigen Krieg zu besetzen, den man für unvermeidlich hält.

Man kann sich keine treffendere Analyse vorstellen als

diese – und die gesamte geistige Elite Indiens würde ihr zustimmen.

Zwar wurden alle Erwartungen, die man in «die anderen» gesetzt hatte, restlos zunichte gemacht, aber ebenso sicher besteht nicht der leiseste Zweifel daran, daß Indien verborgene Kräfte und Fähigkeiten besitzt, es anders und besser zu machen als die übrigen.

Reines Wunschdenken? Vielleicht doch nicht.

Indien hat jene einzigartige spirituelle Haltung entwikkelt, die in Sannyasa mündet, die höchste Stufe, auf der der Hindu der Welt völlig entsagt. Ließe sich diese mystische Geste nicht in eine praktische umsetzen? Das heißt, allem zu entsagen, was den verschiedenen Zivilisationen immanent zu sein scheint und sie vergiftet: Verfall jeder politischen Kultur, Heuchelei der Religionen, Wildwuchs von Justiz und Bürokratie, Apathie der Massen.

Könnte Indien in seiner Gesamtheit nicht dahin kommen, unsere jammervolle, von Haß, Angst, Leid geplagte Welt so zu sehen, wie sie seinen großen Sannyasin den heiligen Schriften zufolge erschien: als «ein Stück Dreck»?

Wird sich dieser Subkontinent, der Fehler und Tugenden gleichermaßen besitzt, dazu aufschwingen, mit einer stolzen, entschiedenen Geste allem zu entsagen, was verächtlich und menschenunwürdig ist – und durch Sannyasa der Welt ein Beispiel geben, wie sie es noch nie erlebt hat? Ich traue Indien diese innere Kraft zu. Wird es sie nützen?

Die Hoffnung bleibt.

JAI HIND